Kunst als Therapie

Eine Einführung

Herausgegeben von
Tessa Dalley

Daedalus Verlag
Rheda-Wiedenbrück

Aus dem Englischen von Adriane Rinsche

CIP-Kurztitelaufnahme der Deutschen Bibliothek

Kunst als Therapie: e. Einf. / hrsg. von Tessa
Dalley. [Aus d. Engl. von Adriane Rinsche]. –
Rheda-Wiedenbrück: Daedalus-Verlag, 1986.

    Einheitssacht.: Art as therapy ‹dt.›
    ISBN 3-89126-017-2

NE: Dalley, Tessa [Hrsg.]; EST

Die Originalausgabe erschien unter dem Titel *Art as therapy* bei
Tavistock, London und New York.
© 1984 Tessa Dalley

für die deutsche Ausgabe:
© 1986 by Daedalus Verlag Joachim Herbst, Rheda-Wiedenbrück
Alle Rechte, auch die des auszugsweisen Nachdrucks und der foto-
mechanischen Widergabe, vorbehalten. Dies gilt auch für die Ver-
vielfältigung und Übertragung einzelner Textabschnitte durch alle
Verfahren der Speicherung und Übertragung.
Umschlagentwurf   Dieter Kreuchauff
Satz   Hanke & Pettke GmbH, Bielefeld
Druck und Bindung   Clausen & Bosse, Leck
Printed in Germany

ISBN 3-89126-017-2

Inhalt

Einleitung

Tessa Dalley

Die Kunsttherapie ist eine relativ junge Disziplin. Nur wenigen Praktikern sind ihre Begriffe und Ziele vertraut. Das vorliegende Buch stellt den Versuch dar, diese Situation zu ändern. Wir hoffen, das Thema Menschen aus vielen Interessensbereichen vorstellen zu können, besonders solchen, die in verwandten Berufen der Sozialarbeit, der Psychologie, der Krankenpflege, der Lehre arbeiten, aber darüber hinaus auch jenen, die grundsätzlich glauben, daß hinter der Kunst mehr steckt als Farbe auf Papier.

Dieses einführende Kapitel unterteilt sich in mehrere Abschnitte, die die zentralen Themen ansprechen, die zunächst wohl zu berücksichtigen sind. Alle weiteren Kapitel wurden jeweils von Fachleuten geschrieben, die mit Kunsttherapie arbeiten. Sie wurden zur Reflexion der Möglichkeiten ausgewählt, bei denen die Kunsttherapie in verschieden klinischen Situationen angewandt werden kann und das Ideenspektrum in der gegenwärtigen Praxis zu repräsentieren in der Lage sind. Die Kapitel 1–4 sind mehr theoretisch orientiert; die Kapitel 5–12 entwickeln jeweils sowohl die Theorie als auch die Praxis anhand verschiedener Gruppen von Klienten.

Was ist Kunsttherapie?

In einfachen Worten ist Kunsttherapie der Gebrauch von Kunst und anderen visuellen Medien in einem therapeutischen Rahmen. Aber da diese Aktivität vom

Kinde, das sich kritzelnd auszudrücken sucht, über den geistig behinderten Mann, der mit Ton arbeitet, bis hin zur Zeichnung einer stark depressiven Frau reicht, ist sie natürlich sehr komplex. Kann man dies Kunst nennen und wenn ja, wie und warum ist sie therapeutisch? Diese Fragen sind am besten zu beantworten, wenn wir die Art der Beziehung zwischen Kunst und Therapie betrachten. Eine Diskussion der Ableitung der Kunsttherapie aus diesen beiden Komponenten wird zu einer klaren Definition führen.

Die Beziehung zwischen Kunst und Therapie

Es ist vermutet worden, daß Kunst und Therapie eine »ungleiche Partnerschaft« miteinander eingehen (Champernowne 1971), in meinen Augen können sie jedoch grundsätzlich als dynamischer Behandlungsprozeß miteinander interagieren.

Kunst ist ein integratives Merkmal einer jeden Gesellschaft – die Beschäftigung mit Malerei ist fast ebenso alt wie die Menschheit und symbolisiert sowohl persönliche als auch kulturelle Aspekte der Entwicklung. Die Kunst spiegelt nicht nur Trends innerhalb der Gesellschaft wider, sondern sie antizipiert gleichzeitig, gilt darüber hinaus als Form für persönlichen Ausdruck und kreative Ideen.

Wenn die Kunst jedoch auf einem therapeutischen Hintergrund eingesetzt wird, findet sie nicht unmittelbar Anerkennung. Ein möglicher Grund dafür besteht in dem grundlegenden Unterschied zwischen »Kunst« im traditionellen Sinne und der Kunst, wie sie in therapeutischer Absicht verwendet wird. Während allgemein bekannt ist, daß ein Großteil jeder Beschäftigung mit Kunst therapeutische Eigenschaften birgt, muß der charakteristische Sinn der Kunsttherapie verdeutlicht werden. Wenn jemand spontan zu malen beginnt, so kann dieser Prozeß etwa beruhigend oder befriedigend, frustrierend oder sogar ein wenig »therapeutisch« sein. Obwohl diese Betätigung allein durchgeführt wird, privaten Charakter hat und kontemplativ ist, besteht ihr wesentlicher Zweck jedoch darin, ein »gutes Bild« zu schaffen – das heißt, die ästhetischen Überlegungen sind von höchster Wichtigkeit. Das Endprodukt gilt als Ziel für sich selbst und es wird als Kunstwerk ausgestellt; der Schöpfungsprozeß als solcher ist von sekundärer Bedeutung.

Im Gegensatz dazu verfolgt künstlerische Betätigung in einem therapeutischen Rahmen mit eindeutigen Korrektiv- bzw. Behandlungszielen in der Gegenwart des Therapeuten einen anderen Sinn und Zweck. In der Therapie werden die Person und der Prozeß zu den wesentlichen Elementen, da die Kunst zum Zweck der nicht-verbalen Kommunikation benutzt wird. Präzise gesagt, stellt die Kunst eher ein konkretes denn ein verbales Medium bereit, durch das sich eine Person sowohl bewußt als auch unbewußt Ausdruck verschaffen kann.

Eine Definition des Begriffs »Therapie« wird das oben dargelegte klarer machen. Therapie umfaßt das Ziel oder den Wunsch, seelische Störungen zu beeinflussen. »Ein therapeutisches Verfahren ist darauf angelegt, vorteilhafte Veränderungen in der Persönlichkeit oder in der Lebensweise zu unterstützen, die über die Sitzung hinweg andauern« (Ulman 1961:19). Therapeutische Verfahren sind effektiv, wenn sie eine grundlegende und anhaltende Veränderung bewirken, und daher unterscheidet sich die Therapie der Argumentation Ulmans zufolge »von solchen Betätigungen, die nur auf die Ablenkung von inneren Konflikten angelegt sind; von solchen Aktivitäten also, deren Nutzen daher im Idealfall von ganz kurzer Dauer ist« (Ulman 1961:19).

Das Wesen der Kunsttherapie liegt daher in dem therapeutischen Ergebnis einer schöpferischen Betätigung. Nun können wir eine Definition von Kunst in ihrer therapeutischen Verwendung formulieren. Für die Zwecke dieser Einführung möchte ich mich dazu auf Margaret Naumberg, eine psychoanalytisch orientierte Kunsttherapeutin beziehen, die als anerkannte Pionierin der Kunsttherapie in den USA gilt, obwohl einige britische Kunsttherapeuten nicht mit ihrem Ansatz übereinstimmen (Maclagan 1979). Sie beschrieb die Kunst als eine Möglichkeit, konfuse, kaum verständliche Gefühle deutlich werden zu lassen und sie in Ordnung zu bringen. »Der Prozeß der Kunsttherapie basiert auf der Erkenntnis, daß die grundlegendsten Gedanken und Gefühle der Menschen, die sich aus dem Unbewußten ableiten, besser in Bildern als in Worten zum Ausdruck gebracht werden können« (Naumberg 1958:511).

Es wäre jedoch naiv anzunehmen, daß jede künstlerische Betätigung notwendigerweise heilend sei. Dies würde eine automatische Verschmelzung zwischen Kunst und Therapie implizieren, indem nämlich die letztere als natürliche Konsequenz der ersteren angesehen werden kann. Vielmehr müssen wir erwägen, was die Kunst zu einer therapeutischen Größe macht und wie dies erreicht wird.

Die Kommunikationsfähigkeit ist weitgehend als grundlegendes menschliches Merkmal anerkannt. Die Fähigkeit, sich mit Hilfe von Zeichen im weitesten Sinne auszudrücken, ist nahezu universell. Wenn das Sprechvermögen beeinträchtigt, unterentwickelt oder aus irgendeinem Grunde als normales Kommunikationsmittel abgelehnt wird, kann künstlerische Aktivität einen höchst wertvollen Ersatz darstellen. Wir glauben, daß die Entdeckung der Kunst als Ausdrucksmittel für Menschen, die sich in solchen Verhältnissen befinden, eine hochgradig therapeutische Wirkung zeigt. Auch für durchaus wortgewandte Leute kann die Kunst als eine Art »Symbolsprache« angewandt werden (Ulman 1961:11); die Symbolisierung von Gefühlen und Erfahrungen in Bildern kann ein mächtigeres Ausdrucks- und Kommunikationsmittel sein als verbale Beschreibung. Gleichzeitig wird die Bedrohlichkeit dieser Gefühle und Erfahrungen gemindert.

»Die Techniken der Kunsttherapie basieren auf der Erkenntnis, daß jedes Individuum, ob für Kunst ausgebildet oder nicht, eine latente Fähigkeit besitzt, seine inneren Konflikte in eine visuelle Form zu projizieren. Wenn Patienten solche inneren Erfahrungen darstellen, so werden sie oft wortgewandter.« (Naumberg 1958:511)

Der zeichnerische Prozeß selbst ist nicht das einzige therapeutische Mittel. Ebenso wie den Träumen kommt den Bildern isoliert wenig Bedeutung zu. Ebenso sind Kunsttherapeuten nicht einfach dazu da, die Menschen zum Zeichnen oder Malen zu ermutigen. Wenn die Kunst zur Kommunikation verwandt wird, als Möglichkeit, persönliche Gedanken und Gefühle zum Ausdruck zu bringen, und wenn diese anschließend mit einem Kunsttherapeuten diskutiert werden, so kann eine Person sowohl intellektuell als auch emotional Einsicht gewinnen, indem er oder sie die Bedeutung des Bildes mit seiner oder ihrer jeweiligen Lebenssituation verknüpft. Wenn man sich auf das Bild konzentriert, so werden vielleicht viele Aspekte des Menschen über sich selbst, die möglicherweise vorher verdeckt waren, plötzlich deutlich. Der Betreffende lernt durch kreative Betätigung.

Wenn man verschiedene Stadien der künstlerischen Betätigung analysiert, so können sie als Beitrag zu diesem umfassenden therapeutischen Effekt angesehen werden. Kunst ist ein Prozeß, in dem der oder die Betreffende aktiv und physisch engagiert ist. Obwohl diese Aktivität vielleicht durch einen Therapeuten eingeleitet wird, ist sie doch spontan, eigenmotiviert und autark, sobald die Person ganz und gar von dem, was sie tut, in Anspruch genommen wird. In diesem Stadium tritt vielleicht eine erlösende Reaktion ein; der tatsächliche Vorgang des Malens kann Gegenwehr und Barrieren abbauen und starken Emotionen die Möglichkeit geben, zum Ausdruck gebracht werden zu können. (Vgl. Kapitel 3 zwecks weiterer Erläutungen zur therapeutischen Bedeutung von Kunst als Katharsis.)

Edith Kramer war eine Kunsttherapeutin, die umfassend mit Kindern in den Vereinigten Staaten arbeitete. Sie beschrieb die Vorgänge, die sich im Zusammenhang mit der Kunsttherapie abspielen, als Prozesse mit inhärent heilenden Eigenschaften, die ihre Nützlichkeit in der Therapie offenbaren. »Kunst ist ein Mittel zur Erweiterung des menschlichen Erfahrungsbereiches, indem sie Äquivalente für solche Erfahrungen schafft. Sie stellt den Bereich dar, in dem Erfahrungen nach Belieben ausgewählt, variiert und wiederholt werden können. Während der schöpferischen Handlung werden Konflikte erneut durchlebt, gelöst und integriert« (Kramer 1958:6). In anderen Worten handelt es sich dabei um die Rationalisierung innerer Gefühle in eine verständliche Form. Der tatsächliche Schaffensvorgang baut einen Dialog innerhalb des Ichs auf. Das Ergebnis dieses Dialoges kann als konkrete Aussage gegenüber der Außenwelt angesehen werden. Als therapeutisches Instrument wird die für das Individiuum einzigartige künstlerische Form in den Brennpunkt der Diskussion, der Analyse und der Selbstauswertung gerückt, und da sie konkret ist, fungiert sie als Zeugnis dieser Betätigung, das nicht geleugnet, ausgelöscht oder vergessen werden kann. Ebenso besteht sie in der Zeit fort und ist dadurch Index und Vergleichsgrundlage zwischen Vergangenheit und Gegenwart.

Wenn künstlerische Betätigung in dieser Weise als wohltuend und therapeutisch angesehen werden kann, so stellt sich die Frage, warum sie nicht weiter anerkannt ist und ihre Anwendung keine größere Verbreitung gefunden hat. Ein bereits zuvor angesprochener Grund ist das allgemeine Mißverständnis der Art und Weise, in der die Kunst verwendet wird sowie ihr Sinn in der Therapie. Es gibt noch einen weiteren allgemeinen Aspekt, den ich an dieser Stelle gern erwähnen möchte. Der Wert verbaler Kommunikation wird in unserer Gesellschaft sehr hoch eingeschätzt. Dieser Tatbestand führt unweigerlich zu einer Betonung von verbalen Therapieformen. Obwohl der Wert von Kommunikation mittels bildlicher Darstellung und Symbolik allgemein anerkannt ist, wird er als vergleichsweise obskur und sogar mystisch angesehen. Die Mehrdeutigkeit der Kunst weist ihr im allgemeinen eine Randstellung zu, die vom wesentlichen Gang der Kommunikation losgelöst ist, denn die Leute haben wenig Vertrauen in ihre Fähigkeiten, eine Bedeutung oder Botschaft verstehen zu können. Deshalb erzeugen Kunst und Künstler leicht Stereotype; meiner Erfahrung zufolge gilt dies ebenso für Kunsttherapie und Kunsttherapeuten. Viele Individuen reagieren tendenziell auf den Gebrauch von Kunst in der Therapie in ähnlicher Weise, wie sie ihre eigene Kreativität oder ihre Reaktion auf Kunst im allgemeinen wahrnehmen. Wenn diese Aussage gültig ist, so wirft sie vielleicht ein Licht auf den Kontext, in dem Kunsttherapie gewöhnlich wirkt, und dies wird in einigen Kapiteln gründlicher untersucht (Kapitel 2 und 6).

Im allgemeinen ist die Kunsttherapie wenig bekannt, sie wird vielleicht unterschätzt, und ihre Ziele werden oft mißverstanden, aber ihre Praxis ist eigentlich nicht neueren Datums. Es gab einen langen und allmählichen Aufstieg, bis die Kunsttherapie ihren gegenwärtigen Status als anerkannte Profession erreichte.

Die bestehenden historischen Verbindungen mit Kunstpädagogik und die gleichzeitige Entwicklung der diagnostischen Verwendung von Kunst in der Psychiatrie haben sich als entscheidend für das Wachstum der Kunsttherapie erwiesen. (Dieser Aspekt wird weiter ausgeführt in Kapitel 1.)

Einige theoretische Ansätze zur Kunsttherapie

Jeder theoretische Zugang zur Kunsttherapie muß den Begriff der Kreativität berücksichtigen, der allen künstlerischen Prozessen zugrundeliegt. Kreativität ist ein höchst komplexes Phänomen und es steht umfangreiche Literatur zu diesem Thema zur Verfügung. Für ein besseres Verständnis der kreativen Prozesse im Zusammenhang mit Kunsttherapie liefert Anthony Storr eine nützliche allgemeine Definition: »Kreativität ist die Fähigkeit, für eine bestimmte Person etwas Neues existent zu machen« (Storr 1972:11). Dieses »Vermögen« bildet ähnlich wie Naumbergs »latente Fähigkeit« die potentielle Stärke für die Therapie.

Die Tatsache, daß zahlreiche der von Spezialisten durchgeführten Ansätze zur Kunsttherapie in der gegenwärtigen Praxis sich direkt auf verschiedene Kreativitätstheorien beziehen, zeigt deren zentrale Bedeutung. Diese variieren wiederum in bezug auf miteinander in Konflikt stehende Sichtweisen der Herleitung und der Ursprünge der menschlichen Kreativität. Aus der Sicht Freuds entsteht die Kreativität beispielsweise aus persönlichem Konflikt. Unbewußte Verteidigungsmechanismen, die sich gegen Neurosen und die Ausprägung anderer Symptome zur Wehr setzen, ermöglichen es inneren Konflikten, in einer kreativen Handlung zum Ausdruck gebracht zu werden. Max Stern (1952), der in der Psychoanalyse von freier Malerei Gebrauch machte, beschrieb, wie der Prozeß des Malens für einen neurotischen Erwachsenen den Versuch darstellt, die traumatischen Ereignisse, die er in den aufeinanderfolgenden Stadien der Freudschen Entwicklung an sich erfahren hat, auf primitive Weise auszumerzen. Die Ereignisse wiederholen sich in den Zeichnungen, wobei der neurotische Konflikt abreagiert wird, wie es auch beim Spiel von Kindern geschieht.

> »Die wunderbare Macht der bildlichen Darstellung ist ein Rückschritt in das identische Stadium der Anpassung an die Realität, in dem die ursprünglichen Traumata sich bildeten, die nun nach Wiederherstellung verlangen; in den meisten Fällen erfolgt ein Rückschritt bis in die präverbale Phase. Die beim therapeutischen Malen angewandte Technik befindet sich auf einer Ebene mit primitivem, bildhaftem Denken. Es erweist sich als Vorteil, daß es sich sowohl in bezug auf die Denkweise als auch auf die Ausdrucksform auf demselben Niveau wie das unbewußte Denken selbst befindet.« (Stern 1952:73)

Freud selbst wurde allgemein als ein Philister in bezug auf formale Malerei eingeschätzt (Fuller 1983), obwohl er einen Künstler zum Sohn hatte, der Ernst hieß. Er bezog sich dennoch auf die Rolle der Kunst in der Psychoanalyse. Freud vergleicht die Kunst mit den Träumen als Ausgangspunkt für die Interpretation und er verweist in folgender Weise auf diesen Tatbestand:

»Man erlebt es unweigerlich in visuellen Bildern; es können auch Gefühle dabei sein, auch Gedanken mittendurch, es können auch die anderen Sinne etwas erleben, aber vorwiegend sind es doch Bilder. Ein Teil der Schwierigkeit
des Traumerzählens kommt daher, daß wir diese Bilder in Worte zu übersetzen
haben. Ich könnte es zeichnen, sagt uns der Träumer oft, aber ich weiß nicht,
wie ich es sagen soll.« (Freud 1969:107)

Man kann nur darüber spekulieren, wie die Entwicklung der Kunsttherapie
verlaufen wäre, wenn Freud seinen Patienten gestattet hätte, ihre Träume zu malen, statt sie zu erzählen (eine weitergehende Diskussion seines Widerwillens gegen die Verwendung von Bildern in der Psychoanalyse bei Maclagan 1983).
Kunsttherapeuten, die einen psychotherapeutischen Ansatz verwenden, fördern dagegen diesen bildlichen Ausdruck innerer Erfahrung. Die Kunst wird als
ein Prozeß spontaner Bildhaftigkeit angesehen, der vom Unbewußten freigege-
ben wird, indem er die Mechanismen der Verdrängung, der Projektion, der
Identifikation, der Sublimierung und der Verdichtung benutzt, die in der Behandlungsmethode von grundlegender Bedeutung sind. Naumberg erläutert,
wie dieses Verfahren vorteilhaft wirkt:

»Vergegenständlichte bildliche Darstellung wirkt so als unmittelbare symbolische Kommunikation, die häufig die Schwierigkeiten der Sprache umgeht.
Ein anderer Vorteil, der der Produktion unbewußt dargestellter Projektionen
inhärent ist, liegt darin, daß solche symbolischen Bilder leichter der Verdrängung durch die ›Zensur‹ des Verstandes entgehen, wie Freud es nannte, als es
bei verbalem Ausdruck geschieht, der dem Patienten vertrauter ist.« (Naumberg 1966:2)

Die Anhänger Jungs definieren jedoch Kreativität als Fähigkeit, eine Form
zum Ausdruck innerer Gefühle, Meinungen und Gedanken zu finden und schätzen die Notwendigkeit, Erfahrungswerten eine sinnvolle Form zu geben, als
grundlegend für künstlerische Prozesse ein. Jung wandte sich gegen die Verwendung der Freudschen »freien Assoziation« als Grundlage der Interpretations-
technik, er betonte dagegen die allgemeine Funktion der kreativen Entfaltung
zur Wiederherstellung des seelischen Gleichgewichts mittels symbolischer Bedeutung. (Vgl. Kapitel 6 für eine ausführlichere Erläuterung.)
Im Gegensatz dazu benutzt ein streng behavioristischer Ansatz die Kunst als
Mittel zur Modifikation kultureller und sozialer Normen. Der Sinn der Betätigung liegt in der Anerkennung von Ordnung und Form, und der Erwerb von
Fertigkeiten und Lerntechniken wird besonders hervorgehoben. Da dieser Ansatz sich in Wirklichkeit innerhalb der Grenzen des Kunstunterrichts bewegt,

weicht er der Frage aus, ob er überhaupt therapeutisch sein kann. Dieses spezielle Thema wird in Kapitel 1 ausgeführt, in dem die Ähnlichkeiten und Unterschiede zwischen Kunsttherapie und Kunstpädagogik untersucht werden.

Ästhetische Überlegungen in der Kunsttherapie

Die allgemeine Betonung der Fähigkeit, sich eher selbst darzustellen, als ein »gutes« Bild zu malen, heißt, daß die künstlerische Arbeit, die in therapeutischen Sitzungen hergestellt wird, tendenziell diagrammatisch oder gar extrem vereinfachend hinsichtlich der bildlichen Darstellung ist. So deutlich diese Unterscheidung aber auch gemacht wird, oder welcher theoretischer Ansatz in der Tat auch übernommen wird, der Charakter der Kunst ist derart, daß manche therapeutischen Ziele sich verdoppeln oder überschneiden können. Es ist vorgekommen, daß Patienten, die in therapeutischen Sitzungen in die Kunst eingeführt werden, ein beachtliches natürliches Talent entdecken oder Kunst aktiv in ihrer Freizeit als Hobby betreiben. Obwohl die Entdeckung solch schlummernder Talente vielleicht für die ursprünglichen Gründe der Beschäftigung mit Kunst nebensächlich ist, kann sie sich als wohltuend und »therapeutisch« erweisen. Sie kann das Selbstvertrauen stärken und die Selbstschätzung erhöhen, wenn ein Bild in den Brennpunkt von Anerkennung und Begeisterung gerät. Das Erlernen einer beliebigen Fertigkeit trägt zur Koordination, zur Konzentration, zu einem Bewußtsein für die unmittelbare Umgebung bei und hat ein Gefühl der Leistungsfähigkeit, der Befriedigung und der Selbstbestätigung im allgemeinen zur Folge. Künstlerische Aktivität bietet eben diese Möglichkeiten; sie kann sogar einen Lebenssinn oder -zweck schaffen. Ein ehemaliger »Klient« kann zum »Künstler« aus eigenem Recht werden.

Ästhetische Überlegungen dürfen daher nicht völlig unberücksichtigt bleiben, denn das auf diese Weise entstehende künstlerische Werk ist teilweise von herausragender Qualität. Kunstsammlungen wie etwa die von Hans Prinzhorn oder Guttman Maclay, die ausschließlich aus »psychiatrischer Kunst« besteht, sowie verschiedene wichtige Kunstausstellungen, die aus der Kunsttherapie hervorgingen, haben den Betrachter oder den Kritiker dazu ermutigt, dieses Werk allein im Hinblick auf seine ästhetische Qualität hin zu sehen – also als ein »Kunstwerk«. Als erwähnenswertes Beispiel mag in diesem Zusammenhang das Werk von Jimmy Boyle dienen (vgl. Kapitel 10), dessen Skulptur permanent in Glasgow ausgestellt ist. Die Ausstellung von Arbeiten, die im Rahmen von Therapien entstanden sind, ist seit langem lebhaftes Diskussionsthema unter den einschlägigen Fachleuten. Während einige Therapeuten glauben, daß die Ausstellung von Arbeiten ein unangebrachte Bewertung der Ziele der Betätigung provoziere (vgl. Kapitel 3), vertreten andere die Meinung, daß die ästhetischen Aspekte der Kunst innerhalb des kunsttherapeutischen Prozesses von großer Bedeutung seien, und daß ihrem Beitrag zur künstlerischen Welt allgemein großer Wert beigemessen werden sollte (Byrne 1978).

Klientengruppen

Eine Vielfalt von Patienten wird zur Kunsttherapie verwiesen, die dann einen integralen Bestandteil ihres Behandlungsprogramms darstellt (vgl. Kapitel 5, 6 und 7). Aber es kommen auch manche Patienten zur Kunsttherapie, bei denen realistischerweise keine Hoffnung auf eine Verbesserung ihres Zustandes besteht; es handelt sich hier etwa um Menschen mit schweren geistigen oder körperlichen Behinderungen, sowie um die Langzeitinsassen von psychiatrischen Kliniken. Da man sich solchen Patienten weniger mit heilender Intention nähert, besteht das angemessenere therapeutische Ziel in der Verwendung von Kunst zur Zerstreuung, zur Orientierung und zur Stimulierung. Verschiedene Medien liefern eine enorme Vielfalt an sensorischen und taktilen Erfahrungen; Dinge in Gemeinschaft mit anderen zu tun, trägt zur Interaktion, zur Kommunikation und zu einem besseren Bewußtsein für andere Menschen bei. Die Gruppe von Langzeit- oder »chronischen« Patienten stellt zweifellos die schweigende Mehrheit der so oft vergessenen Leute dar, die die meisten Anstalten und Institutionen füllen. Die Kunsttherapie ist wahrscheinlich ihr einziges Ventil und ihre einzige Gelegenheit zum individuellen Ausdruck, zur Stimulation und zur kreativen Beschäftigung. Mehrere Kapitel dieses Buches zeigen ausführlich, inwiefern die Kunst nicht nur wichtig, sondern oft gar von zentraler Bedeutung im Leben vieler solcher Menschen ist.

Im Zusammenhang damit untersucht das zehnte Kapitel die Rolle der Kunst im Strafvollzug und die Art und Weise ihres Wirkens innerhalb der Beschränkungen, die einer Klientengruppe, die zu einem Leben hinter Gittern verurteilt ist, zwangsläufig auferlegt sind. Kapitel 9 illustriert, wie die Künste allgemein Verwendung bei der Auseinandersetzung mit dem Problem des Todes gefunden haben. Die Kunst ist dazu in der Lage, jene Tabus, die die Anerkennung des Todes umgeben, zu durchbrechen und zu transzendieren, was für jene von großer therapeutischer Relevanz sein kann, die sich dem Ende ihres Lebens gegenübersehen.

Daraus läßt sich erkennen, daß die Kunst über einmalige, allgemeine und allgegenwärtige Eigenschaften bei ihrer Anwendung in der Therapie verfügt. Nachdem wir uns bisher hauptsächlich auf diese Eigenschaften konzentriert haben, müssen wir unsere Aufmerksamkeit nun der Rolle des Therapeuten als dem anderen wesentlichen Teilnehmer am kunsttherapeutischen Prozeß zuwenden. Die Kunst hat wenig therapeutische Bedeutung ohne das Eingreifen oder die Gegenwart eines Therapeuten, der im wesentlichen den »menschlichen Faktor« bei der Herstellung einer therapeutischen Beziehung mittels einer Kunstform darstellt. Wenn also die Kunst als therapeutisches Instrument fungiert, wie wird sie von den Kunsttherapeuten eingesetzt? Was tun sie eigentlich damit?

Kunsttherapie in der Praxis

Die Kunsttherapeuten arbeiten in ihren eigenen Abteilungen oder Praxen bzw. auf Krankenhausstationen als Mitglied eines interdisziplinären Teams. Sie können entweder mit einem Patienten allein oder in verschieden gearteten Gruppen unter Verwendung der unterschiedlichsten kunsttherapeutischen Techniken arbeiten. Die Arbeitsbedingungen unterscheiden sich erheblich bezüglich der Abhängigkeit vom Arbeitsplatz, der theoretischen Standpunkte, der therapeutischen Ziele und Klientengruppen, des Arbeitsumfeldes sowie der Kooperationsbereitschaft aller Mitarbeiter.

Insgesamt untergliedern sich kunsttherapeutische Sitzungen in zwei Phasen. Die erste Phase umfaßt eine Zeit des Malens oder einer anderen kreativen Betätigung, die ein Gefühl der Isolation und Entfremdung vermittelt, da die Beteiligten beginnen, sich selbst zu reflektieren und sich in sich selbst zurückzuziehen. Darauf folgt eine Phase der Diskussion, die sich tendenziell auf die tatsächliche Herstellung der Kunstform konzentriert, auch darauf, welche Gefühle sie in dem Klienten auslöst, wie sie ihre Gefühle widerspiegelt und – allgemeiner – inwieweit sich der Prozeß der Schöpfung eines Werkes auf die Situation des betreffenden Individuums bezieht.

Wenn der Kunsttherapeut dieses Format benutzt, muß er sich zunächst für einen therapeutischen Ansatz entscheiden, besonders, ob er sich mehr oder weniger lenkend verhalten will. Einige Kunsttherapeuten arbeiten völlig ohne Direktiven. Die Wahl des Themas wird dem Patienten überlassen, der dazu ermutigt wird, sich frei auszudrücken, welches Thema und welche Art des Zuganges auch immer er oder sie zu wählen beliebt. Es handelt sich hier um eine Art der freien Assoziation durch Kunst; dieser Ansatz wird ausgiebiger in den Kapiteln 5, 7 und 8 diskutiert. Unabhängig von der Frage, inwieweit die Sitzung direktiv sein soll, erklärt der Therapeut eingangs meist das Ziel der Sitzung und wie dieses Ziel unter Verwendung der zur Verfügung stehenden Materialien erreicht werden kann. Die Sitzung kann gelenkt sein, indem sie sich auf ein bestimmtes Thema konzentriert, das eventuell für die Lösung besonderer Problembereiche von Nutzen sein kann. Die Themen können in hohem Maße persönlicher Natur sein und höchst beunruhigende Wirkungen zeitigen, sie können jedoch ebensogut relativ oberflächlich und »leicht« angelegt sein; wichtig ist, daß sie in Übereinstimmung mit der therapeutischen Zielsetzung gewählt werden.

Wenn die Kunsttherapie in Gruppen durchgeführt wird, kann sie in unterschiedlicher Weise eingesetzt werden; für jede gewählte Form der Therapie ist dabei jedoch charakteristisch, daß sie starke gruppendynamische Prozesse in Gang setzt, in deren Mittelpunkt die künstlerische Arbeit in der Gruppe steht. In projektiven Kunstgruppen werden Themen eingeführt, die einen gemeinsamen Rahmen liefern, dem jedes Individuum in der Gruppe seine persönliche Bedeutung beilegt. Auf diese Weise wird sowohl Eigenorientierung als auch Gruppenorientierung bei der Beteiligung aller an einem gemeinsamen Thema gefördert. Die Gruppen sind selbsttragend, weil sich viele Mitglieder mit den Beiträgen der anderen identifizieren. Der Gruppenprozeß ist sehr stark, da jeder bis zu einem gewissen Grade daran teilhat. Es kann aber auch ein Gefühl der Regression und ebenso der Hemmung entstehen, weil viele Erwachsene mit dem Malen ihre Kindheit und allgemein ihr Versagen im Fach Kunst in der Schule verbinden. Der anfängliche Widerstand wird für gewöhnlich in Reaktionen wie »Sind wir wieder im Kindergarten?«, »Ich kann nicht einmal eine gerade Linie zeichnen« und »Es wird Ihnen nicht gelingen, aus mir einen Künstler zu machen« ausgedrückt. Wenn andere Gruppenmitglieder Ruhe ausstrahlen, um diese Befürchtungen zu zerstreuen, so kann die Teilnahme an einer solchen Gruppe das Selbstvertrauen stärken.

Kunst, die in Gemeinschaftsarbeit entsteht, erfordert mehr die Zusammenarbeit der Mitglieder als Gruppe als einen individuellen Beitrag jeder teilnehmenden Person; dies trägt zu Aufschlüssen über zwischenmenschliche Beziehungen innerhalb der Gruppe bei. Viele dieser Gruppentechniken werden genauer in Kapitel 11 beschrieben, wo eine Vielfalt von Ansätzen untersucht wird, die mit einer großen Zahl von Klienten und in Gemeinschaftsgruppen eingesetzt werden kann.

Eine spezialisiertere Form der Kunsttherapie besteht in der Arbeit mit Familien. Kunst wird dabei als ein Kommunikationsmittel benutzt, das die ungewöhnliche Möglichkeit zur Beobachtung der Art und Weise bietet, in der der Familienverband in einer Situation funktioniert, die weniger formal ist und in geringerer Weise den etablierten Kontrollmechanismen und Verhaltensmustern unterworfen ist. Das Werk einer Person beschreibt eine persönliche Einsicht in die Dynamik des Familienverbandes – einer Gruppe von Leuten, die nicht durch ein allgemeines Mißverständnis oder gemeinsame Symptome miteinander verbunden sind, sondern die lediglich viele Jahre lang als Verband zusammengelebt haben. Das Bild verdeutlicht dabei die Wahrnehmung der betreffenden Person hinsichtlich ihrer Stellung innerhalb dieses Verbandes.

Unabhängig davon, ob die Kunsttherapeuten mit Einzelpersonen oder mit Gruppen arbeiten, sind sie gleichermaßen Teilnehmer wie auch Beobachter in diesem therapeutischen Prozeß. Indem der Kunsttherapeut mit dem Klienten zusammenarbeitet und das innerhalb der Sitzungen hergestellte künstlerische Werk mit ihm diskutiert, muß er ihm helfen, dem eigenen Bild einen Sinn beizulegen. Dadurch wird nicht einfach eine direkte Analyse oder Interpretation, sondern gegenseitige Anregung und Orientierung in bezug auf die Bilder von Seiten des Klienten, aber auch des Therapeuten impliziert. Die Solidität und konkrete Natur der Kunstform liefert einen klaren visuellen Rahmen für die therapeutische Arbeit und darüber hinaus einige offensichtliche Ansatzpunkte für die Interpretation. Die Interpreation sollte jedoch mit Vorsicht angegangen werden, denn trotz der offensichtlichen Vorteile, die sich daraus ergeben, daß ein so greifbarer Mittelpunkt zur Verfügung steht, sind künstlerische Formen Aussagen auf vielen verschiedenen Ebenen, woraus sich ein vergrößertes Risiko des Irrtums und des Mißverständnisses ergibt.

So kann ein schwarzer Klecks, der in einer der Ecken eines Bildes erscheint, fälschlicherweise als Symbol interpretiert werden, wo ihm doch nur ein Mangel an malerischer Fertigkeit zugrundelag. Auch der erfahrenste Therapeut kann hinsichtlich seiner korrekten Interpretation nicht völlig zuversichtlich sein, wenn er nicht der aktiven Beteiligung und Kooperation durch den Klienten innerhalb der therapeutischen Begegnung gewiß ist. Da das Bild für den »Künstler« einmalig ist, kann nur er oder sie schließlich zu einem Verständnis der vollen Bedeutung gelangen. Daher muß der Therapeut den Klienten zunächst um einen Versuch der Erklärung des Gehaltes sowie der Bedeutung seines Werkes bitten. Beides kann dann weiter erkundet und zu einem tiefergehenden Verständnis durch die Interaktion mit und die mögliche Interpretation durch den Therapeuten ausgeweitet werden.

Das Ausmaß der Interpretation muß offensichtlich von dem individuellen Stil des Therapeuten abhängen. Wer in der Therapie unerfahren oder ungeübt oder mit der Verwendung von Kunst in dieser Weise nicht vertraut ist, kann der Versuchung erliegen, voreilige Interpretationen zu wagen, wenn die Bedeutung eines Symbols klar und offensichtlich zu sein scheint. Champernowne (1971) trifft dazu folgende Aussage:

»Die logische Analyse und Übersetzung von bildlich dargestellten Ideen in Worte kann in den Händen unerfahrener Therapeuten gefährlich und destruktiv sein. Aus diesem Grunde ist eine gute Analyse für jeden Therapeuten von großem Vorteil. Er sollte dann wissen, in welcher Weise er nicht eingreifen sollte. Die künstlerische Form hat ihre eigene Gültigkeit und die Übersetzung aus einer Sprache in eine andere bringt zwangsläufig Verluste oder Irrtum.« (Champernowne 1917:141)

Winnicott (1971) verweist ebenfalls auf die grundlegenden Gefahren, die sich aus dem Interpretationsbedürfnis des unerfahrenen Therapeuten ergeben:

»Wenn wir nur abwarten können, kommt der Patient von ganz allein kreativ und mit größter Freude zu einem Verständnis, und ich kann diese Freude heute mehr genießen als früher das Gefühl, klug zu sein. Ich glaube, meine Interpretationen haben heute vor allem die Aufgabe, dem Patienten die Grenzen meines Verstehens erkennbar werden zu lassen. Dabei gehe ich von dem Prinzip aus, daß der Patient und nur er die Antwort weiß. Wir können erreichen oder unterlassen, ihn in die Lage zu versetzen, dem auszuweichen, was er weiß, oder sich dessen bewußt zu werden und es anzunehmen.« (Winnicott 1973:101)

Das Geschick und die Effizienz eines Kunsttherapeuten liegen nicht allein in seiner Fähigkeit zu intervenieren oder in seiner Hilfeleistung bei der Interpretation des Werkes; die Auswahl der Materialien durch den Kunsttherapeuten ist von ebenso großer Bedeutung. Sowohl zwei- wie auch dreidimensionale Kunstmaterialien verfügen über ein enormes Potential und große Flexibilität für die Therapie. Dem Therapeuten stehen bei der angemessenen Auswahl verschiedener Medien viele Optionen zur Verfügung, darunter Farbe, Ton, Sand, Kreide, Kollagen oder »Gerümpel«, und jede enthält besondere therapeutische Eigenschaften. Die Vielseitigkeit dieser Materialien eröffnet ein immenses Spektrum und die während der Planung erfolgende Auswahl richtet sich nach dem Typ des Patienten, dem in der Therapie erreichten Stadium und den vordringlichen therapeutischen Problemen. Die Sitzung muß daher vorab sorgfältig geplant und bedacht werden.

Das Ergebnis einer Sitzung steht in direktem Zusammenhang mit der korrekten und sorgfältigen Planung. Der Grund dafür liegt teilweise in dem entscheidenden ersten Abschnitt einer kunsttherapeutischen Sitzung. Dies ist der Punkt, an dem der Klient nach der einführenden Erläuterung durch den Therapeuten mit der Arbeit beginnt, indem er Farbe zu Papier bringt. In therapeutischer Hinsicht ist diese Aktivität von größter Bedeutung, da jedes einzelne Zeichen eine einmalige, persönliche Übertragung des Ichs auf das leere Blatt Papier darstellt. Laing führt diesen Sachverhalt wie folgt weiter aus:

»Jede schöpferische künstlerische Produktion des Patienten ist in gewisser Hinsicht ein Aspekt dieser Person. Kein anderer kann dasselbe Ergebnis auf Papier oder auf Leinwand herstellen. Die Kunsttherapie eröffnet einen Bereich, in dem der Patient seine Identität zum Ausdruck bringen kann und sie bietet ihm eine Atmosphäre, in der er er selbst sein kann. (...) Die Kunst bildet ein Medium, das sowohl Kommunikation mit anderen als auch Konfrontation mit dem Ich ermöglicht.« (Laing 1974:17)

Wie bei jeder therapeutischen Bemühung ist die Beziehung zwischen Therapeut und Klient von zentraler Bedeutung. Die Kunst wird als ein Medium verwendet, mit dessen Hilfe sich diese Beziehung entfaltet. Obwohl die künstlerische Produktion zum Mittelpunkt dieser Beziehung wird, betreffen die starken Gefühle, die sich zwischen Patient und Therapeut entwickeln, für gewöhnlich die Übertragung. Ein solcher Transfer findet statt, wenn der Patient starke, oft infantile Gefühle, die aus Kindheitserfahrungen oder von frühen Beziehungen herrühren, auf den Therapeuten überträgt. Diese Übertragung ist für jede psychotherapeutische Beziehung zentral und sie ist für die Enthüllung der frühen Individualgeschichte und der frühen Erfahrung, wie wiederum auf die gegenwärtigen Lebensumstände bezogen werden können, von höchster Wichtigkeit.

Die Dynamik von Übertragung und Gegenübertragung ist komplex und man könnte behaupten, daß sie in der Psychoanalyse eine vollständigere Grundlage vorfände. In der Tat wird manchmal überlegt, ob die Konzentration auf eine künstlerische Produktion wesentlich von der wirklichen Arbeit am Aufbau einer psychoanalytischen Beziehung ablenkt. Während jedoch die Übertragung das »Hauptinstrument« eines Psychoanalytikers darstellt, gilt die Kunst als zentrale therapeutische Kraft für einen Kunsttherapeuten, obwohl sich Übertragung entwickelt und ein bedeutendes Phänomen innerhalb einer kunsttherapeutischen Beziehung darstellt. »Mehr als der Psychotherapeut oder der Psychiater sollte der Kunsttherapeut auf das kreative Muster bezogen bleiben und innerhalb dieses Musters wirken, indem er sich primär auf der Ebene der vom Patienten verwendeten Symbole und Bilder bewegt« (Champernowne 1971:141). Die Übertragungsrelation in der Kunsttherapie wird daher durch die Bildhaftigkeit modifiziert, die den Patienten mittels freier Assoziation in die Lage versetzt, zu einem klareren Verständnis der Ursachen seiner oder ihrer Konflikte zu gelangen, die vielleicht schon in sehr frühen familiären Beziehungen ihren Anfang nahmen.

Ebenso wesentlich ist die therapeutische Umgebung oder Atmosphäre, in der dieses Verhältnis zwischen Klient und Therapeut sich entfalten kann. In seinem klientenzentrierten psychotherapeutischen Ansatz listet Rogers (1972) drei Faktoren auf, nämlich die Wärme, das Einfühlungsvermögen und die Aufrichtigkeit, die er als grundlegend für eine gesicherte Entwicklung von Offenheit und Vertrauen und der damit einhergehenden Erleichterung des therapeutischen Fortschritts ansieht. Unabhängig davon, welcher theoretische Standpunkt eingenommen wird, halte auch ich das Vorhandensein dieser beiden Elemente für grundlegend im Zusammenahng mit der erfolgreichen Entwicklung einer jeden Beziehung in der Kunsttherapie.

Was Kunsttherapie nicht ist – eine Negativabgrenzung

Ich hoffe, daß bis hierher einige weitverbreitete Mißverständnisse über Kunsttherapie aufgelöst werden könnten, nämlich erstens, daß Kunsttherapie nur für potentielle Künstler oder solche Leute gedacht sei, die sich für die Sache interessierten oder natürliches Talent mitbrächten. Es ist nur zu oft der Fall, daß auf dieser Basis auf Kunsttherapeuten Bezug genommen wird. Ein besserer Kontakt zwischen den verschiedenen Disziplinen würde dazu beitragen, dieses spezielle Mißverständnis aufzuheben. Die Mehrzahl der erfolgreich mit Kunsttherapie behandelten Leute hat niemals zuvor gezeichnet oder gemalt. Wer in seiner kreativen Ausdrucksfähigkeit unerfahren ist, muß darin unterstützt werden, Vertrauen in seine Fähigkeit zu gewinnen, Gedanken und Gefühle in Bildern auszudrücken. Für eine in künstlerischer Hinsicht erfahrene Person ist der Zugang vollkommen anders, da sich beim »Künstler« die Tendenz offenbart, diese spezialisierten Fertigkeiten zur Verzerrung oder Verdrängung unbewußten Materials zu verwenden, wenn Versuche unternommen werden, mit inneren Konflikten in der Therapie zu arbeiten. Naumberg erläutert:

> »Es ist besonders schwer, einen Künstler von der Tyrannei seiner technischen Kenntnisse zu befreien. Wenn während der Behandlung archaische Formen aus dem Unbewußten durchzubrechen beginnen, ist der Künstler sofort eifrig bemüht, diesen neuen Inhalt seiner beruflichen Arbeit zuzuordnen. Es muß sodann dazu überredet werden, die Anwendung solch unbewußter Bildhaftigkeit auf seine bewußte Arbeit zurückzustellen, bis die Therapie beendet ist.« (Naumberg 1958:514)

Bei der Arbeit mit ausgebildeten Künstlern in kunsttherapeutischen Workshops entspricht es meiner Erfahrung, daß sie es für nötig erachten, ihre Technik zugunsten von Spontanietät und Selbstoffenbarung aufzugeben. Der Druck der Gruppe bewirkt tendentiell, daß der Künstler seiner Fähigkeiten enthoben wird. Die technischen Barrieren sind aufzuheben, weil andere Mitglieder ein Gefühl der Unzulänglichkeit verspüren, da sie nicht über dieselbe Fertigkeit verfügen, um sich hinterher zu verstecken. Interessant ist dabei, daß diese Erfahrung in vielen Fällen eine radikale und anhaltende Veränderung in der Arbeit des Künstlers bewirkt.

Zum zweiten sind Kunsttherapeuten keine Lehrer. Sie sind eventuell Künstler, aber sie müssen auch in der Bewußtheit ihrer Handlungen innerhalb des therapeutischen Prozesses geschult sein. Die Kunst ist zu »mächtig«, als daß man spielerisch mit ihr umgehen könnte, insofern nämlich, als sie nicht als triviale oder niedrige Betätigung anzusehen ist. Ihre potentielle Wirkung in der Therapie erfordert harte Schulung und professionelle Standards, von denen die Kunsttherapeuten bei iherer praktischen Arbeit ausgehen können.

Drittens ist die Kunsttherapie nicht einfach eine Form der Beschäftigungstherapie. Sicherlich verfügt die künstlerische Betätigung über beschäftigungstherapeutische Aspekte, aber es gibt andere Eigenschaften der Kunst, besonders in bezug auf die Arbeit mit dem Unbewußten, die für sie allein gelten; diese besondere Eigenschaften haben zu ihrer Entwicklung als einem selbständigen Spezialgebiet beigetragen. Daraus ergibt sich eine engere Verbindung der Kunsttherapie mit psychoanalytischen Therapieverfahren, da ihre Methoden auf der Ermutigung zur freien Assoziation und zum spontanen Ausdruck beruhen. Jedoch können sowohl Kunsttherapeuten wie auch Beschäftigungstherapeuten ihre jeweilige Sachkenntnis bei der Zusammenarbeit in einem Behandlungsprogramm zur Verfügung stellen. Dies ist besonders deshalb möglich, da die progressiveren Arbeitsweisen in der Beschäftigungstherapie sich neuerdings stärker auf die Kreativität konzentrieren.

In der Praxis besteht unter der Mehrzahl der Fachleute Einigkeit darüber, daß die Kunsttherapeuten nicht dazu in der Lage sind, ja, daß sie sogar davon Abstand nehmen sollten, ein Bild zu »lesen« oder zu interpretieren. Unabhängig von der Erfahrung und Qualifikation eines Kunsttherapeuten gilt: die einzige Person, die fähig oder »qualifiziert« genug ist, korrekt zu interpretieren, ist der »Künstler«, weil die Bedeutung des Bildes nur im Hinblick auf seine oder ihre persönliche Situation relevant ist. Dem Therapeuten wird anheimgestellt, zu spekulieren, Vorschläge zu unterbreiten und Aspekte des Bildes miteinander zu verknüpfen. Dies geschieht aber innerhalb der therapeutischen Beziehung in einer Atmosphäre des Vertrauens, der Offenheit und der Sicherheit, und sollte außerhalb dieses Kontextes unterbleiben. Meiner eigenen Erfahrung zufolge werden Kunsttherapeuten immer wieder gebeten, Bilder zu analysieren oder zu deuten, über die sie nichts wissen. Diese Auffassung leitet sich aus der Vorstellung ab, daß Kunsttherapeuten über die Fähigkeit verfügten, vollständige, objektive Einschätzungen von Menschen aufgrund ihrer künstlerischen Arbeit vornehmen zu können.

Schließlich ist die Kunsttherapie nicht Diagnose mittels Kunst. Es besteht die weit verbreitete Auffassung, daß ein gestörtes, in sich gebrochenes Bild mit einer gestörten Persönlichkeit verbunden sei: Van Gogh und Edward Munch sind wichtige Beispiele. Zwar stellt diese Vorstellung eine interessante Idee dar, dennoch glauben wir zur Zeit, daß sie nur Gegenstand für Spekulationen sein kann, da keine Möglichkeit zur Überprüfung ihrer Gültigkeit besteht. Während es leicht ist, die Verbindung zwischen einem gestörten Geisteszustand und einer »Störung« in Kunstformen herzustellen, bereitet die Festlegung, ob wir eine gültige Verbindung sehen oder ob wir – im voraus bewaffnet mit Wissen um die Störung – nach Indikatoren einer solchen in der Arbeit des Künstlers suchen, weitaus mehr Schwierigkeiten.

Von unmittelbarem Belang für unsere klinischen Absichten in der Kunsttherapie ist das offensichtliche Phänomen, daß gewisse Bilder und Symbole in der Tat immer wieder in Bildern auftauchen, die von ähnlichen Klientengruppen gemalt werden, besonders von solchen Gruppen, die ähnliche Symptome zeigen. Aber diese Feststellung entspricht nicht der Annahme, daß diese Symbole die besonderen Symptome oder Geisteszustände im allgemeinen widerspiegeln. Wer zum Beispiel unter Depressionen leidet, bringt im allgemeinen Gefühle der Schwärze, der Hoffnungslosigkeit und der Leere zum Ausdruck, die wiederum den Gefühlen einer anderen depressiven Person gleichen. Eben diese beiden Menschen werden unabhängig voneinander diese depressiven Gefühle in Bildern darstellen, denen im Hinblick auf Form, Inhalt und Farbgebung viele Merkmale gemeinsam sind. Daraus leitet sich jedoch nicht die Implikation ab, daß eine Person unter Depressionen leidet, weil sie ein bestimmtes Bild malt. Unser gegenwärtiger Kenntnisstand läßt diesen Sprung ins Ungewisse nicht zu und macht die Idee somit unhaltbar. Wer jedoch über Erfahrungen bei der Arbeit mit bestimmten Klientengruppen verfügt, kann in ihren Bildern wiederkehrende Merkmale erkennen und würde wahrscheinlich sagen, daß einige Menschen entsprechend der Gegenstände und der Art und Weise ihrer Malerei grob kategorisiert werden könnten. Diese Ideen beruhen aber ausschließlich auf Beobachtungen einzelner Praktiker.

Natürlich bedeutet dies nicht, daß die Kunsttherapeuten nicht bereits klinische Wertungen durchführen, aber die Entscheidungen werden unter Berücksichtigung der gesamten künstlerischen Arbeit sowie der Entwicklung und Veränderung dieser Arbeit im Verlauf der Therapie getroffen (vgl. z. B. Kapitel 8). Die Bilder fungieren als Aufzeichnungen, aber auch als Indikator der Veränderung, da sie über einen Zeitraum hinweg miteinander verglichen werden können. Sie sind daher für die Bestimmung der therapeutischen Veränderung sowohl für die Therapeuten als auch für den Klienten von unschätzbarem Wert. Wir sind jedoch noch nicht in dem Stadium angelangt, in dem wir dieselben Rückschlüsse aus der objektiven Analyse von Bildinhalten ableiten können. Oft wird wie folgt argumentiert: wenn die Kunsttherapie methodologisch schlüssig und erkennbar werden soll, so muß das wissenschaftliche Studium die Gültigkeit von Diagnosen aus Bildern untersuchen, was sicherlich ein sehr umfangreiches Forschungsgebiet darstellt.

Forschung und Zukunftsperspektiven

Eine der Hauptkritikpunkte, der von Leuten gegen die Kunsttherapie vorgebracht wird, die von ihrer Effizienz nicht überzeugt sind, betrifft das Fehlen von

überzeugenden Beweisen für sichtbare Ergebnisse. Forschung zur Kunsttherapie ist zugegebenermaßen bisher sporadisch und wenig systematisch erfolgt. In
den USA ist weit mehr Arbeit geleistet worden, insbesondere in den Bereichen
der klinischen Effizienz und der Diagnose (vgl. etwa Serban 1972, Wadeson
1971, Anastasi und Foley 1944). In der psychologischen Forschung ist auch umfassend über Themen gearbeitet worden, die der Kunsttherapie verwandt sind,
darunter Studien zu Zeichnungen der menschlichen Gestalt; all diese Untersuchungen haben zu der Gesamtheit unserer gegenwärtigen Erkenntnisse beigetragen (Machover 1949, Holzberg und Wexler 1950, Swensen 1968). Es ist jedoch sehr schwierig, beweiskräftige statistische Ergebnisse in der Kunsttherapie
zu erzielen, die ohnehin bekanntlich schwer erreicht werden können (Dalley
1978).

Einige Fallstudien beruhen auf deskriptivem Material, das den Ablauf des
kunsttherapeutischen Prozesses im einzelnen unter die Lupe nimmt (Rosenberg
1965, Dalley 1980 und 1981). Wenn man die Schwierigkeiten, unter denen andere Bestimmungsmethoden leiden, als gegeben annimmt, so besteht eine prak-
tikable Möglichkeit zur Erlangung von Forschungsinformationen darin, den betreffenden Patienten zu befragen, der immerhin der »Konsument« ist. Man hat
herausgefunden, daß die Rückmeldung durch die Patienten Material liefert,
welches zwar subjektiv ist, sich aber als nützlich für die Festlegung der Wirkungsweise der Kunsttherapie erweist und Rückschlüsse darüber zuläßt, für welchen
Personenkreis sie am effizientesten eingesetzt werden kann (Dalley 1978). So
wurde zum Beispiel von einem Patienten die folgende Erklärung gegeben:

»Die Mehrzahl meiner Bilder setzt sich aus nur zwei oder drei Farben zusammen – rot, schwarz und gelegentlich gelb. Wenn ich deprimiert bin, steht
schwarz für völlige Verzweiflung und ein beherrschendes Gefühl persönlicher
Wertlosigkeit: rot steht für fast zerstörerische Wut – eine Wut, die sich hauptsächlich gegen mich selbst richtet, wegen dieses Gefühls der Wertlosigkeit:
die gelegentliche Verwendung von gelb weist auf schwache und seltene Hoff-
nungsschimmer für die Zukunft hin. Wo ich eine Figur gemalt habe, stellt sie
sich gewöhnlich als eine Silhouette dar. Die Figur ist meiner Meinung nach
eine Silhouette, weil ich nicht zugestehen will, daß ich selbst diese Figur dar-
stelle, die da mit Verzweiflung und Wut bombadiert wird.

Als ich im Krankenhaus war, empfand ich die Kunsttherapie als sehr wertvoll; sie enthielt seelisch entspannende Elemente. Ich war oft in einer sehr
unruhigen, deprimierten Gemütsverfassung, wenn ich zu den kunsttherapeutischen Sitzungen ging, und ich wollte mich nicht im geringsten bemühen. Ich
fand heraus, daß sich meine feindlichen und sogar aggressiven Gefühle
schnell auf das Papier übertrugen.« (Dalley 1978)

Ein solcher Kommentar kann uns Hinweise auf die Art und Weise und die Gründe für die Effizienz der Kunsttherapie liefern. Es ist jedoch von grundlegender Bedeutung, daß eine Auswertung der Effizienz der Kunsttherapie in der Zukunft unter Zuhilfenahme spezifischer Daten angegangen wird, damit sich dieses Fachgebiet produktiver entfalten kann und wir festlegen können, wieviel Gewicht ihr bei der Behandlung zugemessen werden kann.

Was läßt sich über die Zukunft der Kunsttherapie sagen? Wenn wir die beruflichen Ursprünge der Kunsttherapie und ihre Entwicklung aus getrennten »Lagern« im Kopf behalten, so wird noch immer laufend darüber diskutiert, ob ein Kunsttherapeut primär in Kunst oder in Psychologie und Psychotherapie ausgebildet sein soll. Der Kampf um die Etablierung der Kunsttherapie als einer gültigen und anerkannten Disziplin war und ist noch immer hart. Allmählich ändert sich die Einstellung, aber es bleibt noch viel zu tun. Das höchste Ziel muß in der Etablierung der Kunsttherapie als eines integralen und hochgeachteten Bestandteils eines jeden Behandlungsprogrammes bestehen. Wir hoffen, daß dieses Buch den Weg zur Erreichung dieses Zieles ein wenig weiter ebnet.

Literatur

Anastasi, A. und Foley, J. P. (1944) An Experimental Study of the Drawing Behaviour of Adult Psychotics in Comparsion with that of a Normal Control Group. *Journal of Experimental Psychology* **34** *(3):* 170–94.

Byrne, P. (1978) The Meaning of Art in Art and Psychopathology. *Inscape* 3 (I): 13–20.

Champernowne, I. (1971) Art and Therapy: An Uneasy Parnership. *American Journal of Art Therapy* **10** (3) (April): 131–43.

Dalley, T. (1978) 'An Investigation of the Efficacy of Art Therapy in Psychiatric Treatment.' Unpublished thesis, Hertfordshire College of Art and Design, St. Albans.

– (1978) Drawing out Tensions with Art Therapy. *Therapy* **5** (20/21): 4.

– (1980) Art Therapy in Psychiatric Treatment: An Illustrated Case Study. *Art Psychotherapy* **6** (4): 257–65.

– (1981) Assessing the Therapeutic Effects of Art: An Illustrated Case Study. *Art Psychotherapy* **7** (I): 11–17.

Freud, S. (1969) *Vorlesungen zur Einführung in die Psychoanalyse. Und Neue Folge.* (= Studienausgabe, Band I) Frankfurt/M.: S. Fischer.

Fuller, P. (1983) Does Therapy Disrupt the Creative Process? *Inscape* (April): 5–7.

Holzberg, J. D. und Wexler, M. (1950) Validity of Human Drawings of Personality Deviation. *Journal of Projective Techniques* **14:** 344–61.

Kramer, E. (1958) *Art Therapy in a Children's Community.* Springfield, III.: C. C. Thomas. Laing, J. (1974) Art Therapy: Painting Out the Puzzle of the Inner Mind. *New Psychiatry* **6** (Nov. 28): 16–18.

Machover, K. (1949) *Personality Projection in the Drawing of the Human Figure.* Springfield, III.: C. C. Thomas.

Maclagan, D. (1979) Missing, Presumed Lost. *Artscribe* **17**: 22−6.
− (1983) Freud and the Figurative. *Inscape* (October): 10−12.
Naumburg, M. (1958) Art Therapy: Its Scope and Function. In E. F. Hammer (ed.) *Clinical Applications of Projective Drawings*. Springfield, Ill.: C. C. Thomas.
− (1966) *Dynamically Orientated Art Therapy: Its Principles and Practice*. New York: Grune & Stratton.
Rosenberg, L. (1965) Rapid Changes in Overt Behaviour Reflected in the 'Draw a Person': A Case Report. *Journal of Projective Techniques and Personality Assessment* **29** (3): 349−51.
Rogers, C. (1972) *Die klient-bezogene Gesprächstherapie*. 2. Aufl. München: Kindler.
Serban, G. (1972) A Critical Study of Art Therapy in Treating Psychotic Patients. *Behavioural Neuropsychiatry* **3** (1−2): 2−20.
Stern, M. (1952) Free Painting as an Auxiliary Technique in Psychoanalysis. In G. Bychowski and J. L. Despert *Specialized Techniques in Psychotherapy*. New York: Basic Books.
Storr, A. (1972) *The Dynamics of Creation*. Harmondsworth: Penguin.
Swenson, C. H. (1968) Empirical Evaluations of Human Figure Drawings. *Psychological Bulletin* **70** (I): 20−40.
Ulman, E. (1961) Art Therapy: Problems of Definition. *Bulletin of Art Therapy* **I** (2): 10−20.
Wadeson, H. (1971) Characteristic of Art Expression in Depression. *Journal of Nervous and Mental Disease* **153** (3): 197−204.
Winnicott, D. (1973) *Vom Spiel zur Kreativität*. Stuttgart: Klett.

1
Kunstpädagogik und Kunsttherapie: Einige Überlegungen zu Unterschieden und Gemeinsamkeiten

Diane Waller

Einführung

Bevor ich mit der Arbeit an diesem Kapitel begann, fragte ich mich, wie es dazu kam, über die Gemeinsamkeiten und Unterschiede zwischen Kunstpädagogik und Kunsttherapie zu schreiben. Welche Aspekte dieser beiden Aktivitäten können einem nutzbringenden Vergleich unterworfen werden? Warum sollte es des weiteren überhaupt notwendig sein, sie zu vergleichen – liegt der Grund darin, daß beiden der Begriff »Kunst« gemeinsam ist, oder darin, daß man beide oft miteinander verwechselt? Verfügen sie über eine gemeinsame Grundlage, und wenn ja, worin besteht sie und welche Gründe sind dafür verantwortlich? Wenn es Unterschiede gibt, ergeben sie sich aufgrund der Umgebung, in der die Disziplinen jeweils angewandt werden? – Lehrer arbeiten in den Schulen mit »normalen« Kindern, und Therapeuten arbeiten in Anstalten mit »kranken« Menschen. Aber was ist mit den Pädagogen, die in Anstalten arbeiten und den Therapeuten an den Schulen? Wären sie mit denselben Gegenständen beschäftigt, wenn man nur ihre Berufsbezeichnung änderte?

Was mich betrifft, so entwickelte ich ein klares Bewußtsein der Tatsache, wie britisch oder möglicherweise wie amerikanisch diese Fragen erscheinen, als ich eine Reise nach Bulgarien unternahm, einem Land, in dem die Praxis der Kunsttherapie in den Anfängen steckt und wo sie keine wie auch immer geartete Beziehung zum Kunstunterricht hat. Kunsttherapeuten in Bulgarien sind Ärzte und Psychologen, und sie arbeiten innerhalb des medizinischen Modells der Psychiatrie. Die Aufgabe der Kunstpädagogen besteht in der Vermittlung von Fertigkeiten und der Darstellung der Kunstgeschichte. Ein bulgarischer Kunststudent käme nie auf die Idee, sich zum Kunsttherapeuten ausbilden zu lassen. Ebensowenig würde es einem solchen Studenten einfallen, die Ähnlichkeiten und Unterschiede zwischen Kunstpädagogik und Kunsttherapie zu untersuchen. Es läge kein wirklicher Sinn in einem solchen Unterfangen, da keine offensichtliche Verbindung herzustellen und kein Standpunkt einzunehmen ist.

Ich versuchte mich von der unkritischen Haltung zu befreien, die ich eingenommen haben mußte, indem ich dieses Thema als logischen Forschungsgegenstand anzusehen versuchte. Eine solche Haltung hatte sich zweifellos als Ergebnis meiner eigenen Erziehung und Erfahrung als Kunststudentin, Kunsttherapeuting und Psychotherapeutin herausgebildet, die sich mit der Ausbildung von Kunsterziehern, Kunsttherapeuten sowie Lehrern befaßt, die Kunsttherapeuten werden wollen. Einige dieser Lehrer verspüren den Wunsch, ihre künstlerischen Fähigkeiten und die Einsichten aus der Kunsttherapie für eine größere Effizienz als Kunsterzieher oder zur pädagogischen Betreuung von Kindern mit besonderen Bedürfnissen einzusetzen. In den meisten Fällen fühlen sie sich jedoch von dieser Aussicht entmutigt und ziehen es vor, im Gesundheitswesen zu arbeiten, in dem sie heute eine Struktur vorfinden, in der die Kunsttherapeuten ihre beruflichen Fähigkeiten zuversichtlich einsetzen können. Im Erziehungswesen ist dagegen bisher keine solche Struktur zu erkennen.

Dabei wird die Voraussetzung zugrundegelegt, daß zwischen Unterricht und Therapie ein so großer Unterschied im Zugang besteht, daß ein Lehrer notwendigerweise eine zusätzliche berufliche Ausbildung absolvieren muß. Ich behaupte, daß ein solcher Unterschied besteht und der neueste Bericht der *Calouste Gulbenkian Foundation* macht in der Tat die folgende Beobachtung:

In jeder Schule gibt es Kinder, die aus einer Vielzahl von Gründen irgendeiner Form von heilender Betätigung oder Therapie bedürfen. (...) Sie alle brauchen wahrscheinlich die Zuwendung besonders ausgebildeter Lehrer und/oder Therapeuten.
Wir gehen unsere Kommentare wegen der emphatischen Unterschiede zwischen der allgemeinen Erziehung und der Therapie hier mit Vorsicht an. Wir möchten nur auf den zunehmenden Schatz an Erfahrungen und Meinungen verweisen, der auf den besonderen Wert der Künste – speziell der Musik, der bildenden Kunst, des Tanzes und des Dramas – in den Bereichen der Heilpädagogik und der Therapie verweist. (...) Indem wir diesen besonderen Verwendungsweisen der Künste in der Erziehung und in der Therapie Aufmerksamkeit schenken, wollen wir unterstreichen, daß sie dem Fachgebiet geschulter und qualifizierter Spezialisten für Kunsttherapie und nicht dem allgemeinen Schulpädagogen zuzuordnen sind. Dennoch sollte die Existenz und der

Wert dieser Arbeit in den Schulen und bei den örtlichen pädagogischen Autoritäten anerkannt werden.« (Calouste Culbenkian Foundation 1982:105)

Die Aufgabe der pädagogischen Form des Diploms in der Kunsttherapie[1] besteht in einer Ausrichtung auf die Bedürfnisse von Kunsterziehern, die sich als Kunsttherapeuten neu orientieren wollen. Dies hat sich als schwieriges und zugleich anregendes Problem herausgestellt. Es läge mir fern, die Probleme beruflicher und emotionaler Art, denen sich diese Lehrer gegenübersehen, als gering einzuschätzen. Die sorgfältige Überwachung der Veränderungsprozesse, die sie durchlaufen, versetzt uns in die Lage, ein klares Bild über die tatsächlichen Ähnlichkeiten und Unterschiede zwischen Kunsterziehung und Kunsttherapie in der Praxis zu gewinnen. Daraus erklärt sich jedoch weder die Notwendigkeit von Schulungen für Kunsterzieher in Kunsttherapie noch die Tatsache, daß die Kunsttherapie in England bisher eng mit der Kunsterziehung verbunden war, bis zu dem Punkt, an dem zwei von drei Kunsttherapiekursen aus den pädagogischen Abteilungen von Colleges und Fakultäten der Fachrichtung Kunst erwuchsen, wobei eines davon (das Polytechnikum Birmingham) noch innerhalb der pädagogischen Abteilung seine kunsttherapeutischen Kurse abhält. War das ein schicksalhafter Zufall oder Zweckdienlichkeit, oder wo liegen die guten Gründen für die Verbindung?

Ich muß sagen, daß ich Eisner (1974) besonders verpflichtet bin, dessen Artikel *The Mythology of Art Education* mich dazu anregte, den Mythos des »Treibhaus«-Zuganges zur Kunsterziehung zu überprüfen, der meiner Vermutung nach oft mit Kunsttherapie in Zusammenhang gebracht wird. Ich habe auf den Begriff »Treibhaus« Bezug genommen, da ein zentrales Element dieses Mythos besagt, das Kind gleiche einer keimenden Pflanze und der Lehrer sei dessen Gärtner. Wenn es sich selbst überlassen werde, so könne es sich »natürlich« entwickeln – mit anderen Worten, es werde seine Möglichkeit entwickeln, eine bestimmte Art von Person zu werden und eine bestimmte Art von Kunst zu erzeugen. Es wird dabei angenommen, daß das Kind sich von innen nach außen entwickelte, und daß die Aufgabe des Lehrers in der Bereitstellung einer anregungsreichen Umgebung und emotionaler Unterstützung besteht.

Ich las daraufhin Eisners *Educating Artistic Vision*, wo er einen Abschnitt der amerikanischen Kunsttherapeutin Naumburg zitiert (Eisner 1972:253-54). Er stellt die psychoanalytische Sprache Naumburgs der Ausdrucksweise von Staats (1968) gegenüber – einem Autor, der im Sinne der Wahrnehmungsentwicklung und Verhaltensmodifikation argumentiert und der dementsprechend eine völlig andere Orientierung zum Problem des Verständnisses von Verhalten und Kunsterziehung vertritt. Da Naumburg (1966) eine der ersten war, die den Begriff »Kunsttherapie« verwendet und ihre Arbeiten sowohl in den USA als auch in Großbritannien höchst einflußreich waren, scheint die Annahme gerechtfertigt zu sein, daß ihre Sprache und ihre Methode weitgehend in die Theorie und Praxis der Kunsttherapie integriert worden ist.

Es scheint daher von Nutzen zu sein, die von Naumburg beschriebene »dynamisch orientierte Kunsttherapie«, die der weit verbreiteten nicht-direktiven Methode eng verbunden ist, für einen Vergleich mit dem »kindzentrierten« Zugang in der Kunsterziehung heranzuziehen, der Wert auf den persönlichen Ausdruck des Kindes mittels Kunst legt. Ebenso könnten wir uns auf den kindzentrierten Zugang als einen personenzentrierten beziehen, da sowohl Kunsterziehung als auch Kunsttherapie nicht auf Kinder beschränkt sind. Wenn ich darauf verzichte, spezifische Vergleichsbereiche auszuwählen, so würde ich damit nahelegen, daß es nur einen Zugang zur Kunsterziehung und zur Kunsttherapie gäbe, was natürlich nicht der Fall ist.

Historische Verbindungen zwischen Kunsterziehung und Kunsttherapie

Wenn man die Aufgabe eines Vergleichs angehen will, so ist es nötig, den historischen Hintergrund der Kunsterziehung zu betrachten, denn in Großbritannien hat sich die Kunsttherapie teilweise aus diesen Wurzeln entwickelt. MacDonald schreibt über die Situation der Kunst am Ende des neunzehnten Jahrhunderts:

> »Der Niedergang der akademischen Hohen Kunst am Ende des 19. Jahrhunderts und der Aufstieg der farbenprächtigen postimpressionistischen Werke kurze Zeit später ermöglichte zum ersten Mal einen Vergleich zwischen Kunst von Kindern und Erwachsenen. Kinderkunst, primitive Kunst, Stammeskunst und westasiatische Kunst wurden nicht länger als grob, sondern vielmehr als sensible und ausdrucksstarke Kunstformen eingeschätzt.« (MacDonald 1970:329)

Zweifellos führte die positive Aufnahme anderer Kunstformen dazu, daß das künstlerische Werk des »Geistesgestörten« als beachtenswert angesehen wurde und die romantische Sicht, daß Wahnsinn und Genialität nah beieinander lägen, war erneut von großem Interesse. Solche Kunst stand jedoch abseits der Hauptströmungen, obwohl die Grenzen weniger klar definiert wurden. Dieser Versuch einer Verbindung zwischen Kinderkunst und primitiver Kunst trat in den ersten Jahrzehnten des gegenwärtigen Jahrhunderts zutage, als das Interesse an Ausdruck und Phantasie bei den Kunsterziehern zunahm (Viola 1944). Tomlinson, ein Man von weitreichendem Einfluß als *Senior Art Adviser, Inspector* des *London County Council* und als Vorsitzender des Prüfungsausschusses für das Kunsterzieherzertifikat beobachtete folgendes:

»Die Haltung des Lehrers gegenüber dem Kinde hat sich verändert. Statt dem Kind vorgefaßte eigene Ideen aufzuzwingen, die sich auf technische Fertigkeiten und Erwachsenennormen beziehen, ermutigt der Lehrer das Kind, seine eigenen kreativen und phantasievollen Impulse furchtlos auszudrücken. Manch ein Experte bemüht sich um die Befreiung des Unterbewußtseins, indem er das Kind Muster und Farben zeichnen und malen läßt, die es vor seinem inneren Auge sieht. Man glaubt, daß auf diese Weise pathologische Ängste und Phantasien freigesetzt werden.« (Tomlinson 1934:37)

John Iveson, der Direktor eines psychiatrischen Krankenhauses in Yorkshire bezog sich gleichfalls indirekt auf diesen Ansatz (unter Anspielung auf die in ihm enthaltenen Gefahren, wenn die »pathologischen Phantasien« eines Patienten außer Kontrolle geraten) (Iveson 1938:73). Es wurde daher – vielleicht ohne Absicht – ein Vergleich zwischen psychiatrischen Patienten und Kindern sowie mit »primitiven« Menschen angestellt. Wie wir sehen werden, nahmen solche Ideen die Form der Kunsttherapie vorweg, die den spontanen Ausdruck des Patienten betont und von der Annahme ausgeht, daß es ein Stadium gibt, in dem die künstlerische Arbeit eine »primitive« oder »präverbale« Ebene erreicht, die gleichsam kulturinvariant und wertfrei ist.

Die in den dreißiger Jahren dieses Jahrhunderts vorherrschenden Theorien zur Kunsterziehung setzen sich in modifizierten Formen unter dem Einfluß von Autoren wie Herbert Read (*Education through Art*, 1943) und Viktor Lowenfeld (*Creative and Mental Growth*, 1947; dt. 1960) bis in die sechziger Jahre fort. Die Kunst dient als Mittel zur Entfaltung eines sehenden, denkenden, fühlenden und kreativen menschlichen Wesens in der logischen Weiterführung der Ideen des in den Anfängen des zwanzigsten Jahrhunderts einflußreichen amerikanischen Erziehungsphilosophen John Dewey. Darüber hinaus war dieses Ideal einem Weltkrieg und der unmittelbaren Nachkriegszeit angepaßt: laßt wenigstens die Kinder frei sein. Gegenwärtig scheint es kein einzelnes, umfassendes Schema zu geben, obwohl das »kindzentrierte« Konzept früherer Jahrzehnte noch in einigen Schulen und Colleges existiert. Besonders scheinen sich diese Ideen in modifizierter Form in einigen Aspekten der Kunsttherapie fortzusetzen, da hier offenbar eine parallele Entwicklung stattgefunden hat.

Das Interesse an der Kunst des psychisch Kranken wurde unter demselben Impetus wie das Interesse an Kinderkunst um die Wende zum zwanzigsten-Jahrhunderts herum deutlich. Tardieu (1872), Simon (1876), Lombroso (1890) schrieben über die Kunst des Geistesgestörten, und Prinzhorn stellte sein Hauptwerk *Bildnerei der Geisteskranken* 1922 fertig, in dem er auf eine Sammlung von Bildern aus seiner Heidelberger Klinik Bezug nahm. Jung war selbst Künstler und verfügte über großen Einfluß auf den Kunsterzieher und Philo-

sophen Herbert Read; wiederum über Read übte er starken Einfluß auf die in der Kunsterziehung mit »Kinderkunst« bezeichnete Bewegung aus. Es gibt Hinweise darauf, daß Jung mit der therapeutischen Verwendung der künstlerischen Arbeit seiner Patienten in seiner Zürcher Klinik vor 1920 begonnen hatte.[2]
Freud schrieb 1917 über Kunst und beschrieb den Künstler als

> »introvertierten Menschen, der nicht weit von der Neurose entfert ist. Sein Wunsch ist es, Ehre, Macht, Reichtum, Ruhm und die Liebe der Frauen zu gewinnen; aber es fehlen ihm die Mittel zur Erreichung dieser Befriedigung. Folglich wendet er sich wie jeder andere unbefriedigte Mann von der Realität ab und überträgt all seine Interessen ebenso wie seine Libido in die sehnsüchtigen Gebilde seines Lebens in die Phantasie, von wo aus der Weg ihn in die Neurose führen kann.« (Freud 1971:376)

Solche Ansichten wurden nicht kritiklos aufgenommen. Roger Fry (1924) verfaßte eine scharfe Kritik über die Ansichten Freuds und Jungs zur Kunst; wenn aber Roger Fry zufolge Jungs Patienten, die dieser zum Zeichnen und Malen ermutigte, nicht Kunst schufen, was taten sie dann? Benutzten sie in mancherlei Hinsicht wie Kinder die Kunst, um ihre Neurosen »auszuwachsen«? Oder verwendeten sie sie im Sinne von Melanie Klein und den *Object-Relations*-Psychologen, um sich von einem Entwicklungsstadium zum anderen fortzubewegen, wobei das Bild als Übergangsobjekt fungiert und das Mittel zum Zwecke der Veränderung darstellt? Die Annahme, daß ein Erwachsener des Rückfalls in ein präverbales Entwicklungsstadium durch künstlerische Betätigung fähig sei, scheint verführerisch zu sein; aber wenn man sich nicht gänzlich der Ansicht verschreibt, daß Geistesgestörtheit ausschließlich aus der Unfähigkeit der Überwindung gewisser Entwicklungsstadien im Leben entsteht, so mag es sich als wenig hilfreich erweisen, den kunsttherapeutischen Prozeß so einzuschätzen, als verfolge er allein dieses Ziel. Andererseits erklären viele Kindheitstraumata in der Tat viele später im Leben auftretende Störungen, und wenn eine Kunsttherapeutin eine gesicherte Umgebung und sich selbst als »akzeptables« Elternteil bieten kann, so werden solche Traumata möglicherweise gemildert und besser im Verlauf der künstlerischen Betätigung durchgearbeitet als etwa durch die freie Assoziation auf verbale Art und Weise.
In einer Therorie der Kunst, die diese als Entwicklungsprozeß unter Betonung der »natürlichen« Entwicklung ansieht und die der Tatsache, daß ein Kind oder ein Erwachsener nicht nur positiv, sondern auch negativ von sozialen und kulturellen Faktoren beeinflußt werden kann, nur geringe Aufmerksamkeit zu schenken scheint, sind jedoch Schwächen enthalten. Entwicklung ist nicht einfach eine Angelegenheit biologischer Faktoren und inneren Wachstums. Die An-

nahme einer »kulturinvarianten« Umgebung ist Illusion. Ich behaupte, daß das Interesse an »Kinderkunst« ebenso wie an »naiver« und »primitiver« Kunst ursprünglich eine progressive Bewertung darstellte, daß aber heute starke Elemente der fehlgeleiteten nostalgischen Vision eines unschuldigen Zustandes der Gnade in sie eingegangen sind, der viele Erwachsene anheimfallen.

Die Anfänge der Kunsttherapie

»Kunst« als Therapie begann in Kliniken scheinbar fast zufällig. Adrian Hill, ein Künstler, der sich im Zweiten Weltkrieg als Rekonvaleszent in einem Sanatorium aufhielt, widmete sich seinen eigenen Bildern als Befreiung von einer Langeweile, die zur Verdummung führte und er erfuhr mit anderen Patienten die stabilisierenden Wirkungen kreativer Betätigung in Streßsituationen. Scheinbar zufällig begannen einige Patienten, schreckenerregende Szenen aus dem Krieg zu zeichnen und zu malen oder sie benutzen ihr Bild als Medium, um über ihren Schmerz und ihre Ängste in bezug auf Krankheit und Tod zu sprechen. Adrian Hill wurde so unwissentlich zum »Kunsttherapeuten«. Seine lange Kampagne zur Förderung der Anerkennung derartiger Kunst und Künstlern ist in seinen Büchern *Painting out Illness* und *Art Versus Illness*[3] dokumentiert; obwohl seine Arbeit in Sanatorien für Tuberkulosepatienten begann, wurde der erste »Kunsttherapeut« doch 1946 in einem staatlichen psychiatrischen Krankenhaus in Netherne angestellt.

An dieser Stelle sollte der Konflikt zwischen dem relativen Wert des künstlerischen Prozesses im Gegensatz zum künstlerischen Objekt[4] nicht unerwähnt bleiben, denn diese Trennung wird auch in der Kunsttherapie vorgenommen.

Wenn wir uns mit bedeutsamen Kunstobjekten befassen, stellt sich die Frage, ob die Rolle des Lehrers oder Therapeuten in der Erleichterung der Herstellung künstlerischer Objekte besteht. Einige einflußreiche Kunsttherapeuten vertraten diese Ansicht definitiv in der Vergangenheit und es schwirrt noch immer die Idee umher, daß sie die Bilder nicht interpretierten – das sei Aufgabe der Analytiker. Wie in der Erziehung können also Ansichten darüber miteinander in Konflikt geraten, was auf verschiedenen Ebenen in der Hierarchie einer Institution geschieht.

Reitman und Cunningham-Dax, die bei der Einstellung Edward Adamsons als des ersten Kunsttherapeuten am Krankenhaus zu Netherne mitwirkten, vertraten klare Ansichten in bezug auf seine Rolle. Diese beiden Ärzte glaubten, daß sich kreative Aktivität bei der Behandlung als nützlich erweise, aber ihr Hauptziel bestand in der Erstellung von »Objekten«, d.h. von Bildern zu diagnostischen Zwecken. Diese Bilder sollten unter genormten Bedingungen entstehen, wobei Adamson so wenig wie möglich eingreifen sollte. Offenbar lag den beiden Ärzten daran, daß Adamson »mehr als ein Beschäftigungstherapeut« sein sollte, aber sie wollten ihm nicht die Rolle des Analytikers zugestehen und sie betonten, daß er nicht den Versuch zu unternehmen habe, Bilder zu interpretieren oder ein wie auch immer gelagertes besonderes Interesse an den psychologischen Problemen der Patienten zu zeigen (Cunningham-Dax 1953). Sowohl Cunningham-Dax als auch Reitmann vertraten eine kritische Meinung zu den Interpretationen von Symbolen, die Analytiker aus der Schule Freuds und Jungs vorgenommen hatten (Reitman 1950, Cunningham-Dax 1953) und sie deuteten an, daß der Therapeut durch die Interpretation eines Bildes den Inhalt des nächsten Bildes im voraus bestimme und sie wiesen damit dem Therapeuten eine höchst mächtige Rolle zu.

Es verwirrt ein wenig, wenn Reitman Adamsons Aktivitäten eher als »Beschäftigungstherapie« denn als eine Form der Kunsterziehung ansah, denn Adamson machte sich die empfohlenen Ansätze von Dewey (1934; dt. 1980), Tomlinson (1944) und anderer Anhänger des »kindzentrierten« Vorgehens zu eigen. Obwohl er mit Erwachsenen arbeitete, die sich zufälligerweise in einem Krankenhaus befanden, bot er ein Umfeld unter Bereitstellung von Materialien und seiner eigenen Person als eines beteiligten Gegenübers an, das nicht mit seinen eigenen Vorschlägen einzugreifen gedachte, sondern seine Aufgabe in der Erleichterung des kreativen Entstehungsprozesses sah.

Reitman vertrat darüber hinaus die Annahme, daß Kunstprodukte eine reine Repräsentation des Geisteszustandes eines Individuums seien, was fragwürdig ist, da sie in Wirklichkeit in einem Atelier hergestellt wurden, in dem sich viele andere Menschen befanden, darunter auch Adamson. Diese Auffassung ignoriert mögliche Transferwirkungen in einer Gruppe. Obwohl Adamsons »passive Rolle« immer wieder vom Künstler selbst und von Cunningham-Dax betont wurde, ist die Beobachtung des letzteren interessant, daß bei Abwesenheit Adamsons die Präsenz von Patienten im Atelier abnahm und daß die verbleibenden Personen schlechte Malerei mit geringem psychiatrischen Wert lieferten (Cunningham-Dax 1953).[5]

Wenn wir so weit auf die Geschichte zurückblicken, können wir sehen, wie Kunsttherapie und Kunsterziehung sich nach und nach miteinander verknüpfen – trotz der Verwirrung, die über die Bedeutung des Begriffes »Kunst« weiterhin herrschte. Wenn wir uns in der Tat Autoren wie Herbert Read und John Dewey vornehmen, sind wir geneigt zu fragen, ob sich in den vierziger Jahren Unterschiede zwischen den beiden Disziplinen feststellen lassen, oder ob die Kunsttherapie, wie wir sie kennen, überhaupt schon existiert. Die Kunst wurde als grundlegend für die Entwicklung der »ganzen« Persönlichkeit angesehen, die Rolle des Erziehers bestand in der Stimulierung dieser Entwicklung, indem er sich zurückhielt und keinen Einfluß nahm, sondern geeignete Materialien und eine anregende Umgebung bereithielt. Hört sich diese Methode nicht für alle Kunsttherapeuten, die in den fünfziger Jahren und später heranwuchsen, bekannt an?

Es herrscht jedoch weiterhin beträchtliche Verwirrung über die Rolle von Künstlern in Kliniken des staatlichen Bereichs. Wurden sie zu Kunsttherapeuten, weil sie an Kliniken arbeiteten oder waren sie in den Augen der Anhänger der Schule Deweys progressive Kunsterzieher? In medizinischen Kreisen schienen sie als »Beschäftigungstherapeuten« zu gelten. Diese frustrierende Position führte dazu, daß Künstler und Kunsterzieher, die an Krankenhäusern arbeiteten, 1964 eine zentrale Vereinigung gründeten, wobei sie die Absicht verfolgten, die Rolle des angeblichen Kunsttherapeuten an Kliniken abzuklären, um eine angemessene Schulung zu erreichen. Die *British Association of Art Therapist* (BAAT) verband sich 1967 mit der *National Union of Teachers* und eine Zeitlang mußten Vollmitglieder der BAAT über eine Lehrqualifikation verfügen.

In den optimistischen sechziger Jahren wurde die Psychiatrie von Autoren wie R. D. Laing, David Cooper, Ervin Goffman, Thomas Szasz und der Anti-Psychiatrie-Bewegung der Gestaltungspsychologie sowie von *Encounter*-Gruppen aufgerüttelt. In dieser Zeit erfuhren jene Künstler und Kunsterzieher, die sich selbst nicht als primär passive Lieferanten von Kunstmaterialien ansahen, erheblichen Auftrieb. Sie vertraten radikalere Ansichten über die Möglichkeiten der Verwendung von Kunst bei der Behandlung von Patienten und sie wollten in eine solche Behandlung wesentlich mit einbezogen werden. Da keine spezifische Schulung für den Beruf existierte, wandten sie sich der Kunsterziehung als dem naheliegenden Modell zu. Zwischen diesen beiden Tätigkeiten schien es mehr Gemeinsamkeiten zu geben als etwa zwischen einem in einer Anstalt tätigen Künstler und einem Beschäftigungstherapeuten. Trotzdem vertrat bis 1980 das *Department of Health and Social Security* (DHSS) die offizielle Auffassung, daß Kunsttherapie sich unter der Beschäftigungstherapie subsumieren lasse. Die Ansicht über Kunst als bloß angenehmes Hobby oder als Form der Entspannung und Zerstreuung, bzw. als Hilfe zur Diagnostizierung psychologischer Symptome andererseits schien sehr schwer verbannt werden zu können.

Überlegungen zum gegenwärtigen Verhältnis zwischen Kunsttherapie und Kunsterziehung

Dennoch begannen sich die Unterschiede zwischen der Rolle des Pädagogen und der des Therapeuten zu zeigen, als sich die Theorie und Praxis der Kunsttherapie in den siebziger Jahren allmählich in die Richtung der Psychotherapie entwickelte und sich die Erziehung vom »kindzentrierten« Zugang abwandte. Heutzutage hält fast jede Ausbildung den Lehrer zur Aktivität im Klassenzimmer, zur Vorgabe von Ideen und zur Vorbereitung ihrer Stunden mit einer klaren Vorstellung über ihre Ziele und Zwecke an. Die Schule hat ihre eigene Kultur und ihre eigenen Erwartungen. Es mag eine Tradition qualitativ »hochwertiger« Kunst geben und die Erzieher müssen die Erwartungen erfüllen, die eine solche Tradition an sie stellt, wenn sie nicht enttäuschen wollen. Oder man kann die Kunst für das »nichtakademische« Kind reservieren und den Kunstraum zu einem Zufluchtsort machen. Besonders in innerstädtischen Schulen, die ich aufgesucht habe, pflegen die Lehrer anzumerken, daß der Kunstraum regelmäßig einen überproportional großen Anteil an gelangweilten, desillusionierten und unglücklichen Kindern enthält. Sie finden einen Zufluchtsort innerhalb der oft weniger strukturierten, farbenfreudigen Umgebung der Kunstabteilung vor (Calouste Gulbenkian Foundation 1982). Wir müssen noch den genauen Grund dafür herausfinden, daß der Kunstraum diesen Kindern eine solch positive Erfahrung vermitteln kann. Vielleicht hat es etwas mit der Tatsache zu tun, daß dort mehr Freiraum für die Schaffung persönlicher Merkmale, für das Handeln, Riskieren und das Experimentieren – und weniger Angst vor Fehlleistungen angesichts fest etablierter akademischer Disziplinen herrscht.

Die Untersuchung all derjenigen Gründe, aus denen sich Kunsttherapie und Kunsterziehung in den siebziger Jahren definitiv trennten, bis zu dem Punkt, an dem es nun eine spezialisierte Ausbildung für Kunsttherapie gibt, liegt außerhalb des Rahmens dieses Kapitels. Die Gründe könnten teilweise mit der Rückkehr zu einer Form der Kunsterziehung der sechziger und siebziger Jahre zu tun haben, die von der *basic-design*-Bewegung in der Kunsterziehung beeinflußt war (de Sausmarez 1964) und keine fruchtbare Grundlage zur Entfaltung der Kunsttherapie zu bieten schien. Es kann auch mit der Erkenntnis zusammenhängen, daß die Kunsttherapie einen Beitrag zu liefern imstande ist, der dem der Psychotherapie ähnelt, und daß daher eine Ausbildung vonnöten war, die sich speziell auf diese Ziele hin orientierte. Es gibt jedoch noch viele Gemeinsamkeiten zwischen Kunsttherapie und Kunstpädagogik, und diese können zum Wohle beider unter der Voraussetzung eingesetzt werden, daß über die Grenzen einer jeden Disziplin Übereinstimmung herrscht.

Diese Grenzen können als Pole eines Kontinuum angesehen werden: an einem Ende befindet sich jener Aspekt der Kunsttherapie, der wirklich eine spezialisierte, alternative Form der Psychotherapie darstellt und der vornehmlich in psychiatrischen Kliniken, bei der Beratung von Kindern, in Tageseinrichtungen und ähnlichem eingesetzt wird. Am anderen Ende der Linie befindet sich jener Aspekt der Kunsterziehung, der sich mit formalen, »objektiven« und ästhetischen Werten in der Kunst befaßt, und der der psychologischen Entwicklung des Kindes oder des Erwachsenen, und dabei insbesondere dem Unbewußten, keine Beachtung schenkt. Etwa in der Mitte scheint sich ein Punkt zu befinden, an dem Kunsttherapie und Kunsterziehung einander überschneiden. Dies gilt für besondere Schulen, an denen vom Lehrer der Einsatz therapeutischer Einsichten bei der Unterweisung der Kinder erwartet wird und wo die Herausbildung positiver Beziehungen zwischen Lehrer und Schüler sowie innerhalb einer Gruppe nachdrücklicher gefördert wird als an einer gewöhnlichen Schule.

Zur Verdeutlichung der Grenzen zwischen Erziehung und Therapie ist es möglicherweise hilfreich, einem Kunsttherapeuten über die Schulter zu blicken, der konkret mit einem einzelnen Kind in einer Schule arbeitet. Zunächst bedarf der Kunsttherapeut der grundsätzlichen Anerkennung durch das Lehrerkollegium sowie seitens des Kindes. Dies ist schwierig, da der Begriff »Therapie« zahlreiche Konnotationen bereithält, von denen mehrere negativer Art sind. Das Problem der richtigen Etikettierung kann offenbar leichter vermieden werden, indem man den Therapeuten einfach als Lehrer bezeichnet; aber dadurch werden alle möglichen Erwartungshaltungen in dem Kind wie auch im Lehrkörper geweckt, die nur schwer auszuräumen sind. Das Kind wird normalerweise vom Klassenleiter oder einem in der Klasse unterrichtenden Lehrer ausgewählt und zugewiesen. Es ist wichtig, daß es weiß, was es zu erwarten hat und nicht das Gefühl einer Bestrafung für Fehlverhalten oder eine Belohnung durch das Verpassen einer ihm nicht genehmen Unterrichtsstunde erfährt. Das Kind muß gewillt sein, mit dem Therapeuten zusammenzukommen.

Es gibt zahlreiche Gründe, aus denen ein Kind einem Therapeuten zugewiesen werden kann; diese reichen von Angst und Lernschwierigkeiten über Kummer, der durch einen Zusammenbruch des Familienlebens oder den Tod eines Elternteils verursacht wird, bis hin zu zerstörerischem Verhalten, Stehlen, andauernder Gewalttätigkeit, die das Kind von seinen Altersgenossen isoliert, und ähnliches mehr.

Wenn der Therapeut mit dem Kind zusammentrifft, stellt er/sie sich dem Kind vor, zeigt ihm den Raum, die Materialien sowie die Grenzen und grundlegenden Einschränkungen: Grenzen wie die Vereinbarung und Einhaltung eines Treffens in jeder Woche zur gleichen Zeit für etwa eine Stunde, der Verzicht auf physische Gewalttätigkeit gegenüber dem Therapeuten, dem Raum oder dem Mobiliar könnten festgehalten werden. Innerhalb dieser Grenzen und Einschränkungen kann das Kind die vorhandenen Materialien nach freiem Willen verwenden. Eine der problematischen Erfahrungen, die bei der Verwendung von Kunsttherapie in den Schulen gemacht wurde, besteht in der Sorge eines von den Lehrern befürchteten Verlustes der Kontrolle, der sich ihrer Vorstellung zufolge ergibt, wenn Kindern der freie Umgang mit Materialien gestattet wird und sie damit unter aggressiven Gefühlen in Berührung kommen; sie befürchten, daß die Kinder dieses Verhalten auf die ganze Schule übertragen. In der Praxis geschieht dies selten, wenn der Therapeut die grundlegenden Einschränkungen festsetzt und der übrige Lehrkörper über den im Therapieraum ablaufenden Prozeß orientiert ist.

Der Therapeut vermeidet Lob oder Tadel an der Arbeit, sondern ermutigt, ohne eine Beurteilung ihrer technischen Vorzüge oder ihres ästhetischen Wertes vorzunehmen. Das Kind verlangt oft nach einer solchen Reaktion und ist seiner eigenen Leistung gegenüber nur allzu kritisch eingestellt. Es versucht, aus dem Therapeuten einen Lehrer zu machen und wird wütend auf ihn, wenn er diese Funktion nicht wahrnimmt. Es beschuldigt den Therapeuten der Verweigerung von Hilfestellungen. Auf der anderen Seite kann es bis zu einem Punkte selbstgenügsam sein, an dem es den Therapeuten ignoriert und in seiner Arbeit aufgeht. Die Art der Beziehung, die das Kind aufbaut, ermöglicht zahlreiche Aufschlüsse über seine gewohnheitsmäßige Art der Beziehungsaufnahme mit Erwachsenen und sein Verhalten gegenüber Grenzen und Einschränkungen.

Da die meisten Lehrer mit Gruppen von Kindern arbeiten müssen, ist es vielleicht von Nutzen, einen Kunsttherapeuten bei der Arbeit mit einer Gruppe von Heranwachsenden zu betrachten, da sich in diesem methodischen Zugang meiner Meinung nach weit mehr Ähnlichkeiten aufdecken lassen als im Falle eines einzelnen Kindes. Es ist jedoch unwahrscheinlich, daß ein Kunsttherapeut, der etwa in einer psychiatrischen Abteilung für Heranwachsende arbeitet, mehr als acht Jugendliche in einer Gruppe hat, während an einer Schule bis zu fünfundzwanzig oder gar mehr Schüler zusammengefaßt werden, was unter klinischen Bedingungen eine »Großgruppe« darstellt.

Der Kunsttherapeut ist sich der Schwierigkeiten der Jugendlichen bei der Erkenntnis und Beurteilung ihrer eigenen Gefühle bewußt; daher wird er wahrscheinlich versuchen, ein Thema einzuführen, das geeignet ist, einige gemeinsame Gefühle auf einer Ebene hervorzubringen, der die Jugendlichen gewachsen sind. Zum Beispiel legt der Therapeut in einer Gruppe von Jugendlichen das Thema fest: »Wie ich jetzt bin und wie ich gern wäre«. Dieses Thema wurde in der Gruppe mit allgemeiner Heiterkeit aufgenommen und es ergaben sich daraus eine ganze Anzahl von Karikaturen. Der allgemeinen Heiterkeit lag jedoch ein ernstes Anliegen zugrunde, da die Heranwachsenden mit ihren konfliktträchtigen Gefühlen über ihren Körper, ihre Sexualität, ihre Beziehungsängste kämpften. Indem sie über die Bilder sprachen, die diese gemischten Gefühle enthielten, waren sie dazu in der Lage, einige ihrer Ängste in einer »gesicherten« Art und Weise zu teilen. Der Therapeut konzentrierte sich auf die Gefühle und die Beziehungen zwischen Gruppenmitgliedern und zeigte die Ähnlichkeiten in den Arbeiten auf.

Ein Kunstpädagoge, der an einer Schule arbeitet und Verantwortung für den Lehrplan im Fach Kunst in Grund- und Leistungskursen trägt, ist zumeist für eine solche Arbeit nicht ausgebildet und einsetzbar; er würde dies auch nicht für angemessen halten, wenn man davon ausgeht, daß mit sehr großer Wahrscheinlichkeit starke Gefühle ausbrechen und sogar in einer kunsttherapeutischen Gruppensitzung enthalten sein müssen, wie es etwa bei der oben beschriebenen emotionalen Reaktion der Fall war. Es stellte ein ernstzunehmendes Problem für den Lehrer dar, dessen primäre Aufgabe in der Verbesserung der künstlerischen Fertigkeiten für eine mögliche externe Bewertung besteht, wenn er in einen derartigen Prozeß auf einer solchen Ebene einbezogen würde. Und nicht nur das: der Lehrer wäre auch nicht in der Lage, mit Elementen umzugehen, wie sie in allen Therapiegruppen vorkommen – darunter etwa die Übertragung, die Gegenübertragung, die projektive Identifikation. In anderen Worten, der Lehrer kann durch sehr starke Gefühle, die von der Gruppe auf ihn projiziert werden, in Verwirrung gebracht werden, ohne über Mittel zu verfügen, mit solchen Gefühlen fertig zu werden. Der Lehrer wäre ebenso oder gar stärker gefärdet als die Kinder; denn trotz der Wichtigkeit des Verhältnisses zwischen Lehrer und Schüler ist eben dieses Verhältnis im Lehr- und Lernprozeß im Gegensatz zur Kunsttherapie nicht von entscheidender Bedeutung; ebensowenig wird die Übertragung gewöhnlich als solche erkannt oder verstanden. Es ist weder für Lehrer noch für Therapeuten oder Kinder hilfreich, wenn die Prozesse im Zusammenhang mit Kunsterziehung und Kunsttherapie kontinuierlich mißverstanden werden.

Wenn ein Kunstlehrer sich zum Kunsttherapeuten ausbildet, so konzentriert er sich vielleicht weiterhin mehr auf die künstlerische Arbeit der Kinder als auf ihre unbewußten Gefühle und die innerhalb der Gruppe herrschenden Beziehungen; aber er bliebe sich auch der Prozesse bewußt, die sich in einer Gruppe abspielen und ihrer Wirkungen auf ihn selbst wie auch auf die Kinder. Ein einfaches Beispiel für den unschätzbaren Wert einer solchen Ausbildung: ein Kind zeigt konstantes Fehlverhalten, es ist grob gegenüber den Lehrern, verärgert seine Altersgenossen, von Zeit zu Zeit wird es zum Schulleiter geschickt. Der Kunsttherapeut bzw. -pädagoge fragt, wo die Gründe für dieses Verhalten liegen. Was geht in jenem Klassenzimmer vor sich? Welche Rolle spielt das Kind, und warum verärgert es nicht nur mich, sondern auch die anderen Kinder? Dieses Kind, ein Junge, ist zwölf Jahre alt, aber es scheint sich in einer Weise zu benehmen, die einem weit jüngeren Kind angemessen ist. Sein Verhaltensmuster besteht in der Behinderung der Arbeit der anderen und im Mißbrauch der Materialien. Der Therapeut beobachtet, daß der Junge in subtiler Weise von mehreren anderen Kameraden ermutigt wird. Sein eigenes pathologisches Verhalten (das teilweise in diesem Beispiel durch die Tatsache hervorgerufen worden war, daß seine Mutter gerade einen kleinen Jungen zur Welt gebracht hatte) wurde von der Klasse unbewußt dazu benutzt, das eigene zerstörerische Verhalten und die eigenen fehlgeleiteten Gefühle auszuspielen. Der Therapeut bezog dies auf die Tatsache, daß eine sehr beliebte Lehrerin schwanger war und kurz vor dem Mutterschaftsurlaub stand. Anstatt den Jungen zu bestrafen und ihn aus der Gruppe auszuschließen, wurde die Situation in einer Weise gemeistert, die sich als positiv für die ganze Klasse erwies. Es wurde eine Aufgabe formuliert, bei der unter anderem die Klasse in kleine Gruppen aufgeteilt wurde und bei einem einvernehmlich vereinbarten Projekt zusammenarbeiten sollte. Es bildeten sich kleine »familiäre« Gruppen, und die künstlerische Arbeit wurde so vollbracht, daß der Therapeut in der Lage war, die Interaktionen innerhalb der Gruppen deutlich zu beobachten.

Leider scheint es unter der Voraussetzung der gegenwärtigen Struktur des Erziehungssystems auf allen Ebenen schwierig zu sein, eine geeignete Umgebung und Unterstützung zu etablieren, in der Kunsttherapie stattfinden könnte und in der sie sich nicht nur für »gestörte und behinderte« Kinder, sondern für alle Kinder als wertvoll darstellen würde. Ausgehend von dieser Annahme stellt sich die Frage, ob sich die letzten Ziele des Kunsterziehers so sehr von denen des Kunsttherapeuten unterscheiden, oder ob die äußeren Faktoren wie ökonomische Zweckdienlichkeit, institutionelle Einschränkungen, berufliche Ambitionen und gegenseitiges Mißtrauen im Umfeld der Kunsterziehung und Kunsttherapie für eine Trennung beider verantwortlich zu machen sind.

Ich möchte an dieser Stelle nahelegen, daß eine Ausbildung in Kunsttherapie und Gruppendynamik einen wertvollen Bestandteil in allen Kursen für Kunstpädagogik ausmachen würde, und ich möchte darüber hinaus behaupten, daß dadurch einige Erziehungstheorien, die mehr am Rande liegen, gut ersetzt werden könnten. Wenn vielleicht zumindest ein gewisses Verständnis für kunsttherapeutische Prozesse in den Schulen und an den Kunstakademien eingeführt werden könnte, müßten wir uns jetzt nicht mit der Angst, den Mißverständnissen und sogar mit der Sabotage auseinandersetzen, die so oft zu beobachten ist, wenn Kunsttherapeuten innerhalb des Erziehungssystems zu arbeiten versuchen. (Das heißt übrigens nicht, daß die Situation im Gesundheitswesen erheblich anders ist, obwohl der Beruf des Kunsttherapeuten dort Anerkennung gefunden hat.)

Schließlich kann nur ein umfangreicheres Wissen und ein besseres Verständnis dessen, wer und was wir sind und warum wir tun, was wir tun, von Wert sein und uns davon abhalten, gefährliche Ansichten über uns selbst und andere zu bilden.

Anmerkungen

[1] Es gibt zwei Arten eines Postgraduierten-Diploms in Kunsttherapie an der Universität London, Goldsmiths' College:

1. – Klinisch – für Studenten, die im Gesundheits- und Sozialwesen arbeiten wollen; 2. – pädagogisch – für qualifizierte Lehrer, die innerhalb des Erziehungswesens arbeiten wollen.

[2] Brief von Aniela Jaffé an die Autorin vom 23. November 1970

[3] Detaillierte Berichte über die Kampagne zur Einführung der Kunsttherapie in Krankenhäusern in ganz Großbritannien finden sich in Hill (1945 und 1951).

[4] Vgl. Eisner (1974) für eine detailliertere Darstellung.

[5] Eine umfassende Geschichte der Entwicklung der Kunsttherapie am Krankenhaus von Netherne wird von Rona Rumney in ihrer Dissertation *Art Therapy at Netherne Hospital*, Goldsmiths' College, Universität London (1980) entwickelt.

Literatur

Calouste Gulbenkian Foundation (1982) *The Arts in Schools – Principles, Practice and Provisions*.

Cunningham-Dax, E. (1953) *Experimental Studies in Psychiatric Art*. London: Faber.

Dewey, J. (1980) *Kunst als Erfahrung*. Frankfurt/M. Suhrkamp.

Eisner, E. W. (1972) *Educating Artistic Vision*. New York: Macmillan.

– (1974) The Mythology of Art Education. *Inscape* I (II): 14-25

Freud, S. (1969) *Vorlesungen zur Einführung in die Psychoanalyse. Und Neue Folge.* (= Studienausgabe, Band I) Frankfurt/M.: S. Fischer.

Fry, R. (1924) *The Artist and Psychoanalysis*. London: Hogarth.

Hill, A. (1945) *Art Versus Illness*. London: Allen & Unwin.

– (1951) *Painting out Illness*. London: Williams & Northgate.

Iveson, J. (1938) *The Occupational Treatment of Mental Illness*. London: Balliere, Tindall & Cox.

Lowenfeld, V. (1960) *Vom Wesen schöpferischen Gestaltens*. Frankfurt/M.: Europ. Verlagsanst.

Lombroso, C. (1890) *Der geniale Mensch*. Hamburg.

MacDonald, S. (1970) *The History and Philosophy of Art Education*. London: University of London Press.

Naumburg, M. (1966) *Dynamically Oriented Art Therapy*. New York: Grune & Stratton.

Prinzhorn, H. (1922) *Bildnerei der Geisteskranken*. Berlin: Springer.

Read, H. (1938) *Collected Essays in Literary Criticism*. London: Faber.

– (1943) *Education Through Art*. New York: Pantheon.

Reitman, F. (1950) *Psychotic Art*. London: Routledge & Kegan Paul.

Sausmarez, M., de (1964) *Basic Design: the Dynamics of Visual Form*. London: Studio Vista.

Simon, M. (1876) L'Imagination dans la folie. In *Anales Medico Psychologiques* 16, Paris.

– (1888) Les Escrits et les dessins des aliénés. In *Archives Anthropologique de Criminologie*, Paris.

Staats, A. W. (1968) Categories and Underlying Mental Processes for Representative Behaviour Samples and S–R Analyses: Opposing Heuristic Strategies. *Ontario Journal of Education Research* **10** (3) (Spring): 195.

Tardieu, A. (1872) *Etudes medico et légales sur la folie*. Paris.

Tomlinson, R. R. (1934) Picture and Pattern Making of Children. London: Studio.

– (1944) *Children as Artists*. London: Penguin.

Viola, W. (1944) *Child Art*. London: University of London Press.

2
Kunst, Psychotherapie und symbolische Systeme

John Henzell

Das vorliegende Kapitel stellt die Diskussion einiger theroretischer Motive für die Ausrichtung der Erzeugung bildhafter Darstellungen auf psychotherapeutische Ziele dar; es soll der Versuch unternommen werden, eine Anzahl von Gründen für eine solch offensichtlich spezialisierte Technik anzugeben. Wenn ein Verfahren als therapeutisch bezeichnet wird, so besteht die ethische Notwendigkeit, daß seine Effizienz überzeugend dargelegt werden kann. Ich halte die Behauptung, daß die gegenwärtige zur Verfügung stehende Literatur weniger überzeugend sei als sie es in dieser Hinsicht sein könnte, für gerechtfertig. Wenn die Kunsttherapie jedoch als eine Psychotherapie aufgefaßt wird, wobei der Begriff Psychotherapie in seinem allgemeinen Sinne gebraucht wird, um die Klasse der psychologischen Therapien als Ganzes zu umfassen, so können sowohl die Idee der Effizienz als auch die ihr zugrundeleliegenden Ursachen komplexer, subtiler und weitreichender sein, als man es sich für gewöhnlich verstellte. In der Tat steht die Psychotherapie in vielerlei Hinsicht vor den gleichen Bewertungsproblemen wie die Kunsttherapie. Von der Psychoanalyse ist zum Beispiel behauptet worden, daß sie eine spekulative Erklärung menschlichen Verhaltens bereithalte, die im Vorgriff auf die empirische Beweisführung, die sie rechtfertigen könne, dargeboten werde. Einige dieser Rechtfertigungsprobleme können sich jedoch aus einem falschen Verständnis gegenüber der Anwendung wissenschaftlicher Methoden auf menschliches Handeln und menschliche Erfahrung ergeben. Die Ansicht, daß angemessene Methlologien in den Sozialwissenschaften keinerlei Zuflucht außer in einer Verwurzelung in den Situationen des wirklichen Lebens finden könnten, die dann auch tatsächlich untersucht werden, statt sich auf künstlich ersonnene, experimentelle Bedingungen zu berufen, gewinnt zunehmend an Bedeutung (Harré und Secord 1975, Glymour (1982). Dies gilt sicherlich für traditionelle Wissenschaften wie die Astronomie, aber auch für moderne Wissenschaften, etwa die Ethologie.

Ich werde nicht versuchen, die klinische Gültigkeit der Praxis aufzuzeigen, die den Gegenstand dieses Bandes bildet, indem ich Zufallsexperimente, Kontrollvariablen oder statistische Korrelationen bemühe, so wertvoll diese Techniken unter gewissen Umständen auch sein mögen. Auf welche Weise ließe sich mittels Analogie die Wirksamkeit von Erkenntnis aufzeigen? Leber will ich den Versuch einer Klarstellung und Lokalisierung des bildlichen Ausdruckes innerhalb eines Bereiches symbolischer Aktivitäten unternehmen und aufzeigen, in welcher Weise einige von ihnen systematisch miteinander verknüpft sind. Zu diesem Zweck werde ich auf Wissensgebiete Bezug nehmen, die nur sehr entfernt mit der Hauptströmung der klinischen Literatur als solcher in Verbindung zu stehen scheinen, etwa die Ästhetik und die Semiotik, obwohl sie wesentlich mit dem Ausdruck von Bedeutung befaßt sind. Durch dieses Vorgehen sollte die Rolle der Kunst bei der Förderung gewisser Ziele der Psychotherapie, eines besseren Selbstverständnisses, erweiterter Einsichten und des Wissens über den menschlichen Geist deutlich werden.

Zunächst will ich meine Aufmerksamkeit der Psychotherapie und den Ausdrucksformen zuwenden, in denen sie meistens wirkt. Psychotherapie sei daher definiert als eine Sammlung von aufeinander bezogenen Techniken, mit denen eine Einwirkung auf das menschliche Bewußtsein, einschließlich des Selbstbewußtseins, versucht werden soll, mit dem Ziele, seinen Wirkungsbereich zu vermehren und zu verändern. Solche Psychotherapien reflektieren das Bewußtsein und seine eventuelle Beeinträchtigung, die Fähigkeit zu wählen, die Verantwortung und die subjektive Erfahrung. Ausschließen möchte ich hier therapeutische Verfahren, die eher technologischer Natur sind und an der einen oder einen Stelle versuchen, das menschliche Subjekt als verantwortlich handelndes Wesen, das potentiell in der Lage ist, über seine Gefühle und Handlungen Rechenschaft abzulegen, zu umgehen.

Es kann wenig Zweifel darüber bestehen, daß die Psychoanalyse das bei weitem durchdringendste und mächtigste Modell ist, das der Psychotherapie in ihren zahlreichen Ausprägungen zugrundeliegt. In den vergangenen neunzig Jahren haben die ursprünglichen Forderungen und therapeutischen Techniken, aus denen die Psychoanalyse entstand, zahlreiche Veränderungen erfahren und unzählige Aspekte unseres Denkens im allgemeinen beeinflußt. Es ist fast unmöglich geworden, sich eine Welt vorzustellen, die nicht über die Einsichten der Psychoanalyse verfügt. Psychoanalytische Ideen haben in den allgemeinen Sprachgebrauch Eingang gefunden und ihre Theorien haben Auswirkungen auf viele Bereiche gehabt, die über ihre ursprünglichen Bezugspunkte hinausgehen. Innerhalb der psychotherapeutischen Praxis erfuhr sie in einer Anzahl alternativer Versionen Neuformulierungen und Modifikationen, wobei die Schulen Jungs, Adlers und Kleins den stärksten Einfluß ausübten. Dasselbe gilt für Praktiken und therapeutische Meinungen, die sich in der Reaktion darauf herausgebildet haben, darunter die Bioenergetik, die Gestalttherapie und die humanistische Psychologie.

Von Anfang an hat die Psychoanalyse sowie die Mehrzahl ihrer Abkömmlinge das gesprochene Wort als hauptsächliches Ausdrucksmedium benutzt. In den neunziger Jahren des vergangenen Jahrhunderts bezeichnete Freud eine Form der Therapie, die dann auch seinen Gebrauch der Hypnose bei der Behandlung von Hysterie ersetzte, als heilendes Gespräch; später sagte er: »In der psychoanalytischen Behandlung geht nichts anderes vor als ein Austausch von Worten zwischen dem Analysierten und dem Arzt« (Freud 1969:43). Daß dieses Vertrauen der Psychoanalyse in das Gespräch bestehen sollte, dürfte uns nicht wirklich überraschen, wenn wir bedenken, daß unser soziales Leben sowohl im öffentlichen als auch im privaten Bereich durch Sprache vermittelt und bewirkt wird. Die Identität einer Person, ihre Stellung in der Gesellschaft, ihre Herkunft, ihr Leben und Tod werden von gesprochenen, geschriebenen und registrierten Worten gekennzeichnet. Ein Mensch ist nit nur durch seinen Namen bekannt, der seinen Status, seine familiäre Position und oft auch seine Tätigkeit ausweist, sondern auch seine Verwendung von Sprache; seine Bildung, sein Dialekt und Akzente weisen ihm oft unerbittlich eine soziale Stellung und Rolle zu. Man hat behauptet, daß wir in einem charakteristisch menschlichen Sinne genau das darstellen, was wir auszudrücken in der Lage sind und was von uns ausgesagt werden kann. Die Reichweite unserer Äußerungen bildet die äußerste Grenze unserer Phantasie, das Spektrum und die Grenzen unserer Welt. Wittgenstein sagte: »Wovon man nicht sprechen kann, darüber muß man schweigen« (Wittgenstein 1960:115).

Wenn das richtig oder auch nur teilweise der Fall ist, so können wir sehen, daß viele Geistesstörungen oder Beeinträchtigungen der Vorstellungskraft, als welche man sie zunächst kannte, ihre Ursprünge in gesellschaftlichen, familiären und persönlichen Situationen haben, die in Sprache gefaßt sind. Die Psychopathologie einer Person manifestiert sich sowohl auf äußerer als auch auf verborgener Ebene in ihren Worten. Bedenken wir zum Beispiel Lancans Ansicht einer Person als »Äußerung« und seine Idee, dem Patienten das »Wort« zurückzugeben, das zu einem versteckten oder verleugneten Aspekt des Ich geworden ist (Lacan 1973). Wenn man voraussetzt, daß die Psychoanalyse und ihre verwandte Methoden mit einer Neubewertung von Erfahrung befaßt sind, so ist natürlich die Sprache ein grundlegendes und angemessenes Mittel zur Untersuchung einer Psyche, die so weitgehend von eben dieser Sprache bestimmt wird; denn wie könnte dieser Prozeß anders angegangen werden?

Die Reflexion unserer alltäglichen Erfahrung erweckt in uns jedoch vielleicht den Wunsch, diese Darstellung der Verkörperung der Identität, der Bedeutung und Erfahrung eines Menschen in verbaler Sprache zunächst zu mildern und dann auszufüllen. Derlei Überlegungen zeigen uns den Stellenwert der Sprache im ganzen Kontext von symbolischen Ausdrucks- und Bezeichnungsmodalitäten. Während Wörter die notwendigen und alltäglichen Begleiter unserer Beziehungen zu anderen in unserem privaten und öffentlichen Leben sind, wird unser Dasein darüber hinaus durch zahllose Gesten und Gebrauchsgegenstände nicht-verbaler Art vermittelt; dazu zählen die Gesten, die die Rede begleiten und charakterisieren, die Schrift, Diagramme, Skulpturen, Bilder, Zifferblätter und Maße, Schaubilder, Karten, Farben, Lichter, Photographien, das Fernsehen, Glocken, Musik, die Geschmackssinne, der Geruchssinn, Nährstoffe, Kleidungsstücke, Rituale, Spiele, Gesetze, Berührungen und ähnliches. Natürlich finden wir uns dann damit befaßt, über diese Dinge zu sprechen und zu schreiben, und indem wir sie innerhalb dieser symbolischen Codes zusammenfassen, gelingt es uns nicht, ihre eigene ymbolische Funktion oder diejenige, die unserer Beschreibung zugrundeliegt, zu erkennen. Vielleicht gestattet uns die oft reflexivere, unbewußtere und konkretere Form dieser Dinge, sie selbst als Bedeutungträger zu ignorieren, während wir damit befaßt sind, sie verbal zu bezeichnen. Aber die Art und Weise, in der solche Dinge verbal bezeichnet werden können, zeigt präzise, wo die Sprache in einer größeren symbolischen Umgebung am notwendigsten und wertvollsten ist. Die Sprache ist höchst ökonomisch, sie erfordert eine minimale muskuläre Energie, keinerlei Materialien, wirkt in viele Richtungen, kann unmittelbar produziert werden, die ihre eigene Zeitstruktur kann die Zeitstruktur von Ereignissen repräsentieren, sie kann flektiert und moduliert werden, sie ist im Besitz aller, und sie kann sowohl sehr klar in ihren präzisen Bezügen gegliedert als auch reichlich mehrdeutig sein. Daher genügt sie für juristische Definitionen ebenso wie für leidenschaftliche Ausbrüche, für das gelehrte Gespräch ebenso wie für Scherze, für Argumente wie für Lieder, für Anweisungen wie für Gedichte, für das schlichte Sprechen wie für die Täuschung, für das Bekenntnis wie für die Lüge. Und vielleicht schlägt und die außergewöhnliche Ruhe, mit der wir diese höchst komplexen und subtilen Tätigkeiten bewältigen, die Transparenz der Sprache selbst, mit Blindheit gegenüber der Wahrnehmung der verbalen Sprache als symbolisches Mittel, gegenüber der Tatsache, daß wir allenthalben mit der gesprochenen Sprache als einem Artefakt, als einer bloßen Repräsentation der Wirklichkeit leben. Wir sind leicht geneigt, ihre offensichtlichen Zusammenhänge mit anderen symbolischen Systemen zu vernachlässigen, wodurch die Beschränkungen, innerhalb deren eine solche Methodendarstellung wirkt, verwischt werden. Das Versagen bei einer adäquaten Sprachverwendung kann nur schwer festgestellt werden, da es schwer zu beschreiben ist. Sie kann zum Beispiel nicht den Teil eines Ganzen lokalisieren und darstellen, wie das auf einer Landkarte möglich ist, oder Fingerabdrücke vergleichen.

Der Umfang der Ausdrucksmöglichkeiten und der symbolischen Formen, von denen sie innerhalb eines Modells von Leib und Seele mit ihren jeweiligen Dispositionen abhängen, kann vielleicht wie folgt klarer veranschaulicht werden. Wenn wir die wechselnden Umstände, die wir im Leben durchlaufen, und die inneren Zustände, die sie veranlassen – unsere Wünsche, Ängste, Enttäuschungen, Verwirrungen und Beunruhigungen – als gegeben annehmen wollen, so bestehen, grob gesagt, drei Möglichkeiten, wie wir auf sie reagieren können. Wir können unsere Reaktion in unmittelbare und konkrete Aktion umsetzen; wir können uns mit jeglicher Aktion zurückhalten; oder wir können unsere Gefühle indirekt enthüllen, indem wir sie darstellen. Um den Sachverhalt ein wenig anders auszudrücken: wir können einen inneren Zustand entweder verbergen und seinen Niederschlag im Verhalten mit einer unterschiedlich ausgeprägten Selbstgewißheit unterdrücken oder wir können ihn enthüllen, und wenn wir dies tun, so ist es auf zwei charakteristische Weisen möglich – als direkter verbaler Ausdruck oder in der Form einer Darstellung oder Beschreibung.

Natürlich möchte ich hier nicht vorschlagen, diese Alternativen so scharf voneinander zu trennen, wie es eine solch schematische Beschreibung nahelegt. Ein Ereignis kann tränenreich beschrieben werden, unfreiwilliges Gelächter kann das Erzählen eines Witzes unterbrechen, versuchsweise durchgeführtes Schweigen oder ein Versprecher können unsere Gefühle verraten, wir kämpfen möglicherweise um die Kontrolle über unsere Gefühle und drücken sie doch in unbeabsichtigter Weise aus, etwa durch Erröten, Weinen oder Zittern; tatsächliches Verhalten kann also wie im Ritual symbolisch gegenständlich sein; so übt das Symbolische eine weitreichende Herrschaft über einen derart großen Anteil unseres gesellschaftlichen Lebens aus, daß wir es kaum von wirklicher Handlung unterscheiden können: eine Grundsteinlegung steht zum Beispiel sowohl für den zeremoniellen als auch für den tatsächlichen Baubeginn an einem Gebäude (vgl. Wollheim 1973:84–100).

Die systematische Untersuchung der Art und Weise, in der wir unser Innenleben preisgeben, und die Wahrnehmung desselben durch andere, stellt das traditionelle Thema der Ästhetik und zunehmend auch weiterer Disziplinen wie der Semiotik dar. Das Kunstverständnis der modernen Ästhetik hat die Überprüfung von Ausdruck, Symbolisierung und Wahrnehmung ins Spiel gebracht. In der Ästhetik kann man heute detaillierte Untersuchungen zur Metapher, Darstellung, Exemplifizierung, zur Syntax und Semantik, zur Bezeichnung, Emotion und Kognition, zum gesamten Bereich unserer symbolischen Formen vorfinden, wie sie geschaffen und wahrgenommen werden. Wir können daher erwarten, daß diese Forschungen viel zu den uns interessierenden Aspekten beitragen können. Die gründlichste Untersuchung der Formen, in denen wir unsere inneren Zustände verbergen, findet sich in den verschiedenen Hauptausprägungen der Psychoanalyse. Das hochkomplizierte Repertoire von negativen Handlungen und ihren Folgen, die Mechanismen des Selbstschutzes, der Verdrängung, der Projektion, die Struktur des Unbewußten und die innerpsychische Dynamik sind Begriffe, die nach dem Vorbild Freuds geschaffen wurden.

Es stellt sich jedoch ein Problem, wenn wir im Interesse des Überlebens in der Wirklichkeit, wie wir sie sehen, unseren inneren Zustand verbergen, und dieses Problem stand im Mittelpunkt des Freudschen Unternehmens. Der Versuch, mittels Verneinung oder Verdrängung das Innenleben zu verbergen, bildet nicht das Ende der Angelegenheit; der bedrückende innere Zustand verschwindet dadurch nicht, obwohl das in der Tat der Wunsch sein kann, den wir insgeheim ansteuern. Vielmehr wird er wahrscheinlich an anderer Stelle in unerwarteten Verhaltensformen, Gedanken, geistiger Erregung oder gar Wahrnehmungen, die unerklärlich erscheinen, wieder an die Oberfläche gelangen. Im Falle der projektiven Identifikation rächt sich der verbannte Gedanke und die damit verknüpfte Wirkung zum Beispiel mit Gewalt, die als ein offensichtlicher Aspekt der Wirklichkeit wahrgenommen wird; es zeigt sich hier das notwendige Versagen eines solchen pathologischen Mechanismus. Ein trügerischer Glaube kann von demjenigen, der ihm anheimgefallen ist, als verantwortlich für eine solch scheinbar unmögliche Erfahrung angesehen werden. Auf diese Weise wird eine Verhaltensform oder eine Erfahrungsstörung ins Leben gerufen, die wir als symptomatisch ansehen können; mittels einer solchen medizinischen Metapher wurde am Ende des neunzehnten Jahrhunderts die Hysterie für Freud und Breuer sichtbar. Freud erweiterte die Logik dieser Metapher des Symptoms zu einer Darstellung der Art und Weise, in der sich eine »latente« Bedeutung, eine verborgene psychologische Dynamik, in einer Verhaltensäußerung rhetorisch »manifestiert«. Daher sind wir möglicherweise unfähig, einen inneren Zustand oder Willen wahrhaft zu verbergen, er verschafft sich im Endeffekt Ausdruck, oft unfreiwillig und in einer verzerrten und lästigen Form als eine Art verschlüsselte Botschaft. Freud sah die Verdrängung als eine Größe an, die hinter einer überraschend großen Anzahl komplexer menschlicher symbolischer Aktivitäten angesiedelt ist. Der verdrängte Gedanke und die damit einhergehende Emotion kann pathologisch im Falle der Symptombildung oder kreativ im Falle der Sublimierung ausgedrückt werden.

Paradoxerweise können wir nun sehen, wie unsere Mechanismen zur Verdrängung unserer Gefühle dazu beitragen, sie zu enthüllen; und die Art und

Weise, in der wir unsere Gefühle offenlegen, dient ebenso ihrer Verschleierung. Der Beitrag der Psychoanalyse besteht in der Demonstration, auf welche Weise dies durch die »Verdichtung« verschiedener Bedeutungen in eine zusammengesetzte Ausdrucksform mittels einer Bedeutungsverlagerung von einer Form auf eine andere und unter Verwendung der versteckten Neigung von Symbolen, miteinander Wortspiele zu treiben, um unsere Gedanken und Gefühle sowohl zu enthüllen als auch zu verdecken, erreicht werden kann.

Diese Verdichtungen und Verlagerungen wirken durch Brüche und Leckstellen in der erzählerischen Form des Ausdrucks, die die Grundlage der Psychoanalyse bildet. Solche Undichtigkeiten gestatten eine »Verschiebung« oder »Verdrehung« der Bedeutung, die im gewöhnlichen Sprachgebrauch als »Redewendung«, als »Sprachfigur« oder als Wortspiel bezeichnet wird. Sprachliche Vorgänge dieser Art beruhen auf Mehrdeutigkeit, und ohne diese wäre eine rein diskursive Sprache höchst armselig. Gedichte, Scherze und Ironie wären damit für immer außer Reichweite für uns.

Die Verdeutlichung des mehrdeutigen Ausdrucks stellt den Eckpfeiler der psychoanalytischen Technik dar. Freud hatte die Aufmerksamkeit auf die Bedeutung dieses Sachverhaltes bei seiner Analyse der »Dora« gelenkt (Freud 1981). Die Analyse überprüfte die Verwendung gewisser Wörter, die aufgrund ihrer Zweideutigkeit »überdeterminiert« waren; sie ließen sowohl eine offenkundige oder »wörtliche« als auch eine »beabsichtigte« oder latente Bedeutung zu. Das Wort »Schmuckkästchen« erschien in ihrem Bericht über einen ihrer Träume; es bezog sich offenkundig auf Schmuck, während es unterschwellig aufgrund eines mitschwingenden Satzes von Assoziationen und Verknüpfungen auf Sexualität anspielte. Freud nannte solche Wörter »Knoten«, »sprachliche Brücken« und »Wechsel«. Aufgrund ihrer indirekten Darstellungsweise sollen sie wie die Träume einen der »Umwege zur Umgehung der Verdrängung« (Freud 1981:18) liefern:

> »Zweideutige Worte sind aber wie *'Wechsel'* für den Assoziationsverlauf. Stellt man den Wechsel anders, als er im Trauminhalt eingestellt erscheint, so kommt man wohl auf das Geleise, auf dem sich die gesuchten und noch verborgenen Gedanken hinter dem Traum bewegen.« (Freud 1981:65; Anm.)

Wie können wir aber wissen, welche Wörter so gebraucht werden? Im allgemeinen ist die Bedeutung von Wörtern in einer Erzählung vom Zusammenhang her bestimmt und festgelegt. Im einfachsten Falle ist in der Sprache die Bedeutung eines Wortes durch den Satz, dessen Bestandteil es ist, festgelegt; das heißt, die Bedeutung wird durch den Text zugewiesen. Wenn wir weiter fragen, wie die Bedeutung des Satzes bestimmt wird, so müssen wir zunächst die umgebenden Abschnitte betrachten, die eine Erzählung oder einen Dialog bilden, dann einen Gesprächstypus und schließlich eine Sprache, in die all diese Elemente eingebettet sind. Die Wörter erlangen aufgrund solcher miteinander verwobenen Ebenen Verästelungen und Resonanz, wie I. A. Richards schrieb: »Unsere Wörter erhalten gewöhnlich Bedeutungen durch den Einfluß anderer Wörter, an die wir vielleicht gerade nicht denken, die jedoch im Hinterkopf zu ihrer Kontrolle kooperieren.« (Richards 1936:75); Wörter werden durch ihre »wechselseitige Leblosigkeit« miteinander verknüpft, sie sind »überdeterminiert« und bedeuten immer mehr, als es den Anschein hat. Daher kann ein einziges Wort auf verschiedene Zusammenhänge anspielen, in denen es benutzt wird, in dem seine Synonyme Anwendung finden oder in dem Synonyme seiner Synonyme erscheinen. Freud und Dora waren sich zum Beispiel der Tatsache bewußt, das »Schmuckkästchen« ein umgangssprachlicher deutscher Ausdruck ist, der die weiblichen Genitalien bezeichnet.

Darüber hinaus kann unser Verständnis einer Wortbedeutung durch seine Verwendungsweise eingeschränkt werden. Solche »paralinguistischen« Merkmale können in der Sprache prosodisch sein; es handelt sich dabei um dichterische oder spielerische Anwendungen des Klanges und des Rhythmus von Wörtern, um ihre sinnlichen Eigenschaften. Der mehrdeutige Charakter eines Wortes kann durch seine Stellung in einem Satz, durch die Buchstaben, aus denen es zusammengesetzt ist, oder durch seine Fähigkeit, sich mit anderen Wörtern zu reimen, signalisiert werden. In der gesprochenen Sprache kann dieses Phänomen noch ausgedehnt werden, so daß der *Akt* des Sprechens die Bedeutung einschränkt, die der Sprecher dem Wort zulegt. Solche die Sprechhandlung begleitenden Komponenten sind Rhythmus, Pausen zwischen den Wörtern, Tonfall und Tonhöhe – also die »Musik« der Wörter, dazu die Gesten, die sie begleiten. Unsere Aufmerksamkeit wird auf den multimodalen Zusammenhang von Wörtern gelenkt, und es liegt in der Natur dieser Erweiterung der Sprache, daß sie gemeinsam mit ihrem inhaltlichen Zusammenhang nicht nur beabsichtigte, sondern auch ungewollte Mehrdeutigkeiten schafft.

Um noch einmal auf Dora zurückzukommen, so bezieht sich Freud auf gewisse ihrer Handlungen als symptomatische Akte. Nachdem sie während einer Sitzung den Traum mit dem Schmuckkästchen wiedergegeben hatte, spielte sie mit einem Täschchen, das sie zum Schmuck an der Taille trug, »während sie im Liegen sprach, indem sie es öffnete, einen Finger hineinsteckte, es wieder schloß, usw.« (Freud 1981:75). Diese Handlung war ein »Knoten«, der in seiner Funktion einem »Wechsel« vergleichbar ist; durch seine Zweideutigkeit ist er sowohl unschuldige Handlung als auch mittels hinzugefügten Materials Verweis auf Sexualität.[1] In psychoanalytischen Worten kann sich daher ein »innerer Sprechakt« oder ein verborgener Gedanke auf zweifache Weise offenbaren, nämlich in der tatsächlichen Sprache und im Verhalten. Dora spielte auf gewisse versteckte Dinge an, mit denen sie sich beschäftigte, indem sie sie sprachlich andeutete, aber auch unwissentlich *in körperlichen Handlungen abbildete oder mimte*. (vgl. Bär 1975: 19−58).

Wir sind daraufhin vielleicht zu schnell bereit, die Psychoanalyse und verwandte Psychotherapien als grundlegend verbal zu charakterisieren; das mag auch scheinbar der Fall sein, aber in Wirklichkeit ist ihre Verfügungsgewalt viel weitreichender, als wir vermuten möchten. Es wird dies schon durch die Bereitschaft der psychotherapeutischen Praxis nahegelegt, weitgehend voneinander verschiedene Ausdrucksformen zu untersuchen, etwa das Spiel in der Psychoanalyse von Kindern,[2] die »körperlichen Waffen« in der *Charakteranalyse* Reichs, die bildliche Darstellung in der Psychotherapie Jungs und in der Kunsttherapie und die Neuinszenierung im »Psychodrama«. Es muß sodann die Frage gestellt werden, in welcher Weise diese Ausdrucksformen, und im Zusammenhang dieses Bandes wird diese Frage besonders für die bildlichen Ausdrucksformen aufgeworfen, dergestalt wirken, daß sie die Angelegenheiten beleuchten, mit denen sich eine Psychotherapie zu befassen hätte. An dieser Stelle zeigt sich besonders die Notwendigkeit, über die Analyse des Sprechaktes hinauszugehen und zu Erklärungen zu gelangen, die sich aus dem Wechselspiel anderer Ausdrucksformen und Symbole ergeben.

Weitere Erklärungen der Wirkungsweise nichtverbaler Symbole können in dem rhetorischen Wechselspiel zwischen dem wörtlichen und dem metaphorischen, dem eigentlichen und dem bildlichen Besitz gewisser Eigenschaften eines Ausdruckssymbols erschlossen werden. Die Mehrdeutigkeit ist hier ein notwendiger, aber kein hinreichender Grund; um im übertragenen Sinne oder metaphorisch verwandt werden zu können, muß ein Symbol über mehrdeutige Eigenschaften verfügen, aber bloße Mehrdeutigkeit ist nicht identisch mit Metaphorik. Eine Metapher ist die Beleuchtung eines Bereiches von aufeinander bezogenen Tatsachen, Assoziationen, historischen Zusammenhängen und Anordnungen in dem begrifflichen Rahmen eines anderen Bereiches. Dies wird mittels der Interaktion von mindestens zwei Konzeptionen verschiedener Dinge in dem einen Symbol erreicht, das sich auf beide bezieht. In der Sprache besteht eine Metapher aus einem einzelnen Wort oder aus einer Redewendung, die die Interaktion dadurch unterstützt, daß sich innerhalb dieses Wortes oder der Redewendung verschiedene Bezugssysteme überschneiden: »er legte die Karten auf den Tisch« bezeichnet sowohl eine Erklärung dessen, was man in der Hand hält, als auch einen geistigen Vorgang. Eine Metapher kann sich auch in den *wirklichen Eigenschaften* befinden, die den Bereichen zukommen, die sich in der Metapher und durch die Metapher miteinander mischen; Gold, jenes wertvolle Metall, aus dessen Eigenschaften so viele Metaphern geprägt wurden, bezeichnet in doppelter Weise das Reine und das Gewöhnliche, Tugend und Laster, Mangel und Überfluß, und es ist zugleich der Preis, den man zahlt, und doch unbezahlbar.

Typischerweise läuft in der metaphorischen Anspielung das Vertraute mit dem Fremdartigen zusammen, das eine Verwandtschaft zwischen ihnen formt, so daß das letztere im Lichte des ersteren deutlich wird. Gewöhnlich wird so eine unbestimmte Menge von Beziehungen verdeutlicht, und dieses wird mittels Durchdringung des »fremden« Bereiches, des Zieles der Metapher, mit bekannten Beziehungen aus dem »ursprünglichen« Bereich der Quelle der Metapher, bewirkt. Das gewohnte Schema von bekanntem Territorium wird von unbekanntem überlagert, damit festgestellt werden kann, ob gleichwertige Merkmale zu der »Grammatik« der Anspielung passen. Goodman zufolge ist die Metapher »eine Angelegenheit, bei der einem alten Wort neue Eigenarten beigebracht werden – bei der ein altes Etikett auf neue Weise angewandt wird« (Goodman 1976:69).

Ebenso typisch für die Metapher ist die Tatsache, daß sie in der Richtung vom weniger Wichtigen zum Bedeutenderen verläuft; eine Struktur innerhalb eines trivialen Sachverhaltes oder einer Angelegenheit ohne unmittelbaren Belang wird in Entsprechung mit einer interessanteren Beschäftigung gebracht. Diese Anspielung auf etwas anderes als das Unmittelbare bildet die Richtung oder »Wendung« und den Bezugsrahmen der Metapher. Denn wir müssen nicht nur beachten, wie die einander in der Metapher gegenübergestellten Schemata zueinander passen, sondern gerade auch, in welcher Weise sie nicht füreinander geeignet sind. Die beiden Mengen von Schemata ziehen sich gleichzeitig an und stoßen sich ab; dieses Spannungsverhältnis trägt zu der Frische der Metapher bei oder zu dem Schock, den sie auslöst: »Eine Metapher ist eine Sache zwischen einem Prädikat mit einer Vergangenheit und einem Objekt, das sich unter Protest ergibt« (Goodman 1976:69). Wenn eine Metapher also effektiv sein soll, so geht es um mehr als einfache Wahrheit und Analogie; der durch sie bewirkte Vergleich muß die gegenwärtigen Wahrnehmungen irritieren und sie dadurch in ein neues Bezugssystem stoßen.[3]

Diese Aufbereitung neuer Erfahrungen ist keine bloße Laune der metaphorischen Verschönerung, sondern wird dem symbolischen Sprachgebrauch durch eine rigorose Ökonomie beigelegt, die für ihn notwendig ist. Die Sprache des Alltags ist buchstäblich mit neuen und alten Metaphern gespickt; die häufig verwendeten sprachlichen Bilder verlieren ihre Jugend und Vitalität, sie werden ehrbar, sie ermatten und reihen sich zwischen den zahllosen »verblichenen« Metaphern ein, die sich als so viele Redewendungen, als umgangssprachliche Ausdrucksweisen und als allgemein anerkannte Weisheiten durch unser Leben ziehen. Wenn wir nicht durch die Metapher über die Möglichkeit verfügen, eine Neugestaltung unserer Erfahrungsstrukturen in anderen Formen vorzunehmen, indem wir verschiedene Mengen von Schemata umstellen, würden wir uns unter dem toten Gewicht einer notwendigerweise riesigen Schlachtordnung von Terminologien und einer unerträglichen Bürokratie etablierter Gewohnheiten und festgefahrenen Sprachgebrauchs plagen. Die außergewöhnliche Subtilität und der große Wert der Metapher besteht in ihrer Fähigkeit zur Schaffung neuer Erfahrungsbereiche, wobei sie schnell und ökonomisch Elemente bestehender Kategorien über große Entfernungen in Raum, Zeit und Logik hinweg verlagert. Darüber hinaus kann die Metapher durch scheinbare Fehler und Unzulänglichkeiten unserer Sprachen bewirken, daß voneinander abweichende Bezugsrahmen und Erfahrungsebenen sich miteinander zu neuen Einheiten verbinden.

Ich erwähnte oben Metaphern, die mittels Eigenschaften funktionieren, die ihnen tatsächlich zukommen; Bilder hängen in erheblichen Maße von dem Besitz solcher Eigenschaften ab. Aus Worten zusammengefügte Metaphern basieren hauptsächlich auf konventionell festgelegten Bedeutungen, das heißt, das Symbol und der symbolisierte Sachverhalt sind völlig unterschiedlich: ein Wort ist in keiner Weise dem Gegenstand, den es bezeichnet, *ähnlich* – obwohl sich Ähnlichkeiten in den paralinguistischen Elementen von Sprachformen, etwa im Falle der Lautmalerei oder der Dichtung, aufzeigen lassen. Natürlich können Bilder konventionelle symbolische Bedeutung vermitteln, wie es etwa für den Buchstaben »A«, für ein digitales Zifferblatt oder sogar eine diagrammatische Darstellung oder die Topographie einer Landschaft gilt. Aber eine Landschaft, etwa von Constable oder Rembrandt, ist nicht aufgrund der Tatsache, daß sie eine bestimmte Örtlichkeit in Essex oder Holland darstellt, besonders ausdrucksstark oder von symbolischer Bedeutung. Bilder besitzen buchstäblich gewisse bildhafte Eigenschaften, die nicht für die Denotation allein benötigt werden. Dadurch erhalten die Bilder die Fähigkeit, abstrakte Eigenschaften wie Überschwenglichkeit, Trauer, Witz oder Heiterkeit bildhaft anzunehmen. Durch metaphorischen Besitz kann gesagt werden, daß es abstrakte Eigenschaften exemplifiziere.

Nachfolgend möchte ich ein hypothetisches Beispiel vorstellen, das ich von Goodman (1976:50ff.) übernommen habe. Man stelle sich das Bild eines Mannes vor, das in Rotschattierungen gemalt ist, die, wie wir zu sagen pflegen, Wut ausdrücken. Wie kann das möglich sein, wo Bilder doch empfindungslos sind? Wir können folgendes über das Bild aussagen: (a) bezeichnet es einen Mann, (b) besitzt es die Farbe rot und (c) drückt es Wut aus. Durch (b) ist es eine Probe der Farbe rot und wird daher mit dem Etikett »rot« bezeichnet. Außerhalb des Bezugsrahmens des Bildes wenden wir eine metaphorische Übertragung von Farbschemata auf Gefühlsstrukturen an; diese Entsprechung wird dann auf das Bild zurückübertragen. Eine solche »Nuancierung« der Gefühle bildet den Grund-

stock metaphorischer Ausdrucksfähigkeit. Wir können sagen, daß die am Beispiel verdeutlichte Eigenschaft in ähnlicher Weise das Bild zusammenfaßt wie
das Bild in sich seine mehr buchstäbliche Bedeutung anzeigt.

Mein Beispiel ist natürlich höchst schematisch und jeder Fall von Exemplifizierung eines wirklichen Bildes ist weitaus komplexer. Ich hoffe jedoch, die Logik klargemacht zu haben. Die metaphorische Bedeutung von Handlungen und
Gegenständen – was sie ausdrücken – kann durch Erläuterung vermittelt werden. Die symbolische Ausdruckskraft der Substanz Gold vereinigt sich in den
Prädikaten, die seine Eigenschaften bezeichnen: »goldfarben«, »wertvoll«,
»selten«, »rein« und so weiter. Der Ausdrucksgehalt einer Geste kann in Prädikaten angetroffen werden, die sie als »erregt«, »ungeduldig«, »überschweng-
lich« und so weiter charakterisiert. Ausdrucksformen, die auf wesentlichem Besitz basieren, existieren in der materiellen Welt, ihre Bedeutung besteht im wesentlichen in ihrem Status als *Dinge*. Die Exemplifizierung steht der Räumlichkeit näher als die Bedeutung. Zwischen den Schemata bestehen Wechselwir-
kungen, die durch die Exemplifizierung ins Spiel gebracht werden. Sie sind die
Träger von Eigenschaften bezüglich des Ausdrucks und der Logik aus verschiedenen Bereichen der sinnlichen Wahrnehmung. Dadurch erscheinen die bildhaften Darstellungen angeschwollen mit Bedeutungen und Sinngebungen zu sein,
die nicht unmittelbar offensichtlich sind. Dies ist zum Beispiel bei der nicht-sym-
bolischen Malerei der Fall.

Die kreative Verwendung metaphorischer Prozesse ist so eindrucksvoll und for-
dert so nachdrücklich unsere Aufmerksamkeit heraus, daß wir darüber vielleicht sogar absichtlich eine stillschweigende Konsequenz ihrer Mächtigkeit
übersehen. Eine Metapher kann unsere Aufmerksamkeit einer sinnlichen Wahrnehmung zu- oder von ihr abwenden. Wenn dies gilt, so können wir Wörter, Knoten und symptomatische Handlungen als Formen der Metaphorik betrachten –
wie auch Lacan (1973) verfuhr. Solche »symptomatischen Metaphern« trachten
eher danach, einen Sachverhalt zu verdunkeln als ihn zu erhellen; die weitläufi-
geren Verbindungen, die von der kreativen Metapher riskiert werden, sind in ihrer symptomatischen Form kunstvoll dem Blick entrückt.

Die symptomatische Metapher kann zur *Beseitigung* eines unerträglich stress-
geladenen psychologischen Konfliktes ins Leben gerufen werden. Ein Gedanke
kann, im Verein mit dem Gefühl und dem begleitenden Verhalten, auf dem er be-
harrt, so hartnäckig sein, und gleichzeitig kann das Bedürfnis, diese Komponenten zu unterdrücken, als so stark empfunden werden, daß die inneren Erregungen, die durch solche miteinander in Konflikt stehenden Wahrnehmungen entstehen, nur durch Verdrängung aller mit ihnen verknüpften Gedanken, Gefühle
und Vorstellungen beruhigt werden können. Eine derartige Verdrängungs-

handlung besteht in der Verlagerung des gesamten betreffenden Komplexes an Vorstellungen auf eine andere Ebene der Psyche. Die zentralen Ideen und Wahrnehmungen, die den Konflikt beleben, werden durch eine Serie metaphorischer Transformationen hin zu einer Stelle im Bewußtsein getrieben, wo sie unbemerkt verweilen können. Die Aufmerksamkeit wird auf andere Dinge gelenkt, die zuvor verfolgte gedankliche Ausrichtung wird abgelenkt oder ändert sich durch »Tropen«[4] wie Metaphern und Beispiele. Die hier wirksam werdenden syntaktischen Strukturen können als identisch mit denjenigen gedacht werden, die die ursprünglich aktiven Metaphern beherrschen; es werden Schemata von einem Bereich zum anderen übertragen und ein Modus kann durch einen anderen ausgetauscht werden oder mit anderen mitschwingen. Die grundlegende Unterscheidung zwischen den beiden Prozessen betrifft eher den Zweck als die Mittel; die Ziele der offenen Erkundung und des fruchtbringenden Vergleichs werden zugunsten doppelseitiger Ziele eingetauscht – eine Umkehrung der Absicht erfolgt.

Wenn wir verstehen wollen, in welcher Weise die kreativen und die symptomatischen Funktionen der Metapher miteinander in Übereinstimmung gebracht werden, so können wir uns die Metapher als Bedeutungsträger vorstellen, der die Aufmerksamkeit auf unerwartete besorgniserregende Dimensionen in einer Situation lenkt und folglich die Wahrnehmung in eine sichere Position verlagert. Dies erfolgt in Relation zu den Risiken, die die Metapher durch Umstellung weniger bedrohlicher Schemata aufgedeckt hat. Die mehrdeutigeren unter unseren symbolischen Formen stellen nicht nur das Mittel zur kreativen Verwendung von Metaphorik dar, sondern sie liefern auch die Lecks und Fluchtöffnungen, die für ein erfolgreiches Entkommen erforderlich sind. Eine Vorstellung kann so als latenter oder »unbewußter« Aspekt, der in eine reichhaltig mehrdeutige Metapher eingebettet ist, konkrete Formen annehmen. Diese Hin- und Herbewegung zwischen verschiedenen Kodierungen unserer Erfahrung ähnelt in gewisser Weise dem Geräusch. Das Vor- und Zurückpendeln von Tropen zwischen verschiedenen Erfahrungsbereichen, zwischen verschiedenen symbolischen Formen, zwischen dem wörtlich zu verstehenden und dem übertragenen Sinn und zwischen den moralischen von Verpflichtung und Flucht hat trotz zeitweiliger »pathologischer« Züge wesentlich eine vermittelnde Funktion.

Ein Unterscheidungsmerkmal zwischen der Metapher und ihrem symptomatischen Gegenstück besteht in ihrer Tendenz zur Vergegenständlichung; sogar solche Metaphern, die aus Wörtern zusammengefügt sind, beziehen sich durch sie auf körperliche Phänomene. In psychoanalytischen Worten bewegen sie sich auf das Ziel des »psychischen Apparats« hin, der mit Wahrnehmung befaßt ist; das heißt, sie erhalten eine räumliche Dimension. Diese räumliche Dimensionierung kann wiederum zwei Zwecken dienen. Auf der einen Seite kann sie etwas offensichtlich machen, etwas im eigentlich intendierten Sinne dokumentieren, ein Beispiel geben oder verdeutlichen; andererseits kann sie in einem Wahrnehmungsraum einen Gedanken begraben, verstecken oder komprimieren – in der Phantasie, in einer Projektion, in einem somatischen Symptom oder einer Halluzination. Die Bedeutungen eines visuellen Bildes bestehen zum Beispiel gleichzeitig zu einer bestimmten Zeit an einem bestimmten Ort und setzen sich aus einer Abfolge von Blicken zusammen, die in einer Vielzahl von Anordnungen und Richtungen geworfen werden. Im Gegensatz zu einer einlinigen Ausdrucksform macht sich die bildliche Darstellung die »Überdeterminierung« zunutze und kann so Fundgrube für viele Bedeutungen werden. Eine Bewegung an einem Räumlichkeitsspektrum entlang hin zur sinnlichen Wahrnehmung kann durch metaphorische Transformationen erreicht werden. Wenn die Metapher verborgen oder unterdrückt ist, so besteht sie als latenter Aspekt innerhalb einer mehrdeutigen Wahrnehmung fort. Die Geschichte der Reisen einer Metapher bleibt jedoch implizit in ihrer Struktur; ihre Bedeutung kann sich verraten, indem sie sich beispielhaft in symptomatischem Ausdrucksverhalten verdeutlicht (vgl. Wollheim 1973:31–53). Die Ausrichtung und der Rahmen dieser defensiven Metaphern können in ihrer Wirkungsweise als von oben nach unten arbeitend gedacht werden; das heißt, die Stellung des vertrauten und des fremden Reiches, die die Quelle und das Ziel der Schemataverlagerung der Metapher bilden, werden gegeneinander ausgetauscht; wir sehen den Ursprung der Metapher an der Stelle, die gewöhnlich von ihrem Objekt eingenommen wird – sie wird von innen nach außen gekehrt. Die Aussage einer Überzeugung der Form »sie vergiften mich« kann metaphorisch als die Verseuchung von Gedanken über die Anwendung der relativ konkreten Schemata des Wortfeldes »Küche« hin zu den abstrakteren der Gedanken und Gefühle illustriert werden. Es handelt sich hier um eine versuchsweise angelegte oder ironisch unvollendete Metapher, wobei ihre Vollendung von anderen blockiert oder sogar untersagt wird (vgl. Henzell 1983).

Ein Beispiel mag einige Grundzüge des oben erläuterten Sachverhaltes verdeutlichen. Eine Frau im Alter von etwa vierzig Jahren malt ein Bild über eine Erfahrung ihrer Kindheit. Sie zeichnet einen Hügel, der mit silbrigen Lichtflecken bedeckt ist und erzählt von der glücklichen Erinnerung, eben diese während des Krieges in der Nähe Londons bei einem Spaziergang mit ihrer Mutter über einigen Hügeln gesehen zu haben. Die silbernen Lichtflecken stehen stellvertretend für kleine Metallfolien. Der Hintergrund des Bildes ist stumm und dunkel. Als eine andere Frau erzählt, wie sie sich in ihrem Hause während eines Luftangriffes mit ihrer Familie zusammendrängte, gerät sie außer Fassung und erklärt, daß sie ebenfalls solche Erfahrungen durchgemacht habe. Es wird sodann die Vermutung nahegelegt, daß die Metallfolien in ihrem Bild von deutschen

Bombern abgeworfen wurden, um das Radar abzulenken. Voller Erregung erzählt sie daraufhin von ihrer Erinnerung, daß sie sich allein unter der Treppe
versteckte, während in der Nachbarschaft Bomben abgeworfen wurden. Sie war
besonders aufgrund der furchterregenden Tatsache des Alleinseins in dieser Situation so erschreckt, daß sie für zwei Jahre taub wurde. Ihr Bild und ihr dazuge-
höriger Bericht bezogen sich implizit auf dieses qualvolle Ereignis. Im wörtlich
verstandenen Sinne bezeichnete es eine glückhafte Erfahrung, aber es exempli-
fizierte die Tragödie, die es hervorhob. Die Exemplifizierung erfolgte auf zwei-
erlei Weise. Erstens verwies die dunkle Tönung des Hintergrundes metaphorisch auf einen verschwommenen Erfahrungsbereich. Zweitens standen die Metallfolien beispielhaft für eine Methode, die für sie von herausragender Aktualität war, durch die nämlich die Aufdeckung einer bedrohlichen Angelegenheit
möglicherweise vermieden werden konnte. Die traumatische Erinnerung an ihr
Verlassensein während der Bombardierung, und vermutlich noch weiterer damit
verbundener Kummer, war ihr zu Beginn der Sitzung nicht präsent, nur ein Gefühl der Vorahnung und ein bruckstückhaft aufscheinendes Gedächtnis, das
sich in der Gegenwart ihrer Mutter einstellte, als sie ihre Sprache wiedergefun-
den hatte.

Die Verästelungen der versteckten Metaphern, auf die ursprünglich nur ange-
spielt wird, sind beträchtlich und – obwohl diese Aussage hier merkwürdig erscheinen mag – sie sind durchaus elegant. Die radikalste Form symptomatischer
Metaphern kann in den Psychosen angetroffen werden. Hier überqueren metaphorische Transformationen gewaltige Abgründe der Erfahrung, und wenn sie
in Worten und Bildern dargelegt werden, können sie furchteinflößende Ausdruckskraft erhalten, sie erläutern die Verschiebung, die zwischen unseren Gedanken und unserer Sprache, unseren Gefühlen und Handlungen bestehen können. Wenn es auch in der Situation unklug ist, so erscheint es doch verständlich,
daß wir solche Erfahrungen mittels klinischer Erklärung zu betäuben suchen.
Die Kunst sowie die ästhetische Haltung kann uns in der vollen Stärke ihrer
Wißbegierde vor solch einer banalen Fehlkalkulation bewahren.[5]

Ich habe in diesem Kapitel aufzuzeigen versucht, wie unsere Gedanken und Gefühle durch die mehr metaphorischen und nichtdiskursiven unserer symbolischen Formen ihren vollsten Ausdruck finden. Es ist nicht nur von Bedeutung,
was wir sagen, sondern auch wie wir es sagen; beides zusammen bildet eine Einheit, die in der Kunst ihre hohe Kohärenz deutlich lassen werden kann. In dem
Maße, in dem die Psychopathologie gegenwärtig ist, kann ihre Ganzheit zerbrechen und die Oberflächenbedeutung eines Ausdrucks wird durch die Art und
Weise ihres Vortrages Lügen gestraft. Psychotherapeuten und Kunsttherapeuten
können paralinguistischen und körperlichen Ausdrucksformen Aufmerksam-

keit verleihen und diese noch erweitern, indem sie ihre Patienten zum Malen und Zeichnen auffordern, um so anderen Metaphern zu gestatten, an die Oberfläche zu gelangen. Sodann können sie Interpretationen für diese Erweiterungen anbieten, die im wesentlichen selbst metaphorisch sind. Dieser rhetorische Dialog dient der Ausstattung eines Zusammenhanges, der das Symptom erneut in eine Metapher überführen kann, die in einen Rahmen eingebettet ist, um so die »Hauptdarsteller« eines inneren Konfliktes einander nahezubringen. Eine Psychotherapie dieser Art ist dazu geeignet, mit Kunst verglichen zu werden, und zwar mit einer Kunst, die dem Patienten ein phantasievolles, scharfsichtiges und taktvolles Angebot verschiedener Schemata und alternativer Wahrnehmungsbereiche macht und dadurch die Übertragung seiner unbewußten Gefühle und Gedanken dergestalt aufdeckt, daß diese in den vollen, bewußten Besitz des Patienten gelangen.

Sowohl Metaphern als auch Symptome sind künstlich ersonnen; so wie die Kunstwerke sind die Werke der Psychopathologie gewissenhaft erzeugte Artefakte. Eine Einverleibung unserer Kenntnisse über metaphorische Transformationen im Bereich der Kunst in das Studium und die Behandlung der Psychopathologie kann einen verborgenen Bereich menschlichen Erfindungsgeistes vor irreführendem medizinischen Determinismus bewahren, die Urheberschaft paradoxer Schöpfungen ans Licht bringen und die Verantwortung auf die Schultern jener »perversen« Künstler, Dichter und Spaßvögel verlagern, die in jedem von uns stecken. Die Psychopathologie kann in der Tat in extremem Maße ironisch sein und ist aus genau diesem Grunde von unserem gesunden, rationalen und utilitaristischen Bewußtsein nicht nur übersehen, sondern auch überhört worden und unbeachtet geblieben.

Anmerkungen

[1] Das »Schmuckkästchen« war der Ausgangspunkt mehrerer miteinander verbundener Assoziativketten, die zur Idee der Sexualität und der sexuellen Feuchtigkeit führte. Es verwies durch umgangssprachlichen Gebrauch und auch über die Idee eines Ohrgehänges in Tropfenform auf Sexualität. Der Begriff des »Tropfen« führte die Idee der Feuchtigkeit ein. Doras Mutter hatte ihren Mann gebeten, ihr solche Ohrringe in Tropfenform zu schenken, aber er war nicht dafür zu haben. Dora litt auch unter einem Katarrh der Nasennebenhöhlen mit unangenehmen Absonderungen. Dieses Symptom führte im Vergleich mit der »fließenden« Konnotation des Wortes »Katarrh« zur Idee verdrängter sexueller Feuchtigkeit. Und in der oben beschriebenen Sitzung spielte Dora mit ihrem Täschchen, das sie tatsächlich wie ein Schmuckstück trug. Wie wir auch immer über Freuds Begriffe zur weiblichen Sexualität und zur Ursachenforschung im Zusammenhang mit Doras Krankheit denken mögen, seine Studie der wechselseitigen Verbindungen zwischen Doras Worten, Handlungen und Symptomen ist meisterhaft.

2 Die von Melanie Klein und anderen angeregte Psychoanalyse von Kindern über deren
   Spiel führte nicht nur zu grundlegenden Neuformulierungen der klassischen Theorie
   Freuds, sondern hatte in den Schriften von Autoren wie Hannah Segal, Adrian Stokes,
   Anton Ehrenzweig und Richard Wollheim markante Auswirkungen auf die englische
   Kunstkritik.
3 Zum Widerstand gegen die Übertragung von Schemata äußerte Goodman:
   »Die in der Metapher vorliegenden Verschiebungen des Spielraums (...) laufen gewöhnlich weniger auf eine bloße Verteilung familiärer Güter, sondern auf eine Expedition in
   fremdes Terrain hinaus. Eine ganze Menge alternativer Etiketten, ein ganzer Organisa-
   tionsapparat übernimmt neues Territorium. Es geschieht eine Schemaübertragung, eine
   Wanderung von Begriffen, eine Verfremdung von Kategorien. In der Tat kann eine Metapher als beabsichtigter kategorialer Fehler – oder vielmehr als glückliche und wieder-
   belebende, wenn auch bigame zweite eheliche Verbindung – angesehen werden.«
   (Goodman 1976:73)
4 Der Begriff »Trope« leitet sich aus dem griechischen *tropos* ab, was Wendepunkt bedeutet, woraus auch der geographische Begriff »Tropen« gebildet wurde. Eine sprachliche
   Figur, in der ein Wort oder Ausdruck sich von seiner eigentlichen Bedeutung entfernt.
5 Für eine Untersuchung der Bedeutungsübertragung in der Psychose vgl. Schatzmans
   Studie zum Wahnsinn Schrebers (Schatzman 1973).

Literatur

Bär, E. (1975) *Semiotic Approaches to Psychotherapy.* Indiana: Indiana University Press.
Freud, S. (1969) *Vorlesungen zur Einführung in die Psychoanalyse. Und Neue Folge*
(= Studienausgabe, Band I). Frankfurt/M.: S. Fischer.
– (1981) *Bruchstück einer Hysterie-Analyse. Die Krankengeschichte der Dora.* Frankfurt/
   M.: Fischer TB.
Glymour, C. (1982) Freud, Kepler, and the Clinical Evidence. In R. Wollheim und
   J. Hopkins (Hg.) *Philosophical Essays on Freud.* Cambridge: Cambridge University
   Press.
Goodman, N. (1976) *Languages of Art: An Approach to a Theory of Symbols.*
   Indianapolis: Hackett.
Harré, R. und Secord, P.F. (1975) *The Explanation of Social Behaviour.* Oxford: Basil
Blackwell.
Henzell, J. (1983) Metaphor Reversed: Application of Metaphor to Psychopathology.
   In *Art and Therapy: A Symposium concerning Uses of Art in Therapy in the UK;* Birming-
   ham Polytechnic, Goldsmith's College und Herts College of Art and Design.
Lacan, J. (1973) *Schriften I,* Olten und Freiburg: Walter.
Richards, I. A. (1936) *The Philosophy of Rhetoric.* London: Oxford University Press.
Schatzman, M. (1973) *Soul Murder: Persecution in the Family.* London: Allen Lane.
Wittgenstein, L. (1960) *Tractatus logico-philosophicus.* Frankfurt/M.: Ed. Suhrkamp.
Wollheim, R. (1973) The Mind and the Mind's Image of Itself *and* Expression. In *On Art
   and the Mind: Essays and Lectures.* London: Allen Lane.

3
Kunsttherapie als eine Form der Psychotherapie

John Birtchnell

»Schon seit frühester Zeit hat der Mensch eine wohldurchdachte Serie von Verteidigungsmechanismen um sich herum aufgebaut, um zu verhindern, daß seine sorgfältig sublimierten Gefühle und Motivationen in beunruhigender Weise in sein Bewußtsein gelangen.« (Lord Platt 1967:442)

Die Kunsttherapie verbindet Kunst und Psychotherapie miteinander und jede von ihnen wächst idealerweise durch ihre Vereinigung mit der anderen. Kunst umfaßt die Schöpfung ästhetisch stimulierender Darstellungen der Wirklichkeit. Die Psychotherapie hat mit der Behandlung psychisch anfälliger Individuen zu tun. Oberflächlich gesehen haben die beiden Disziplinen wenig miteinander gemeinsam. Beide befassen sich aber mit emotionalen Themen und die jeweiligen Praktiker müssen sensibel und intuitiv vorgehen. Es gibt viele Formen der Kunsttherapie, die von dem jeweils einbezogenen Anteil an Kunst und Psychotherapie bestimmt sind. Die einen argumentieren, daß der Kunsttherapeut im wesentlichen ein besonders geschulter Künstler sei, der Therapien durchführe, die anderen vertreten die Auffassung, daß er hauptsächlich ein besonders ausgebildeter Psychotherapeut sei, der Kunst in seine Tätigkeit einbeziehe. Zumindest in Großbritannien ist der Kunsttherapeut häufig ein Künstler, der sich in therapeutischen Fragen fortgebildet hat. In meinem Augen ist die künstlerische Komponente der Kunsttherapie der therapeutischen weitgehend untergeordnet und es beunruhigt mich, daß der Umfang der Schulungen, die die Künstler normalerweise erhalten, weit davon entfernt ist, sie in adäquater Weise zu befähigen, kompetente Therapeuten zu werden.

In früheren Beiträgen, die in der Zeitschrift *Inscape* (Birtchnell 1977, 1979 und 1981) erschienen, habe ich versucht, einige Theorien über Kunsttherapie zu entwickeln. In diesem Kapitel habe ich mich frei auf diese früheren Arbeiten bezogen und die Diskussion vorangetrieben.

Theoretischer Hintergrund

Vorstellungen über Kunst

Im Jahre 1959 verfaßte ich als Student einen Artikel mit dem Titel *Art as I See it*. Darin schrieb ich:

> »Wenn in einen Stein die Gestalt einer Frau gemeißelt worden ist, so sehen wir ihn gleichzeitig als Stein und als Frau. Obwohl wir nur einen Stein sehen, reagieren wir emotional auf ihn. Wir stellen ihn uns belebt vor: er wird mit der Seele der Frau erfüllt. (...) Er zieht uns an, weil wir dazu angeregt werden, ihn zu behandeln, als sei er belebt. Ein Totenschädel und eine Seemuschel haben dieselbe Wirkung auf uns, weil wir wissen, daß diese Dinge einstmals Bestandteil eines Lebewesens waren. (...) Ein gewisses Ausmaß an Leben ist darin zurückgeblieben. Dasselbe gilt für eine verfallene Hütte oder eine unbrauchbare Pflugschar. (...) Durch das Malen bringt der Künstler eine frei schwebende Idee in eine Form. Die Idee erfährt so eine Verkörperung. Ein völlig harmloses Objekt erlangt Bedeutung aufgrund der Idee, die ihm zugeordnet wurde. Man kann diesen Vorgang mit einem Einsiedlerkrebs vergleichen, der in dem verlassenen Haus einer Wellhornschnecke lebt. Er hat das Schneckenhaus zu seinem Vorteil verändert. Das Gemälde erfüllt ein Bedürfnis für den Künstler, insofern es die Idee ans Tageslicht fördert: es verschafft ihr eine äußere Form.« (Birtchnell 1959:47)

Wann immer ein Künstler seine Schöpfung betrachtet, gestattet sie die Freisetzung von Gefühlen aufgrund der Verbindung, die er mit der Idee herstellt, die ihn zum Malen des Bildes veranlaßte. Es wird dann eine gewisse Zirkularität wirksam: die Idee veranlaßt ihn, sie äußerlich sichtbar darzustellen, während diese Darstellung die ursprüngliche Idee wachruft.

Die ästhetische Wirkung beruht dann teilweise auf der Tatsache, daß das künstlerische Produkt das Objekt ist, das es abbildet – und es gleichzeitig auch wieder nicht ist. Wir sehen die Skulptur der nackten Frau zugleich als Steinbock, aber auch als weibliches Wesen. Unser Verstand ringt ähnlich wie ein Hund, der nicht weiß, was er mit einem Gummiknochen anfangen soll, mit diesem merk-würdigen Paradoxon. Da die durch die Skulptur dargestellte Gestalt normaler-weise aus Fleisch und Blut ist, reagieren wir auf sie, als sei dies auch hier der Fall. Wenn wir den Stein jedoch berühren, so stellen wir fest, daß es nicht stimmt. In ähnlicher Weise kaut der Hund an dem knochenförmigen Gummi, weil jene äußere Form normalerweise dem Phänomen Knochen zugeordnet ist; trotzdem versinken seine Zähne in ihm. Es besteht jedoch ein Unterschied zwischen unserer Reaktion auf die Statue und der Reaktion des Hundes auf den Gummiknochen. Nacktheit findet an öffentlich zugänglichen Stellen meist keine Billigung und der Vorgang des Entkleidens stellt eine konventionelle Einladung zu intimem Verhalten dar. Daher wirkt der Anblick einer Aktskulp-tur erregend, weil er dem Anblick einer nackten Frau ähnelt. Wer von seinem Gewissen geplagt wird, kann vernünftigerweise behaupten, daß er nur einen Steinblock betrachte, der zufälligerweise einer nackten Frau ähnele. Da Kno-chen normalerweise für Hunde nicht verboten sind, ist der Hund nicht von sei-nem Gewissen geplagt, und der Gummiknochen ist mutmaßlich nichts als eine Quelle der Frustration. Die Zuckerzigaretten von Kindern sind etwas völlig an-deres und ähneln weit mehr der nackten Skulptur. Wenn sie an der Zigarette saugen, so inszenieren sie zumindest etwas Ungehöriges, während sie gleich-zeitig einwenden, daß sie nur etwas Süßes äßen.

Ebenso wie die künstlerischen und psychotherapeutischen Komponenten der Kunsttherapie können die vermittelnden und Botschaften aussendenden Bestandteile des ästhetischen Produkts in verschiedenen Verhältnissen zuein-ander existieren; und diese Proportionen, in denen sie bestehen, können auf die Reaktion des Betrachters einwirken. Im allgemeinen ist es am zufrieden-stellendsten, wenn das Medium deutlich sichtbar ist, so daß der Betrachter nicht die Tatsache aus den Augen verliert, daß er nicht einfach nur wahrnimmt, was dargestellt ist. Daher wird der Zwiespalt verstärkt, wenn Teile der Lein-wand sichtbar werden oder die Farbe aufgetropft wird. In ähnlicher Weise trägt die Verwendung eines harten Materials zur Darstellung von etwas Weichem, z.B. ein aus Eisen gegossener Vogel, oder die Auswahl eines weichen Materials zur Abbildung von etwas Hartem, etwa eine Schreibmaschine aus Filz, zum Pa-radoxon bei.

Die Unordnung

Berlyne (1974), ein Psychologe mit einem besonderen Interesse an Ästhetik, definierte die Kunst als etwas wie Harmonie in der Unordnung oder Einheit in der Vielfalt. Abgesehen von der Wechselwirkung zwischen der Botschaft und ihrem Medium findet sich in den meisten Kunstwerken eine exakte Zusammenmischung von Chaos und Kontrolle. Ein guter Teil der Kunst besteht, wie ich es formulieren würde, aus »eingespannter Unordnung«. Freud beschrieb künstlerische Betätigung als eine unterschwellige Form des Spiels mit den eigenen Exkrementen und ich glaube, daß wir mit den meisten Tieren eine Faszination für die Ausscheidungen unserer Gedärme teilen. Marjorie Wardle, eine Musiktherapeutin, beschrieb graphisch die Vorliebe ihrer eigenen Kindheit für das Wasserlassen, und wie das Musikstück *Rustle of Spring* in ihr das Gefühl laufenden Wassers hervorrief – was vielleicht zum Teil auf die doppelte Bedeutung des Wortes *spring* (Wardle 1979) zurückzuführen ist (»Quelle« bzw. »Frühling«; Anm. d. Übers.). In einem Workshop, den ich kürzlich durchführte, stellte eine junge Frau in bildlicher Form dar, wie sie sich als Kind durch das in die Badewanne einlaufende Wasser sexuell erregt fühlte. Wenn wir heranwachsen, lehren unsere Eltern uns, daß es falsch sei, sich naß und schmutzig zu machen, daß wir uns an einen stillen Ort zurückziehen sollten, um unsere Verrichtungen zu erledigen und anschließend unsere Hände zu waschen hätten. Es wird sogar mißbilligt, wenn Kinder einfach nur Unordnung machen, und dem Ideal, sauber und adrett zu sein, wird große Bedeutung beigemessen. Die Kinder schaffen es jedoch immer wieder, sich zum Beispiel beim Schlammkuchen Backen und beim Planschen wieder schmutzig und naß zu machen. Diese Sehnsüchte der Kindheit werden im Erwachsenenalter weiter durchgespielt, indem man etwa schlammbespritzt vom Rugbyfeld kommt oder in voller Kleidung in den Brunnen am Trafalgar Square springt.

Bilder wie die von Jackson Pollock verdanken der Tatsache eine ganze Menge, daß sie als feucht-schlammige Unordnung begannen. Willem de Kooning sagte einmal, daß er mit einer Farbpfütze anfing, aus der sich das spätere Bild mehr oder weniger herausdrängte. Die Malerei und das Modellieren mit Ton gestatten uns, eine begrenzte Unordung herzustellen. Eine Grenze besteht darin, daß es nach dem Trocknen weniger unordentlich aussieht; eine andere beruht auf der Tatsache, daß die Unordnung sich auf das Format des Bildes beschränkt; dennoch besteht eine weitere Grenze darin, es ggf. zu rahmen, mit Glas zu versehen und an einem ordentlichen Platz, etwa in einem Salon oder in einer Bildergalerie, auszustellen. Die ästhetische Qualität von Fundstücken und von Gebrauchskunst beruht darauf, daß sie ausrangierter Plunder sind, der in einer eleganten Umgebung ausgestellt wird. Daher besteht eine Komponente künstlerischer Aktivität in der Gelegenheit, die sie zur Lockerung der Kontrolle und zum *laissez faire* bietet, wenn auch in begrenztem Umfange.

Die Zensur

In jedem von uns besteht ein Konflikt zwischen der Art, wie wir unsere Gefühle und unser Verhalten gern äußern würden und darin, auf welche Weise uns die anderen unserer Meinung nach gern sähen. Die Ursachen dafür liegen in der Kindheit, als unser persönliches Bedürfnis nach Befriedigung mit den Anforderungen unserer Eltern an uns kollidierte. In psychoanalytischer Terminologie handelt es sich hier um die bekannte Rivalität zwischen dem Es und dem Über-Ich. Das für uns grundlegende Ich, anhand dessen wir erkannt werden können, nimmt eine Mittlerfunktion zwischen den Urtrieben des Es und der Disziplin ein, die uns vom Über-Ich her auferlegt wird. Aus dem Ich erwächst die süße Vernünftigkeit, die Diskretion, die die bessere Hälfte der Tapferkeit ausmacht, sowie die Angemessenheit, die unser Überleben in gesellschaftlichen Situationen sichert. Wir entwickeln uns zu ehrbaren, verantwortungsbewußten Bürgern, indem wir Gefühle der Verbitterung, des Neids, der Lust, der Gier und der Wut beiseiteschieben und sie in einen unzugänglichen Bereich der Seele verbannen, der praktischerweise mit dem Ausdruck »das Unbewußte« bezeichnet wird. Freud schlug den Begriff der »Zensur« vor, die die Kontrolle über diejenigen Dinge ausübt, deren wir uns bewußt zu werden gestatten. Drogen, darunter auch der Alkohol, bewirken eine Schwächung der Kontrolle durch die Zensur und lassen antisoziale Gefühle zum Vorschein kommen. In gewissen psychischen Zuständen wie der Manie scheinen wir in der Lage zu sein, diesen für gewöhnlich unterdrückten Gefühlen Ausdruck zu verleihen. Wenn wir wieder nüchtern sind oder uns von diesen Zuständen erholt haben, sind unsere indiskreten Äußerungen entweder dem Gedächtnisverlust anheimgefallen oder, wenn wir uns noch an sie erinnern, sind wir zugleich bestürzt und beschämt.

Im Traum, der sich vornehmlich ereignet, wenn wir die Tiefschlafphase verlassen, findet auch eine Lockerung der Kontrolle durch die Zensur statt; um dieser Tendenz entgegenzuwirken, neigen wir dazu, unsere Träume zu vergessen. Ebenso sind wir, als Ergebnis der Wechselwirkung zwischen dem Vorwärtsdrängen unterdrückter Gefühle, die wiederum durch die Zensur zurückgestoßen werden, im Traum zu höchst phantasievoller ästhetischer Kreativität fähig. Neigungen zu Mord, zum Inzest und zum Ehebruch werden ebenso in der Phantasie durchgespielt wie Gefühle von Unsicherheit, Eifersucht und Neid. Besonders faszinierend werden unsere Träume durch unsere Bemühungen zur Verschleierung dieser Neigungen und Gefühle durch mehrdeutige Bilder oder durch die Auswechslung der Identität der Traumdarsteller. Die letzte Rettung der Zensur besteht darin, daß wir aufwachen, kurz bevor unser größter Wunsch oder unsere schlimmste Befürchtung eintritt. Die Traumphänomene sind den in der Therapie geschaffenen Bildern so ähnlich, daß es für alle potentiellen Kunsttherapeuten von grundlegender Bedeutung ist, sich mit der vorhandenen Literatur über Träume auseinanderzusetzen.

Wünsche und Ängste

Im alltäglichen Leben laufen diese verschiedenen Konflikte auf einen seelischen Zustand hinaus, in dem der Wunsch, frei und offen wir selbst zu sein, einer ebenso starken Furcht, Unrecht zu begehen, gegenübersteht. Wie Hamlet sagte:»So macht Gewissen Feige aus uns allen« (*Hamlet* 3.I.). Um diese Situation zu meistern, haben wir ein weitreichendes Spektrum von Strategien entwickelt, denen man nur in einem gesonderten Kapitel völlig gerecht werden könnte. Ein schlagendes Beispiel für eine solche Strategie bot sich, als die Muppets in der Show von Michael Parkinson auftraten. Der normalerweise zurückhaltende Parkinson konnte sich der bezaubernden Miß Piggy gegenüber weitaus romantischer zeigen und besser mit ihr flirten, als er es üblicherweise mit den attraktiven jungen Damen in seiner Show tat. Besonders fesselnd war die Tatsache, daß der Mann, der Miß Piggys Stimme erzeugte, genau neben ihm saß und sich verführerische Bemerkungen ausdachte, die Miß Piggy Michael Parkinson gegenüber machten sollte und auf die Parkinson entsprechend reagierte. Er reagierte also auf die Stimme dieses Mannes, die durch den Mund einer Puppe sprach, als ob sie wirklich eine bezaubernde Frau sei, die mit ihm plauderte. Er konnte in dieser Weise reagieren, weil die Wirkung der wirklichen Sache genügend ähnelte, um die ihr angemessene Reaktion hervorzurufen, während er zugleich wußte, daß es sich tatsächlich nur um eine Puppe handelte und die Stimme eigentlich einem Man gehörte. Dies erinnerte mich damals an jene Männer, die sich wie Frauen kleiden und sich Seeleuten zur Prostitution anbieten. Obwohl die Matrosen wissen, daß es Männer sind, lassen sie sich von ihnen mitnehmen. Reagieren sie homosexuell oder heterosexuell auf die Frauen, die sie vorgeblich zu sein scheinen? Tatsächlich geschieht beides. Sie gestehen sich zu, homosexuell zu sein, weil der Mann sich als Frau verkleidet hat, und es fällt ihnen leichter, mit einer Prostituierten zu gehen, weil»sie« in Wirklichkeit nur ein Mann ist, der wie eine solche gekleidet ist. Es erinnert an die Art von mehrdeutigen Bildern, die wir in Träumen produzieren.

Damit in Verbindung steht im Schauspiel die Darstellung einer Rolle, deren Handlungen dem entsprechen, was man selbst gern tun können möchte. Man ist in der Lage, es zu tun, weil die Rolle es erfordert, und obwohl man wirklich das Gefürchtete oder Mißbilligte tut, kann man verantwortungsbewußt argumentieren, daß man nur der Rolle gerecht zu werden sucht und daß der Autor, indem er die Rolle so schrieb, diktiert habe, daß man so verfahren solle. Eine geringfügige Abwandlung besteht bei einem jungen Mann, der einen anderen jungen Mann bittet, in eine Drogerie zu gehen, um ein Paket Kondome zu kaufen. Der zweite junge Mann ist dazu fähig, indem er dem Ladenbesitzer erklärt, daß er es in Wirklichkeit für einen anderen kauft. Ebenso ist es leichter, einen beleidigenden Brief einer Sekretärin zu diktieren als ihn selbst zu schreiben. Dies erinnert mich an eine Geschichte, die ich einmal über einen Medizinstudenten hörte, den ein kleiner Junge im Krankenhaus fragte, ob er alles auf Papier aufzuschreiben bereit sei, was der kleine Junge sagte. Die Sache begann als eine Art Scherz. Der Junge dachte sich alle möglichen obszönen Wörter aus und fand es sehr lustig, daß der Student gehorsam und willens war, alles niederzuschreiben. Nach und nach ging der Junge dazu über, ihn über verschiedene sexuelle Phantasien, über seine Eltern und später sogar über den Studenten selbst und eine Studentin, die ihn auch manchmal besuchte, schreiben zu lassen. Durch sein merkwürdiges Manöver, dem Studenten alles zu diktieren, konnte sich der Junge von seinen eigenen Äußerungen distanzieren, und weil der Student ja derjenige war, der alles zu Papier brachte, konnte er den Studenten eher beschuldigen als sich selbst. Gleichzeitig vermittelte der Student natürlich durch seine Zustimmung zur schriftlichen Niederlegung der Äußerungen des Jungen den Eindruck, daß es recht und billig sei, solche Dinge zu sagen und diese Phantasien zu haben.

Das Erzählen einer Geschichte oder das Schreiben einer Geschichte bzw. eines Gedichtes über jemanden, der in gleicher Weise empfindet wie man selbst, bietet eine andere Möglichkeit, kurz vor der eigenen völligen Kompromittierung halt zu machen. Durch eine geringfügige Veränderung des Charakters selbst oder seiner Handlungen wird die Verleugnung einer Identität mit dem Autor ermöglicht. Auf der anderen Seite gibt man einem mitfühlenden Leser recht genaue Hinweise auf die Verbindung zwischen der dargestellten und der eigenen Person. Ob man die wahre Identität des Charakters zu erkennen gibt, hängt von der Sicherheit ab, die der Rezipient ausstrahlt. Dies kommt der in der Kunsttherapie üblicherweise herrschenden Situation nahe, wobei in der Malerei ein weiteres Spektrum für Mehrdeutigkeiten vorgefunden wird, da man sich selbst als Tier oder gar als Gegenstand darstellen kann. Man kann darüber hinaus auch nur unklar zu erkennen geben, ob der Charakter auf dem Bild wirklich tut, was dort gemalt ist.

Entblößung und Selbstoffenbarung

Viele meiner Ausführungen laufen auf die einfache Frage hinaus: »Darf ich wagen, mein wahres Ich der Welt zu offenbaren?« Fritz Perls, der Begründer der

Gestalttherapie, schrieb: »Übernimm für jeden deiner Gedanken, jedes deiner Gefühle und für jede Handlung die Verantwortung« (Perls 1978). Diese Forderung ist zwar nicht leicht zu erfüllen, sie stellt aber eines der Hauptziele der Form von Kunsttherapie dar, die ich im folgenden beschreiben werde. Meine Beschäftigung mit Nacktheit beruht teilweise auf der Tatsache, daß sie eine Form der Selbstoffenbarung ist. Ich möchte behaupten, daß die widersprüchlichen Gefühle vieler Leute über Nacktheit mit der Überzeugung zusammenhängen, daß ihre verschiedenen körperlichen Mängel stellvertretend für die Unvollkommenheit ihrer Persönlichkeit stünden. Übungen in Formen der körperlichen Selbstdarstellung können daher die subtilere Enthüllung von Motiven und Vorlieben erleichtern. Wie ich bereits oben ausführte, ist wohl klar, daß ein Aktgemälde oder ein Aktphoto nicht mit einer tatsächlich nackten Person gleichzusetzen ist. Es erscheint mir verblüffend, daß das Modell eines Malers oder eines Photographen üblicherweise einen finanziellen Vertrag darüber schließt, daß es sich in der Abgeschiedenheit des Ateliers nackt zeigt. Danach werden Tausende von Reproduktionen des Gemäldes oder der Photographie in der ganzen Welt verbreitet, aber obwohl diese Reproduktionen dem Betrachter mit beträchtlicher Genauigkeit enthüllen, was der Künstler oder der Photograph sah, bleibt er ganz allein derjenige, der das Modell mit entblößtem Körper gesehen hat. Auch wenn die Reproduktionen für sich stimulierend wirken, sind sie nichts als farbige Leinwand oder Photopapier. Ein wenig intimer war meine Erfahrung mit einer Patientin, als sie mir einige Aktphotos von sich selbst zeigte, die ihr Freund mit seiner neuen Instamatic von ihr aufgenommen hatte. Bei einem Workshop sind die Teilnehmer normalerweise willens, authentische Aktzeichnungen von sich anzufertigen und sie einander zu zeigen, obwohl sie es weit schwieriger finden, sich zu entkleiden. Tatsächlich erweisen sich solche Zeichnungen insofern als nützlich, als sie in gewisser Weise das Gefühl des Entblößens vermitteln und die entsprechende Person auch dazu befähigen, ganz persönliche Aussagen über ihren Körper zu machen.

Eine Alternative zur völligen Entblößung des eigenen Körpers besteht in der Enthüllung von Körperteilen, und wenn dies in ernsthafter Weise geschieht, können starke Emotionen hervorgerufen werden. Eine Übung, bei der jeweils zwei Personen gegenseitig ihre Hände erforschen oder bei der eine Gruppe im Kreis sitzt, wobei reihum die Füße verglichen werden, kann der völligen Entblößung nahekommen, weil die Hand oder der Fuß zum Ersatz für den ganzen Körper wird. Weil wir den größten Teil unseres Körpers meistens bedeckt halten, steht das Gesicht stellvertretend für den ganzen Körper und unsere emotionalen Reaktionen auf Teile des Gesichtes sind Reaktionen, die den verhüllten Körperteilen angemessen wären.

Praktische Anwendung

Kunst oder Kunsttherapie?

Aus meinen vorhergehenden Ausführungen kann geschlossen werden, daß das Kunstwerk einen Kompromiß zwischen verschiedenen miteinander in Konflikt stehenden Bedürfnissen darstellt: die Botschaft im Gegensatz zum Medium, das Chaos im Gegensatz zur Harmonie und, was vielleicht von größter Wichtigkeit ist, Freizügigkeit im Gegensatz zu Wohlverhalten. Es gibt Vorstellungen, die danach drängen, ausgedrückt zu werden; gleichzeitig bestehen Beschränkungen, die das Ausmaß begrenzen, in dem sie deutlich gemacht werden können. Freud (1973) benutzte den Ausdruck »sekundäre Verarbeitung« zur Beschreibung des Zusammenlaufens der einzelnen Bestandteile der Komposition zur Schaffung einer äußerung Gestalt voller Logik und Kohärenz (er führte dies hauptsächlich im Zusammenhang mit dem Phänomen Traum aus, aber es gilt in gleicher Weise für das Kunstwerk). Dieser Tatbestand steht wiederum in Verbindung mit dem, was der Psychoanalytiker Herman Nunberg als synthetische Funktion des Ich bezeichnet, vor allem in bezug auf unser Bedürfnis, unsere Ideen in geordnete und sinnvolle Schemata einzuordnen (Nunberg 1931). Dies ist das Ziel, auf das der Künstler hinarbeitet und an dem er anhalten möchte. Es ist seine hübsch verpackte Creation, das Ausmaß, in dem er sich im Augenblick der Fertigstellung zu offenbaren bereit ist. Viele Künstler drücken die Überzeugung aus, daß ein Kunstwerk für sich selbst spreche und daß der Vorschlag eines versteckten psychologischen Gehaltes, dessen der Künstler sich vielleicht nicht bewußt werde, der isoliert und hervorgehoben werden könne, auf Ketzerei hinauslaufe. Andere Künstler erkennen zwar die Möglichkeit eines versteckten psychologischen Gehaltes an, aber sie weigern sich hartnäckig, sich auf die Suche nach ihm zu begeben, denn sie befürchten, daß sie im Falle der Aufdeckung der Quelle ihrer Inspiration ihre Empfindungsfähigkeit verlieren könnten und der Bann gebrochen werden könne.

Andere wiederum vertreten die Ansicht, daß es ausreiche, ästhetische Aussagen zu machen, um den Konflikt zu lösen, der zu dieser Aussage führte. Sie sprechen vom therapeutischen Wert der Kunst und glauben, daß die Patienten mit Hilfe der Malerei ohne den Beistand des Therapeuten ihre Gesundheit zurückgewinnen könnten. Ich glaube, daß verschiedene Formen ästhetischen Strebens zwar für sich selbst befriedigend sind, aber Emotionen und Konflikte nicht nahe genug an die Oberfläche bringen; und wenn sie doch zum Vorschein gelangen, halten wir sie nicht lange genug fest, um mit ihnen arbeiten zu können.

Die Arbeit des Kunsttherapeuten besteht unter anderem darin, sich in das Bild hineinzuversetzen und die hübsche und elegante Aussage der ästhetischen Creation zu entwirren, den falschen Glanz von Ordentlichkeit abzubauen und zu dem zugrundeliegenden Tumult zurückzukehren, der in ihm herrschte, bevor es ordentlich aufgeräumt und annehmbar hergerichtet wurde. Ich bestreite nicht die Notwendigkeit, diesen Entwirrungsprozeß mit größter Sorgfalt und größtem Wohlwollen durchzuführen; denn das Kunstwerk wurde in erster Linie in der Absicht so zusammengestellt, um eine Anzahl von miteinander in Konflikt stehenden Themen in Übereinstimmung zu bringen, indem sie im Endprodukt genialerweise miteinander verkettet wurden. Es kann nicht deutlich genug betont werden, daß Therapeuten im Normalfall sich nicht mit dem Werk professioneller Künstler auseinandersetzen und sie würden sich natürlich auch nicht allzu beliebt machen, wenn sie sich mit den von ihnen erwogenen Analysen hervortun wollten. Die in der Kunsttherapie geschaffenen Bilder werden im vollen Einverständnis mit ihrem Schöpfer hergestellt, um in dieser Weise psychologisch entblößt zu werden, wodurch auch die Art und Weise ihres Aufbaus berührt wird. Sie sind normalerweise ziemlich grob, nicht besonders schön und enthalten recht offensichtliche Hinweise, die der Therapeut aufnehmen kann. Sehr oft wird auch etwas in Schriftform auf das Bild gebracht, wodurch vielleicht angedeutet werden soll, daß der Schöpfer des Bildes willens ist, den Inhalt des Bildes auf verbaler Ebene analysiert zu sehen.

Das Spektrum der Kunsttherapie

An dieser Stelle erscheint es angemessen zu sein, die besonderen Merkmale der Kunsttherapie und die Möglichkeiten ihres Beitrags zum psychotherapeutischen Ablauf aufzuführen.

1. Anders als Träume können kunsttherapeutische Creationen in konkreter Form für jedermann sichtbar dargestellt werden. Die Wahl der benutzten Farben und Materialien ist manchmal bezeichnend. Es geht nicht nur darum, was gezeichnet wurde, sondern auch, wie es dargestellt wurde und in welcher Weise über das vorliegende Bild gesprochen wird. Wenn das Bild einmal entstanden ist, stellt es wie ein Photo eine permanente Aufzeichnung über die seelische Verfassung des Klienten, der persönlichen Auslegung seiner Lebenslage und der zur Zeit der Entstehung des Bildes für ihn wichtigen Menschen dar. Man kann sich Minuten, Wochen, Monate oder Jahre später wieder auf das Bild beziehen und es in Verbindung mit späteren Bildern betrachten. Eine Folge von Bildern kann oft auf graphische

Weise Veränderungen in der Haltung oder in den Beziehungen zu anderen enthüllen.

2. Es ist grundsätzlich zu berücksichtigen, daß Bilder für eine bestimmte Person oder Zielgruppe hergestellt werden. In dieser Hinsicht verweisen sie auf die Beziehung zwischen dem Klienten und der Person oder der Personengruppe, für die sie gemalt werden. Dieser Aspekt sollte immer berücksichtigt werden, und kein Bild sollte ohne Wissen oder Zustimmung des Klienten anderen Leuten gezeigt werden. Obwohl sich – genau genommen – die in Krankenhäusern gemalten Bilder im Besitz der Klinik befinden, so müssen sie doch aus psychotherapeutischer Sicht strenggenommen als sehr persönliches Eigentum ihres Schöpfers angesehen werden. Ihm allein gebührt das Entscheidungsrecht über die Erhaltung oder die Vernichtung seiner Werke. Sein Mut zur Anfertigung dieser Bilder kann sogar in erster Linie aus dem Wissen geboren sein, daß sie anschließend vernichtet werden könnten. Die Zerstörbarkeit und die daraus ableitbare Vergänglichkeit der kunsttherapeutischen Creationen stellt ein wesentliches Merkmal dar; denn manchmal kann die tatsächliche Vernichtung ein positiver Baustein der Therapie sein. Wenn ein Bild vernichtet wird, scheint es in gewissem Sinne auch nie existiert zu haben. Wenn ein Bild andererseits je existiert hat, so wird die in ihm verkörperte Aussage irgendwo im Gedächtnis des Klienten seine Spuren hinterlassen, und nichts wird wieder genauso sein wie zuvor.

3. Die Kunsttherapie gestattet zumindest in der Phantasie die Neuschaffung von Vergangenem oder Vergessenem. Sie befähigt das Individuum dazu, eine abgebrochene Beziehung wieder aufzunehmen und mit jemandem eine Verbindung aufzubauen, mit dem es nicht mehr in Kontakt steht. Es kann eine beunruhigende Szene, etwa einen schweren Unfall oder einen Moment der Bestürzung rekonstruieren. Es kann ein Bild einer verstorbenen Person zeichnen und dieser Person mitteilen, daß es nie dazu gekommen sei, bestimmte Dinge zu sagen oder zurückzunehmen, die es bedauert. Man kann sich selbst als jüngeren Menschen darstellen oder eine frühere Familienszene neu schaffen. Eine besonders wirkungsvolle Strategie kann darin bestehen, während des Malens zu sprechen und zwar in der ersten Person Singular und im Präsens und dabei Worte und einen Tonfall zu verwenden, der dem während des Malens angenommenen Lebensalter entspricht. Der Klient kann dazu ermutigt werden, Zeiten frühen sexuellen Experimentierens darzustellen, besonders aber schöne Augenblicke oder aber Erfahrungen, bei denen er sexuelle Qualen durchlitt. Mit der Darstellung dieser vergangenen Szenen kehrt die damit verknüpfte Emotion zurück und mit dem Ausdruck jener

Gefühle kann die Befreiung von einer gegenwärtigen Hemmung einhergehen.

4. Die Kunsttherapie kann den Klienten in die Lage versetzen, ohne jeden Anschein von Verunsicherung in bildhafter Form darzustellen, was er als furchterregend empfindet, zum Beispiel einen Aufenthalt in einem geschlossenen Raum, den Umgang mit Schlangen oder eine Ansprache vor einem Publikum. Es kann sprechen, als ob er sich tatsächlich in diesen Situationen befände und die Furcht vor solchen Situationen schrittweise abbauen, indem dieselben auf bildhafte Weise erneut durchgespielt werden. Wenn man zum Aussprechen oder Ausrufen bestimmter Wörter oder Redewendungen hinführen will, ist es ebensogut möglich, Buchstaben mit zunehmender Größe und in zunehmend helleren Farben zu schreiben.

5. Die Kunsttherapie gestattet zumindest in der Phantasie, in tabuisierten oder verbotenen Handlungen zu schwelgen, etwa eine unerreichbare Person zu umarmen oder körperlich zu lieben, sexuelle Beziehungen zu Eltern oder Geschwistern zu unterhalten, ein homosexuelles oder im Falle vorliegender Homosexualität ein heterosexuelles Verhältnis zu unterhalten, übertrieben grausam oder sadistisch zu sein, Gebäude in Brand zu stecken, wertvolle Gegenstände zu zerstören oder sich unverschämt zu benehmen. Diese Verhaltensweisen können verborgene oder verdrängte Motive darstellen, deren partieller Ausdruck ihre vollständigere Einbettung in die Persönlichkeit gestattet. Wenn man die weniger akzeptablen Aspekte seines Charakters anerkennt und sich eingesteht, so muß man weniger Energie für die Verneinung ihrer Existenz aufwenden.

6. Damit steht die Möglichkeit in Verbindung, sich auf Papier gefahrlos irrational und offen psychotisch zu geben. Es ist durchaus erlaubt, sich ganz und gar lächerlich zu machen, zu infantilem Verhalten zurückzukehren, Unsinn zu reden, ein vollkommenes Durcheinander zu schaffen und seiner Phantasie freien Lauf zu lassen. Man könnte eventuell argumentieren, daß solche Ausbrüche im Medium der Kunst das Individuum gesund erhalten. Unglücklicherweise gibt es immer noch Leute, die die in kunsttherapeutischen Sitzungen gemalten Bilder als Hilfen zur Diagnose benutzen; und wer so vorgeht, ist womöglich nicht für die These aufgeschlossen, daß verrückte Bilder nicht notwendigerweise von verrückten Patienten gemalt werden.

7. Viele der in der Kunsttherapie ausgedrückten Aspekte lassen sich unter der Überschrift der Metapher zusammenfassen. Eine Versuchsperson kann ihre Situation bildlich darstellen, indem ihr zum Beispiel schwere Gewichte vom Nacken hängen, indem sie sich als von einer Glaskuppel bedeckt darstellt, wie ein Korken auf hoher See schlingert, sich als unbedeutenden

Flecken in einer leeren Landschaft sieht, von verschlossenen Türen umgeben ist oder wie ein Schmetterling über allem Geschehen flattert. Sie kann sich selbst durchsichtig malen oder auch als buchstablich vereinigt mit einer Person, der sie sich eng verbunden fühlt.

8. Schließlich können die Bilder nicht nur auf Geschehnisse in Gegenwart und Vergangenheit anspielen, sondern auch auf Situationen, die möglicherweise eintreten könnten, wie ein drohendes Unglück oder ein erfolgreiches Ergebnis oder was die Versuchsperson gern wäre, z.B. verheiratet mit Kindern, anderen Geschlechts, größer, schlanker, stärker oder berühmt.

Kunsttherapie und die kathartische Methode

Aufgrund der Ähnlichkeit zwischen ästhetischen Schöpfungen und Träumen paßte die Kunsttherapie traditionell sowohl mit der analytischen Psychologie als auch mit der Psychoanalyse Freuds zusammen, denn sowohl Jung als auch Freud haben eine Menge über den Charakter und die Interpretation von Träumen geschrieben. Ich möchte diese Ansätze zwar in keiner Weise abwerten, glaube aber, daß die Kunsttherapie mit der Einführung der »Handlungstherapie« neue Lebenskraft erhalten hat. Ihre Anfänge finden sich in den Schriften von Wilhelm Reich, einem Zeitgenossen Freuds, der die Bedeutung der Katharsis stark hervorhob, dabei insbesondere die dramatische Freisetzung starker Emotionen (Reich 1976). Interessanterweise zeigten Breuer und Freud in ihrem gemeinsamen Werk *Studien über Hysterie*, das erstmalig 1895 veröffentlicht wurde, die Wirksamkeit der Katharsis bei der Behandlung von Frauen mit verschiedenen Formen hysterischen Leidens (Breuer und Freud 1973). In der Folge bezog Freud sich jedoch selten auf diesen Ansatz, sondern bevorzugte stattdessen die längerfristige und weniger dramatische Zusammenstellung bedeutender Ereignisse in der Lebensgeschichte des Patienten.

Die Gestalttherapie ist heute diejenige, die von allen neuen Therapien am meisten entwickelt ist. Fritz Perls, dessen Name in einem Atemzug mit dieser Therapieform genannt wird, schlug eine neue Art der Betrachtung und Diskussion von Träumen vor; dieser Zugang kann problemlos auf die in der Kunsttherapie geschaffenen Bilder angewandt werden (Perls 1976). Er besagt, daß jeder Charakter und jeder Gegenstand, der in einem Traum auftritt, im wesentlichen Teil des Träumenden selbst ist. Er sollte daher in der Lage sein, sich diese verschiedenen Facetten seiner selbst einzugestehen und frei über sie zu sprechen. Wenn er zum Beispiel von einem schnellen Wagen mit einem starken Motor spricht, so sollte er in der Lage sein, sich in den Wagen hineinzuversetzen und zu sagen, was in ihm vorgeht. Dieses Prinzip ist ebenso auf die Charaktere und Gegenstände anwendbar, die in der Kunsttherapie gezeichnet werden.

Die kathartischen Therapien umfassen neben der Gestalttherapie die Urschreitherapie von Arthur Janov (1974), die neue Identitätstherapie von Daniel Casriel (1971) und die Bioenergetik nach Alexander Lowen (1980). Das Hauptziel dieser Richtungen besteht in der Befähigung der Klienten, Kontakt mit unterdrückten Emotionen aufzunehmen und ihnen Luft zu verschaffen. Dies kann erreicht werden, indem erregende Gefühle fortgeführt werden und der Versuch unternommen wird, näher mit ihnen in Verbindung zu treten. In der Bioenergetik kann eine körperliche Geste derartige Erregungen darstellen, und in diesem Falle kann das Individuum dazu ermutigt werden, die Geste zu übertreiben und sie immer wieder zu wiederholen. In der Urschreitherapie wird der Klient mittels Babysprache, durch Rufe und Schreie dazu gedrängt, seine innersten Gefühle seinen Eltern gegenüber offenzulegen. In der neuen Identitätstherapie schlägt der Therapeut eine besondere Redewendung vor, in der ein bestimmtes Gefühl verkapselt zu sein scheint, und er bittet den Klienten, sie versuchsweise auszusprechen und zu wiederholen. Wenn der Gebrauch dieser Redewendung einer Erleichterung der Gefühle nahekommt, aber nicht ganz zu ihr hinführt, so kann eine etwas andere Redewendung oder eine andere Betonung vorgeschlagen werden. Wenn in der Gestalttherapie ein bestimmtes Wort oder eine bestimmte Redewendung mit einem Zittern der Stimme oder mit auffälliger Unruhe einhergeht, so wird der Klient dazu ermutigt, dieses Gefühl aufrechtzuerhalten und wird gebeten, dieselbe Redewendung mehrfach zu wiederholen, sie lauter und betonter auszusprechen. Dadurch wird häufig fortlaufend mehr Emotion zum Ausdruck gebracht oder es wird der Boden für neue, eindringlichere Bemerkungen bereitet, die dem Sprechenden spontan in den Sinn kommen. Manchmal arten die Worte durch den Druck aufkeimender Gefühle zu bloßen Lauten aus und der Klient beginnt bitterlich zu weinen.

Diese Methoden können höchst wirksam auf die Kunsttherapie übertragen werden. In Übereinstimmung mit Perls' Prinzipien der Traumanalyse kann man die Klienten bitten, die Rolle eines der im Bild dargestellten Charaktere oder Gegenstände zu übernehmen und zu formulieren, welche Gefühle diesen Charakter oder Gegenstand bewegen könnten. Üblicher ist die Alternative, den Vorschlag zu unterbreiten, einen der Charaktere oder Gegenstände anzusprechen. Dieses Vorgehen steht im Einklag mit der zuvor gemachten Aussage, daß das Bild einer Person oder eines Gegenstandes nicht mit dieser Person oder diesem Gegenstand identisch ist, obwohl es einige für sie charakteristische Merkmale trägt. Der Klient kann eine Zeichnung der Mutter anschreien oder beschuldigen, wohingegen es schwierig erscheinen mag, dies von Angesicht zu Angesicht zu tun. Wie bei körperlichen Gesten oder bei Worten kann hier ein besonders relevantes Merkmal des Bildes erneut gezeichnet werden, nur größer und auffallender. Die betreffende Person kann dann noch einmal versuchen, die entsprechende Rolle zu übernehmen oder das Objekt anzusprechen.

Die bildhafte und die verbale Darstellung in der Kunsttherapie

Die kunstorientierten Therapeuten sind oft im Hinblick auf das Ausmaß, in dem die Therapie auf der bildhaften Ebene verbleiben soll, anderer Meinung als die Psychotherapeuten, die die Kunst lediglich für ihre Zwecke benutzen. Da ich die Überzeugung vertrete, daß die ästhetische Aussage in genau derselben Weise dazu geeignet ist, innere Konflikte sichtbar werden zu lassen, sehe ich meine Rolle als Therapeut darin, dem Klienten in dem Bemühen, diese Konflikte näher an die Oberfläche zu bringen, Beistand zu leisten. Ein wichtiges Moment der Gestalttherapie besteht in der Ermunterung des Klienten, Risiken auf sich zu nehmen, beispielsweise den Mut aufzubringen, seinem Nachbarn etwas Persönliches oder Unangenehmes ins Ohr zu flüstern. In ähnlicher Form sollte in der Kunsttherapie dazu ermuntert werden, auf bildhafter Ebene Risiken einzugehen. Ein geringfügiger Hinweis auf Mordabsichten könnte nachfolgend auf einem Bild in eine wilde, mörderische Handlung übertragen werden.

Ich pflege das Bild zum Schwerpunkt der Therapie zu machen, was im wesentlichen heißt, daß ein Gespräch über das Bild selbst und zum bildlichen Gehalt geführt wird. Im Verlauf dieses Prozesses können neue Bilder vorgeschlagen werden, die den Schwerpunkt noch konzentrierter verdeutlichen. Es werden dann jedoch nur kurze Skizzen zu Papier gebracht, um den Redefluß oder den Aufbau emotionaler Spannung nicht zu unterbrechen. Die therapeutische Wirkung wird primär durch die Freisetzung relevanter Emotionen und die während des Sprechens gewonnenen Einsichten erreicht. In der Tat wird ein Fortschritt erzielt, wenn man in der Lage ist, in Worten auszudrücken, was zunächst nur bildlich dargestellt ist. Es ist auch möglich, einen Schritt weiterzugehen und Worte in Handlung zu übertragen. So kann eine Person, die zunächst eine mörderische Szene gezeichnet hat, und dann im nächsten Schritt Mordgefühle in Worten ausgedrückt hat, dazu überredet werden, diese Gefühle leidenschaftlich zu inszenieren, indem sie auf ein Kissen einhämmert.

So kann die Kunsttherapie unmerklich in Psychodrama übergehen. Zum Beispiel kann ein Mann die Gesichter seiner Familienmitglieder zeichnen, sie mit Gummibändern versehen und sie den Köpfen ausgewählter Mitglieder einer Therapiegruppe überstreifen. Er kann seine Bemerkungen dann wörtlich sie richten und sie können angemessen auf ihn reagieren, sofern sie ausreichend über seine Lebenssituation informiert sind. Andererseits kann er selbst oder ein anderes Gruppenmitglied sein eigenes Gesicht zeichnen, daraus eine Maske machen und dann die Maske mit einem anderen Familienmitglied tauschen. Auf diese Weise kann er ein Gefühl dafür entwickeln, wie es wäre, diese Person zu sein und von der anderen Person angesprochen zu werden, die seine Maske trägt. Der letzte Schritt besteht natürlich in der Rückkehr zu seiner wirklichen Familie und der Umsetzung der in der Dramagruppe geprobten Verhaltensweisen in Handlung.

Überlegungen zur Übertragung

Bisher habe ich wenig über die Rolle des Therapeuten in der Kunsttherapie oder über die Phänomene der Übertragung und Rückübertragung gesprochen, die sich unvermeidlich entwickeln. Weil die Kunsttherapie damit befaßt ist, unbewußte oder nur teilweise bewußte Emotionen näher an die Oberfläche zu bringen und Mut zu entwickeln, offener zu sich selbst zu stehen, ist das Über-Ich, das sich u. a. aus der Kontrolle durch die Eltern ableitet, allgegenwärtig und deutlich sichtbar und muß zur Kenntnis genommen werden. Wie im Falle des Medizinstudenten und des kleinen Jungen besteht eine zentrale Funktion des Therapeuten in der Rolle eines großzügigeren Elternteils, das den Patienten darin bestärkt, daß es rechtens sei, Bemerkungen zu verbotenen Themen zu machen und verbotenen Gefühlen Ausdruck zu verleihen. Er muß daher den Patienten davon überzeugen, daß er weiß, was er tut und daß es richtig ist, ihm Vertrauen zu schenken. Gleichzeitig muß sich der Therapeut seiner großen Verantwortung bewußt sein und muß es sich allein aus diesem Grunde zur Aufgabe machen, so viel wie möglich über sein Handwerk in Erfahrung zu bringen. Darüber hinaus muß er eine äußerst stabile Persönlichkeit haben, sich seiner eigenen emotionalen Probleme bewußt und so gewiß sein, daß seine Motive ehrenhafter Natur sind.

Da sich der Therapeut in seiner Ermunterung des Patienten zu mehr Offenheit in einen Gegensatz zu den Eltern stellt, setzt er sich großer Feindseligkeit und kritischem Tadel aus, die er verkraften können muß. Es klingt vielleicht paradox, daß der Patient ihm oft die Rolle eines Elternteils zuweist. Er muß dann zu würdigen wissen, daß viele der starken positiven und negativen Gefühle, die ihm entgegengebracht werden, in Wahrheit gar nicht ihm gelten. Gleichzeitig muß er sich dessen bewußt sein, daß einige während der Therapie aufgeworfenen Themen Emotionen in ihm auslösen, die mit seinen eigenen familiären Beziehungen im Zusammenhang stehen.

Abschließende Bemerkungen

Anders als viele andere Kapitel in diesem Buch enthält dieser Aufsatz viel Theorie, aber weder Fallstudien noch präzise Richtlinien für die Praxis. Die beste Möglichkeit zum Methodenerwerb besteht in der Teilnahme an einem Workshop; Brown (1980) berichtet über ihre Erfahrungen in einem von mir durchgeführten Workshop. Meine primäre Intention bei der Abfassung dieses Kapitels bestand in der Rechtfertigung meines Ansatzes im Sinne meiner Ansichten über Kunst. Ich hoffe, den Eindruck vermittelt zu haben, daß ich keine Rivalität zwischen der Psychoanalyse und den kathartischen Therapien sehe: diese haben sich aus der klassischen Psychoanalyse entwickelt und die Kunsttherapie kann sich gewinnbringend auf beide beziehen.

Literatur

Berlyne, D. E. (1974) *Konflikt, Erregung, Neugier: Zur Psychologie der kognitiven Motivation.* Stuttgart: Klett.

Birtchnell, J. (1959) Art as I see it. *Jabberwork* (Journal of Edinburgh University Renaissance Society): 45−8.

− (1977) Alternative Concepts in Art Therapy (I). *Inscape* **I** (15): 11−14.

− (1979) Catharsis. *Inscape* **3** (I): 3−6.

− (1981) Is Art Therapeutic? *Inscape* **5** (I): 15−17.

Breuer, J. und Freud, S. (1973) *Studien über Hysterie.* (1895) Frankfurt/M.: Fischer TB.

Brown, S. (1980) John Birtchnell: Art Therapy as Essentially a Form of Psychotherapy. *Inscape* **4** (2): 21−2.

Casriel, D. H. (1971) The Daytop Story and the Casriel Method. In L. Blank, G. B. Gottsgen und M. G. Gottsgen (Hg.) *Confrontation: Encounters in Self and Interpersonal Awareness.* London: Collier Macmillan.

Freud, S. (1973) *Die Traumdeutung. Über den Traum* (1900) (=Gesammelte Werke, Band 2/3). Frankfurt/M.: S. Fischer.

Janov, A. (1974) *Der Urschrei: Ein neuer Weg der Psychotherapie.* Frankfurt/M.: S. Fischer.

Lowen, A. (1980) *Der Verrat am Körper.* Bern: Scherz.

Nunberg, H. (1931) The Synthetic Function of the Ego. *International Journal of Psychoanalysis* **12**: 123−40.

Perls, F. (1976): *Grundlagen der Gestalt-Therapie: Einführung und Sitzungsprotokolle.* München: Pfeiffer.

− (1978) Esalen Catalogue (July-October). Big Sur, California: Esalen Institute. Platt, Lord Robert (1967) Medical Science: Master or Servant? *British Medical Journal* **4**: 439−44.

Reich, W. (1976) *Ausgewählte Schriften: Eine Einführung in die Orgonomie.* Köln: Kipenheuer & Witsch.

Wardle, M. (1979) Music Therapy and the Therapist. *Inscape* **3** (I): 26−31.

4

Alternative Modelle zur Beschreibung der Entwicklung der zeichnerischen Tätigkeit bei Kindern. Einige Implikationen für die Kunsttherapie

J. K. Dubowski

Etwa im Alter von 18 Monaten beginnt ein Kind zu malen. Die zeichnerische Aktivität ist zu dieser Zeit spontan. Wenn das Kind Buntstifte und Papier oder andere geeignete Materialien erhält, so wird es zu malen beginnen. Anderenfalls wird es seine Finger über eine beschlagene Scheibe, den staubigen Fußboden oder über die Erde bewegen. Diese Fähigkeit und dieser Eifer, Zeichen zu produzieren, scheint angeboren zu sein.

Seit dem Ende des letzten Jahrhunderts besteht Interesse an der Erforschung frühkindlicher Kunst. Eine der frühesten Darstellungen stammt von Herman Lukens, der die Entwicklung chronologisch beschrieb (Lukens 1896). Andere Autoren folgten ihm. Eine vollständige Darstellung der bis zum heutigen Tag erschienenen Literatur sprengt den Rahmen dieser hier vorliegenden Studie. Tabelle 4.1 zeigt in einer historischen Perspektive, wie diese Theorien zur Kunst im Kindesalter zueinander stehen.

Dieser Aufsatz befaßt sich schwerpunktmäßig mit dem ersten Teil der Tabelle. Die meisten der in Tabelle 4.1 aufgelisteten Autoren beziehen sich unter der Bezeichnung »Kritzelstadium« auf diese Entwicklungsstufe. Ich werde mich darauf als »vorgegenständliches« Stadium beziehen, da es sich um diejenige Stufe der gestalterischen Entwicklung handelt, die der Fähigkeit des Kindes vorausgeht, in seiner Zeichnung einen für ein Publikum klar erkennbaren Gegenstand darzustellen.

Im Alter von etwa achtzehn Monaten beginnt das Kind also, Interesse an zeichnerischer Aktivität zu zeigen. Zu diesem frühen Zeitpunkt wird das Zeichnen des Kindes als lokomotorisches Kritzeln beschrieben, da das Individiuum

Tab. 4.1 *Künstlerische Entwicklung des normalen Kindes (von 18 Monaten bis zu 12 Jahren)*

Autoren	Alter des Kindes											
	1	2	3	4	5	6	7	8	9	10	11	12
Lukens, H. (1896)		Kritzeln			das goldene Alter (Kind vermischt Bild und Geschichte)				die kritische Phase (die Beurteilung des Kindes hinsichtlich seiner künstlerischen Fähigkeiten läßt seine Bemühungen stocken)			
Verworn, M. (1907)		unbewußt physioplastisches Stadium (Kritzeln)				unbewußt ideoplastisches Stadium (Symbolismus zum Ausdruck von Ideen)				bewußt ideoplastisch versus physioplastisch		
Burt, C. (1921)		Kritzeln			Linien — deskriptiver Symbolismus		Realismus		visueller Realismus — Verdrängung			
Lowenfeld, V. (1960)		Kritzeln — ungeordnetes Zwischenstadium, fehlende motorische Kontrolle		longitudinales Zwischenstadium, visuelle motorische Kontrolle — periodisches Zwischenst.	vorschematisch		schematisch		beginnender Realismus		Pseudorealismus	
Piaget, J. (1969)		sensomotorische Phase — voroperationale Phase			Phase des intuitiven Denkens		Phase der konkreten Operationen				Phase der formalen Operationen (im Alter zwischen 11 und 15 Jahren)	

Phase des vorgegenständlichen Zeichnens (18 Monate – 4 Jahre) noch keine Koordination zwischen Händen und Augen ausgebildet hat, die eine Kontrolle über die Form der Zeichen gestatten, die es zustande bringen kann. Mit der fortschreitenden Entwicklung gewinnen die Zeichen an Komplexität, bis die meisten Kinder im Alter von vier Jahren in der Lage sind, eine einfache Darstellung der menschlichen Gestalt zu zeichnen. Die primitivste Form des Figurenzeichnens ist eine einfache Darstellung aus einem Kreis für den Kopf, manchmal mit Strichen, die Gesichtszüge wiedergeben sollen, und zwei vertikalen Linien unter dem Kreis, die die Beine darstellen sollen. Eine solche Figur wird üblicherweise als »Froschmännchen« bezeichnet. Viele Untersuchungen zur gestalterischen Entwicklung von Kindern sind Versuche zur Beschreibung des Vorganges, der die Kinder in die Lage versetzt, darstellendes Zeichnen zu verwirklichen.

Ich habe das Zeichnen im frühen Kindesalter als spontane Betätigung beschrieben. Dies trifft sicherlich im Falle des eifrigen, achtzehn Monate alten Kindes zu, das sich gerade auf den zu künstlerischer Aktivität führenden Weg in seiner Entwicklung begeben hat. Vor dem spontanen Beginn dieser Tätigkeit kann das Kind durch Schmeicheleien dazu bewegt werden, eine Zeichnung zu machen. Die Aktivität ist zu dieser Zeit gewöhnlich unaufmerksam und von unkoordinierten Bewegungen der Glieder gekennzeichnet. Es besteht keine motorische Kontrolle und das Kind zeigt sehr wenig Interesse an der Betätigung. Das Kind muß ein gewisses Ausmaß an Koordination zwischen Händen und Augen entwickelt haben, bevor das Zeichnen zu einer spontanen Aktivität werden kann.

Bei meiner Arbeit als Kunsttherapeut mit geistig Behinderten werde ich oft gebeten, die zeichnerische Entwicklung von Patienten zu beurteilen. Einmal sah ich eine Gruppe von Kindern auf einer Station für schwere Fälle von Mongolismus. Ein Kind von fünfzehn Monaten, das unter dem Down-Syndrom litt, war zu der Zeit zur vorübergehenden Betreuung in der Abteilung. Das Kind war in einem Bettchen mit hohen Seitenteilen aufrecht hingesetzt worden. Ich legte ein Zeichenbrett mit einem Blatt Papier neben den Jungen und bot ihm einen Zeichenstift an. Er nahm ihn von mir entgegen, aber da er schlecht greifen konnte, ließ er den Stift auf das Blatt Papier fallen. Der Stift hinterließ einen Punkt auf dem Papier. Das Kind nahm den Stift sofort auf, untersuchte beide Enden, entschied sich für das Ende, mit dem man arbeiten konnte, und begann, Punkte auf das ganze Blatt Papier zu bringen. Das Kind verfügte über eine gute Koordinationsfähigkeit zwischen Händen und Augen, die mit Neugierde und Aufmerksamkeit einherging. Es hatte beobachtet, wie eine bestimmte Bewegung zu einer Markierung des Papiers geführt hatte, und war dazu in der Lage, solche Markierungen zu reproduzieren, indem es experimentierte.

Es dauert nicht sehr lange, bis ein Kind feststellt, daß verschiedene Bewegungen seiner Glieder verschiedene Formen von Zeichen erzeugen. Das Kind experimentiert mit dieser Erkenntnis und erweitert so sein Repertoire verschiedener

Zeichen. Die Betätigung entwickelt sich von einer einfachen lokomotorischen Aktivität hin zu einer Handlung, die unter der visuellen Kontrolle des Kindes durchgeführt wird. Wie man in Tabelle 4.1 sehen kann, durchläuft das Kind weitere, komplexere Stadien; Konzentration und Aufmerksamkeit nehmen zu, in ein und derselben Zeichnung werden mehrere Zeichenformen miteinander kombiniert. Es bilden sich komplexe Formen, das Kind beginnt wahrzunehmen, daß einige seiner Zeichnungen wirklichen Gegenständen ähneln – hier ist das Stadium erreicht, das Luquet »Zufallsrealismus« nannte: ein Kritzeln, dessen Bedeutung im Akt der Erzeugung entdeckt wird (Luquet 1929:29). Schließlich kombiniert das Kind Zeichen miteinander, um konkrete Darstellungen zu machen; die erste ist normalerweise das bereits erwähnte »Froschmännchen«; in der Folge gewinnen die Zeichnungen mit der Entwicklung der Fähigkeiten des Individuums zunehmend an Komplexität.

Piaget und Inhelder (1972) beschreiben diese Entwicklung als »semiotische Funktion«. Sie stellen die sensormotorische Phase wie folgt dar:

»Die senso-motorischen Mechanismen kennen noch keine Vorstellung, und Verhaltensweisen, die ein Verlangen nach einem nicht gegenwärtigen Gegenstand beinhalten, lassen sich nicht vor Ablauf des zweiten Lebensjahres beobachten. (...) Am Ende der senso-motorischen Periode, zwischen 1 1/2 und 2 Jahren, tritt eine für die Entwicklung der späten Verhaltensweisen grundlegende Funktion auf, nämlich, daß man etwas (irgend etwas ›Bezeichnetes‹: Gegenstand, Ereignis, Begriffsschema usw.) mit Hilfe eines differenzierten ›Zeichens‹, das nur gerade dieser Vorstellung dient, abbilden kann: Sprache, inneres Bild, symbolische Geste usw.« (Piaget und Inhelder 1972:61)

Piaget ordnet die Zeichnung in ein Schema von Entwicklungsstufen ein, die zur Ausbildung der semiotischen Funktion führen. Er placiert das Zeichen insbesondere zwischen die Stufe des »symbolischen« und des »inneren Bildes«. Piaget beschreibt das symbolische Spiel als Spiel der Vorstellung. Während der Phase des symbolischen Spiels, die sich gegen Ende des ersten Lebensjahres und vor dem Ende des zweiten Lebensjahres etwa gleichzeitig mit der beginnenden Fähigkeit des Zeichnens beim Kind einstellt, lernt das Kind Ereignisse in imitativer Gestik darzustellen, die zuweilen von Gegenständen begleitet wird, die in diesem Stadium nach und nach symbolische Funktionen übernehmen. Luquets erstes Stadium in der Entwicklung der zeichnerischen Fähigkeiten des Kindes, das auch seinen Zufallsrealismus umfaßt, ist in vielerlei Hinsicht als eine Form des »Spielens« mit dem Vorgang des Zeichnens anzusehen, da das Kind es sich nicht zur Aufgabe gemacht hat, irgend etwas Bestimmtes versuchsweise darzustellen.

Das Spiel wird zu einem bedeutenden Element; Piaget kategorisiert drei unterschiedliche Spielstadien:

1. Das »Übungs-Spiel«; es findet während der frühen sensomotorischen Entwicklungsstufe statt, umfaßt keinerlei symbolische Funktion, sondern besteht aus der Wiederholung einer Handlung mit dem Ziele der Aneignung und Beibehaltung. Danach wird dieses nunmehr zur Verfügung stehende Muster zum einfachen »funktionellen Vergnügen« angewandt. Die Freude ergibt sich aus der Fähigkeit, ein Ereignis zu verursachen, wobei sich die neu erlangte Fertigkeit bestätigt. Diese Beschreibung deckt sich wiederum mit dem häufig widerholten lokomotorischen Kritzeln.

2. Das symbolische Spiel; das bereits oben erwähnte Vorstellungsspiel.

3. Regel-Spiele; solche Spiele werden Piaget zufolge gesellschaftlich vermittelt.

Aus diesen drei Grundformen des Spiels ergibt sich ein vierter Typ, den man als Konstruktionsspiel bezeichnen kann. In dieser letzten Phase schafft das Individuum den Übergang vom Spiel zur Arbeit. Unter dieser Form des Spielens gruppiert Piaget auch die »intelligenten Schöpfungen«. Dieser Begriff steht im Einklang mit Burts Phase der künstlerischen Erneuerung, die auf das in Tabelle 4.1 dargestellte Stadium der Verdrängung folgt (Burt 1921). Piagets Spielphasen scheinen in idealer Weise mit der Entfaltung der zeichnerischen Fähigkeiten übereinzustimmen. Die Stadien beschreiben den Übergang vom primitiven Kritzeln einerseits zu komplexen Beziehungen zwischen verschiedenen Markierungsformen andererseits. Die dabei zu durchlaufende Entwicklung steht in Verbindung mit der Entwicklung vom vorgegenständlichen hin zum gegenständlichen Zeichnen oder zur semiotischen bzw. symbolischen Funktion.

Die bisher erwähnten Untersuchungen setzen ihren Schwerpunkt bei denjenigen Phasen, die auf das früheste gegenständliche Stadium folgen. In der Tat trifft dies auf fast alle Studien über kindliche Kunst zu. Die vorgegenständlichen Stufen werden nur insoweit beschrieben, als sie zum Prozeß der gegenständlichen Darstellung beitragen. Wenn die vorgegenständlichen Phasen erforscht wurden, so basierten die Untersuchungen eher auf fertiggestellten Zeichnungen als auf dem Markierungsverhalten, das zum Zeichnen führt. Eines der bemerkenswertesten Beispiele für diese wissenschaftliche Vorgehensweise findet sich in Kelloggs hervorragenden Untersuchungen zu den kindlichen Kritzeleien (Kellogg 1955 und 1970). Kellog sammelte mehr als 100.000 Zeichnungen und katalogisierte die Sammlung. Ihre Darstellung der in kindlichen Zeichnungen beobachtbaren Entwicklung scheint eher auf einer Studie der gesammelten Zeichnungen als auf einer Analyse des Malverhaltens, das zur Fertigstellung einer Zeichnung führt, zu basieren, wobei letzteres bei einer so hohen Anzahl von Zeichnungen sicher eine unlösbare Aufgabe wäre.

Als Kliniker ist der Kunsttherapeut in erster und vordringlicher Linie mit der Behandlung des Patienten befaßt. Die Art der Therapie erweckt die Vorstellung, daß eine Zeichnung, ein Bild oder eine andere Form von »Kunst« hergestellt wird. Das Kunstwerk selbst ist meiner Meinung nach dem Vorgang seiner Anfertigung nachgeordnet. Das vornehmliche Augenmerk des Therapeuten sollte sich auf den kreativen Prozeß richten. Bei kleinen Kindern kann das anfängliche Problem darin bestehen, dem Individuum bei der Erlernung von Fertigkeiten behilflich zu sein, die zur Erzeugung sinnvoller Ziele erforderlich sind – diese sollen aber in erster Linie für das Kind und nur in zweiter Linie für den Therapeuten sinnvoll sein. Ein Verständnis derjenigen Entwicklungsprozesse, die zu dieser Fertigkeit führen, ist von unschätzbarem Wert. Bisher habe ich diese Entwicklung beschrieben, indem ich einiges von der zur kindlichen Entwicklung vorliegenden Literatur hervorgehoben habe. Nachfolgend werde ich einige Implikationen dieses Entwicklungsprozesses diskutieren.

Wir haben gesehen, daß das Spiel entwicklungsmäßig vor der künstlerischen Betätigung liegt. Wie die frühen Phasen in der zeichnerischen Entwicklung stellt die lokomotorische Aktivität ein frühes Stadium des Spielens dar. Ein einfaches Beispiel dafür ist das Baby, das immer wieder seinen Arm bewegt, um ein Spielzeug zu berühren, das über seinem Bettchen hängt. Durch diese sich immer wieder bestätigende Erfahrung wird die Aktivität schließlich assimiliert und kann für andere Dinge verwendet werden. Es handelt sich hier jedoch um eine sehr primitive Form des Spiels, die sich im Säuglingsalter vollzieht. Worin besteht der Charakter des Spiels? Crook bietet folgende Definition an: »Das Spiel ist mehr oder weniger ziellos, es wird zum Vergnügen betrieben, ist relativ wenig ermüdend und wird gewöhnlich ichbezogen durchgeführt« (Crook 1980:317). Diese Aussage soll sowohl auf das Spiel des Kindes als auch des Erwachsenen anwendbar sein. Spielerische Betätigung findet ihr Ziel in sich selbst. Crook nennt sie »autotelisch«: »Autotelische Aktivitäten stellen Formen menschlichen Handelns dar, deren wesentliches Merkmal in völliger Inanspruchnahme unter Ausschluß introspektiver Selbstüberprüfung besteht« (Crook 1980:319).

Kramer vergleicht das Spiel von Mensch und Tier: »Tiere erzeugen typischerweise ein weites Verhaltensspektrum, das ihrer Gattung angemessen ist – sie beschränken sich dabei nicht auf Verhaltensweisen, die sie auch im Zusammenhang mit der Jagd und der Futtersuche an den Tag legen, sondern (…) zeigen das ganze Repertoire sozialen Signalisierens« (Kramer 1981:49–51). Die Bedeutung dieses letzten Punktes wird besonders hervorgehoben:

»Man sollte die Bedeutung des Spiels stärker der Tatsache zuschreiben, daß es dem Jungtier die Gelegenheit bietet, mit dem gesamten Verhaltensrepertoire seiner Gattung vertraut zu werden. (…)

Soziales Signalisieren kann ohne erste Folgen eingeübt werden. Ein schwaches Tier kann zum Beispiel drohende Gebärden vor den älteren Tieren machen, ohne unverzüglich für seine Unverschämtheit bestraft zu werden.« (Kramer 1981:49—51)

Dies trifft natürlich in gleicher Weise auf das menschliche Kind zu. Unglücklicherweise leiden viele Individuen, die in großen Einrichtungen betreut werden, unter Umgebungen, in denen nicht zu diesen Verhaltensformen ermutigt wird. Jeder Mensch verfügt prinzipiell über die Möglichkeit, neue Fähigkeiten, die sich sowohl auf manuelle Geschicklichkeit als auch auf das Sozialverhalten beziehen, auf spielerische Art und Weise zu erwerben. Die durch den spielerischen Umgang mit Markierungsformen durchlaufene Entwicklung hin zur zeichnerischen Darstellung stellt gleichzeitig die Entwicklung hin zu einer bedeutenden kommunikativen Fähigkeit dar.

Kirkland trifft folgende für unsere Fragestellung relevante Aussage: »Neugierde wird durch Aufmerksamkeit für Anomalien in der Umgebung ausgelöst. Das nachhaltige und andauernde Bemühen um die Befriedigung der Neugierde führt zur Entwicklung von problemlösenden Fertigkeiten; und schließlich wird diese Fertigkeit auf die Lösung anderer Probleme angewandt« (Kirkland 1979:31). Diese Aussage beschreibt einen Vorgang, der dem Beispiel des oben erwähnten Kindes ähnelt, das ein herabhängendes Spielzeug berührt: die so bewirkte Bewegung ist die Neugierde auslösende Umweltanomalie, die auf Bestätigung ausgerichtete Aktivität der wiederholten Berührung des Gegenstandes ist die Bemühung, die für die Befriedigung der Neugierde aufgewandt wird. Kramer hat gezeigt, daß soziale Fertigkeiten auf eben diese Weise gemeistert werden. Kann nun der so beschriebene Prozeßcharakter des Spieles auf die Entwicklung der zeichnerischen Fähigkeiten übertragen werden? Insbesondere in den vorgegenständlichen Phasen wiederholt ein malendes Kind oft immer wieder einen einzigen Markierungstyp auf derselben Zeichnung. Später spielt das Kind mit Kombinationen von Zeichen – zunächst sind nur zwei Markierungstypen auf derselben Zeichnung zu erkennen, später bilden sich drei oder mehr Muster heraus, mit denen weiter spielerisch experimentiert wird. Schließlich entwickeln sich spezifische Muster als bewußte Darstellungen.

Ich habe die Entwicklung vom Spielen zur Kunst ontogenetisch, also im Sinne der Entwicklung eines Individuums von Geburt an, beschrieben. Dissanayake hat eine entsprechende Beschreibung des Verhältnisses zwischen Spiel und Kunst im Sinne der Evolutionsentwicklung versucht. Sie argumentiert, daß Kunst als soziale Betätigung anzusehen sei: »Obwohl künstlerisches Verhalten ebenso wie das Spiel privater Natur sein kann, stellt es den Künstler außerhalb seiner selbst und setzt ihn in Beziehung zu einem ›anderen‹« (Dissanayake

1974:7). Dieser Prozeß kann im Sinne der Beziehung zwischen dem Kunstwerk und dem Betrachter beschrieben werden: »Darüber hinaus ist sich der Betrachter vielleicht nicht nur des künstlerischen Objektes, sondern auch der Person, die diesen Gegenstand geschaffen hat, als eines Gegenüber bewußt. Dadurch stellt sich bei ihm ein Gefühl der Identifikation mit beiden ein« (Dissanayake 1974:211). Da der Mensch sich Dissanayake zufolge als soziales Wesen entfaltet hat, ist jede soziale Aktivität im Besitze selektiver Werte: »Soziale Institutionen erlösten den Einzelnen zunehmend aus der Abhängigkeit von Instinkten, die innovatives Verhalten verhindern, und ermöglichten die Vermehrung und Übermittlung von Wissen« (Dissanayake 1974:214f.). Wahrscheinlich besteht eine Beziehung zwischen dem erreichten Ausmaß an evolutionärer Entwicklung und dem spielerischen Verhalten. Darüber hinaus muß jede kommunikative Form des Spiels von allergrößter Bedeutung für eine gesellschaftlich so eingebundene Gattung wie die des Menschen sein. Gegenständliches Zeichnen oder künstlerische Betätigung als angeborene Aktivität müssen ebenso von größtem Wert und höchster Bedeutung sein.

Ich habe die Bedeutung der vorgegenständlichen Phase der zeichnerischen Entwicklung im Zusammenhang mit dem Spiel hervorgehoben. Der Kunsttherapeut, der mit kleinen Kindern arbeitet, die aus dem einen oder anderen Grund noch nicht die gegenständliche Phase erreicht haben, gibt dem Kind die Möglichkeit, mit Markierungsformen zu spielen und zu experimentieren, damit das Kind in die Lage versetzt wird, sich weiterzuentwickeln. Neben dem chronologischen Alter und dem normalen, entwicklungsgemäßen Wachstum können Gründe für das Verbleiben Einzelner in den vorgegenständlichen Phasen in geistiger oder körperlicher Behinderung, emotionalen Problemen oder im Mangel an sozialen Beziehungen liegen. Einige erleiden einen Rückschritt aufgrund eines Traumas oder aus anderen Gründen und sie entfalten diese Stadien in ihrer Zeichnung. Es stellt sich die Frage, ob die in diesen vorgegenständlichen Phasen angefertigten Zeichnungen offen für irgendeine Interpretation außerhalb des oben beschriebenen Entwicklungsmodells sind.

Piaget betonte, daß das Spiel über symbolischen Gehalt verfüge. Kinderpsychologen, darunter Melanie Klein (1932) benutzen die spielerische Aktivität von Kindern als Ausgangspunkt für die Analyse. Wenn das Kind während der vorgegenständlichen Phase des Malens mit Markierungsformen spielt, können diese spielerischen Experimente überhaupt ohne weiteres interpretiert werden?

Im Spiel können belebte oder unbelebte Gegenstände (Spielkameraden und Spielsachen) eine unendliche Anzahl von Situationen darstellen. Ein Papierball, der vor einem jungen Kätzchen einen Flur entlanggeworfen wird, ruft Jagdverhalten hervor. Der Papierball steht bei dem Kätzchen stellvertretend für Beute. Diese Manifestation des Spiels unter metaphorischer Verwendung eines

Gegenstandes kann auch auf das menschliche Spiel angewandt werden, wenn nämlich ein Kind ein Spielzeug stellvertretend für ein anderes benutzt. Derselbe Vorgang spielt sich wahrscheinlich ab, wenn das Kind in den vorgegenständlichen Phasen mit dem Malen beschäftigt ist. Es mag noch nicht die Fertigkeit haben, die erforderlich ist, um einen Gegenstand oder eine Situation mit einer klar umrissenen Kontur zu versehen; es erfaßt in diesem Stadium vielleicht noch nicht den Gedanken, daß Striche so angeordnet werden können, daß Gegenstände und Situationen Umrisse erhalten. Wie Luquet aufzeigt, können die Markierungen für das Kind dennoch ein gewisses Ereignis darstellen; während des Spielens kann das Kind über irgendeine Figur in seiner Zeichnung stolpern, die ihm einen Umriß nahelegt – Luquets »Zufallsrealismus«.

Freud schrieb über kindliches Spiel: »Jedes spielende Kind benimmt sich wie ein Dichter, indem es sich eine eigene Welt erschafft oder, richtiger gesagt, die Dinge seiner Welt in eine neue, ihm gefällige Ordnung versetzt.« (Freud 1975:214). Der in eine Handlung investierte metaphorische Gehalt kann eine unendliche Anzahl von Bedeutungen für das Kind annehmen. Im Beispiel des Kätzchens und des Papierballes ist die hervorgerufene Reaktion stereotyp, der mataphorische Gehalt ist die Beute. Das Kätzchen, das mit dem Papierball spielt, erlebt eine lustorientierte Erfahrung (dies ist eine der Aussagen Dissanayakes zum Charakter des Spiels (Dissanayake 1974). Die Komplexität der Spielvarianten des Kindes gestattet es diesem Vorgang, auf einer komplexen, unbewußten Ebene zu wirken. Freud stellt fest: »Man sieht, daß die Kinder alles im Spiele wiederholen, was ihnen im Leben großen Eindruck gemacht hat, daß sie dabei die Stärke des Eindrucks abreagieren und sich sozusagen zu Herren der Situation machen.« (Freud 1972:14f.) Durch das Spiel kann das Kind Gefühle der Überlegenheit und Macht spüren. Auf diese Weise dient das Spiel der Persönlichkeit des Kindes.

Im kindlichen Spiel übernehmen Handlungen und Gegenstände symbolische Bedeutungen. Auf dieser Ebene wirkt das Spiel nach ähnlichen Prinzipien wie die Kunst. In evolutionärem Sinne hat die Komplexität des Spiels und sein Verhältnis zur Kunst wahrscheinlich zu unserer Fortentwicklung beigetragen. Dissanayake nimmt diesen Punkt beim Vergleich des in sich selbst lohnenswerten Aspektes des Spiels, der eines seiner wesentlichen Prinzipien darstellt, mit der Kunst auf.

Desmond Morris zeigt, daß sogar Schimpansen ohne äußere Belohnung malen oder zeichnen, wenn sie dazu ermutigt werden (Morris 1968). Die Fähigkeit, etwas ohne äußere Belohnung herzustellen, ermöglicht dem Tätigen die Schaffung von etwas Neuartigem. Dies mag in der phylogenetischen Vergangenheit zur Herstellung von Werkzeugen geführt haben. Es besteht ein Unterschied zwischen dem Gebrauch von Werkzeugen, wie er sich bei Schimpansen zeigt, und

der Herstellung von Werkzeugen, die sich nur beim Menschen beobachten läßt:
»Die unernste, funktional nutzlose Aktivität des Spielens kann in der Tat für
zwei der wichtigsten typischen Betätigungen der Menschheit verantwortlich
zeichnen: die ›praktische‹ Anfertigung von Werkzeugen und die ›geistige‹
Schöpfung von Kunstwerken« (Dissanayake 1974:214).

In welcher Weise sollen wir die Vielschichtigkeit dieser Entwicklung für die
Therapie ausnutzen? Ich habe vorgeschlagen, daß die Betätigung des Malens
mit metaphorischer oder symbolischer Bedeutung ausgestattet ist, selbst wenn
das Kind nicht die Absicht verfolgt, seine Zeichnungen mit symbolischem Gehalt zu versehen oder einem äußerlichen »anderen« Umriß, Form oder Gestalt
zu verleihen. Ich habe den Charakter der Rückversicherung in dieser Form des
Markierungsverhaltens hervorgehoben. »Lokomotorische Aktivität« als des-
kriptiver Begriff ist ihrer Art nach physiologisch. Das heißt, sie beschreibt die
Formen von Bewegungen der Gliedmaßen, die zur Durchführung der Aktivität
gebraucht werden. Die Beschreibung von Entwicklungsstufen, die auf das lokomotorische Kritzeln folgen, beruft sich ebenfalls stark auf physiologische
Begriffe. Die zunehmende Komplexität der durch das Kind angefertigten
Zeichnungen wird im Sinne einer vermehrten Komplexität von Zeichenformen
als Ergebnis zunehmender motorischer Kontrolle und verbesserter Koordination von Händen und Augen beschrieben. In der Literatur scheint eine analytische Interpretationsgrundlage zur Erklärung kindlicher Zeichnungen erst
nach dem Erreichen der gegenständlichen Phasen vorzuliegen.

Bei der Beschreibung des Spiels wurde der Begriff des »Autotelischen« eingeführt. Dieser Begriff legt nahe, daß das Spiel eine Betätigung sei, die um ihrer selbst willen betrieben werde. Es sind keine weiterreichenden Motive invol-
viert. Durch das Spiel lernt das Kind in einer gesicherten Situation einflußreiche Verhaltensformen, die im späteren Erwachsenenleben nützlich sind. Mit
anderen Worten erlaubt das Spiel dem Einzelnen, sich seiner selbst ohne drohende Folgen zu vergewissern. Jede selbstbestätigende Tätigkeit ist eine Aktivität des »Ich«. In psychodynamischem Sinne stellt der Kampf des menschlichen Kindes, sich von der Mutter weg und hin zur Unabhängigkeit zu entwik-
keln, die eigentliche Entwicklung des Ich zum Individuum dar. In diesem
Kampf wird das Spiel angewandt, durch das Spiel und den Gebrauch von Über-
gangsgegenständen baut das Kind eine zunehmende Distanz zur Person der
Mutter auf (Winnicott 1973). Eine der während dieser Periode psychodynami-
scher Entwicklung durchgeführten Aktivitäten besteht in Darstellungsversu-
chen durch Zeichnen und Malen.

In psychodynamischem Sinne ist das Ich der Mechanismus, mit dem ein Or-
ganismus die Bedürfnisse des Es oder der Instinkte stillt. Das Über-Ich ist eine
Erweiterung des Ich und hat mit sozialer Übereinstimmung zu tun; das heißt,

es dient zur Absicherung der vom Ich ausgeführten Handlungen mit dem Ziele der Befriedigung des Es im Sinne der gesellschaftlichen Restriktionen. Die Dynamik dieses Systems begründet in der Terminologie Freuds den »psychischen Apparat«.

Kann dieses Modell des psychischen Apparates zur Beschreibung der zeichnerischen Fähigkeiten in der frühen Kindheit verwendet werden? Zeichnungen, die während dieser Phase von einem Kind angefertigt werden, legen Rechenschaft über die zunehmende Ichstärke des Kindes ab. Der Zeitraum, der zur Fähigkeit des Individuums führt, seine eigene Persönlichkeit und damit auch eine gewisse Unabhängigkeit zu behaupten, ist ein Zeitraum des Ichwachstums und des physiologischen Wachstums zugleich.

Normalerweise verläuft das psychologische und das physiologische Wachstum parallel. Seelisch kranke und behinderte Kinder leiden unter einem Ungleichgewicht zwischen den beiden Entwicklungstypen. Es ist anerkannt, daß intellektuelle Beeinträchtigung die Abstraktionsfähigkeit einschränkt; dadurch wird wiederum die Sprachentwicklung sowie die Fähigkeit zur Symbolisierung (Piagets semiotische Funktion) und zur Problemlösung gehemmt.

Natürlich muß jede Interpretation der zeichnerischen Aktivität geistig zurückgebliebener Individuen mit Sorgfalt angegangen werden. Sogar ein Vergleich früher Stadien der zeichnerischen Aktivität des normalen Kindes mit den vorgegenständlichen Markierungen, die eine retardierte Person herzustellen in der Lage ist, muß mit Vorsicht angegangen werden. Obwohl die von diesen beiden Personengruppen angefertigten Zeichnungen gemeinsame Elemente aufweisen, unterscheiden sich die Vorgänge, die zur Herstellung der Zeichnungen führten, erheblich voneinander. Jede Untersuchung, die auf einer einfachen Analyse einer Sammlung oder mehrerer Sammlungen von Zeichnungen einer normalen und subnormalen Population basiert, enthält wegen dieses Faktors deutliche Einschränkungen.

Jede gültige Interpretation muß auf beobachtbaren Tatsachen basieren. Zur Sammlung der für die Interpretation benötigten Daten ist einige Disziplin vonnöten. Die einmal fertiggestellte Zeichnung reicht niemals aus. Es hat sich gezeigt, daß viele Untersuchungen der Entwicklung vom Kritzeln zur gegenständlichen Darstellung stärker auf der Interpretation von Zeichnungen als auf einer Untersuchung der für die Anfertigung der Zeichnungen verantwortlichen Aktivitäten beruhen. In genau diesem Bereich können die Kunsttherapeuten meinem Gefühl nach einen entscheidenden Beitrag zu unserem Wissen über die Entwicklung bestimmter Verhaltensformen leisten. Diese Art von Studien, mit denen sich Kunsttherapeuten befassen sollten, können zu unserem Wissen über die Entstehung und den Charakter der Kunst beitragen.

Einige Bemerkungen zur Kunsttherapie bei geistig zurückgebliebenen und autistischen Kindern

Manche geistig zurückgebliebenen Individuen und einige wegen der Schwere ihrer Behinderungen als autistisch eingeordneten Kinder erreichen die gegenständlichen Phasen und die Fähigkeit zum symbolischen Zeichnen vielleicht nie. Wenn das Entwicklungspotential jedoch vorhanden ist, so bedarf es der Förderung durch den Therapeuten oder den Lehrer. Es kann keine Entwicklung stattfinden, ohne daß dem Individuum Gelegenheit zum Experimentieren und zum Spielen mit Zeichengerät gegeben wird. Bei meiner therapeutischen Arbeit mit geistig Behinderten habe ich aufgrund meiner Erfahrung folgende Beobachtungen gemacht: erstens besteht eine deutlich zunehmende Investition an Zeit und Konzentration in Phasen zeichnerischer Aktivität, die mit dem Beginn der gegenständlichen Phasen einhergehen oder darauf folgen; die Aktivität scheint für das Kind zunehmend an Bedeutung zu gewinnen, die Einstellung des Kindes zu seiner Betätigung verändert sich in dem Maße, in dem es seine Zeit dafür aufwendet. Die Haltung des Kindes zur fertiggestellten Zeichnung ist ein Maßstab dieser Investition. Das Kind macht sein Eigentumsrecht an der Zeichnung geltend, es bittet darum, daß sein Name auf der Zeichnung vermerkt wird, daß sie an der Wand aufgehängt wird, oder daß es die Zeichnung nach Hause oder zur Station mitnehmen darf. Meiner Erfahrung nach stellt ein Kind diese Forderungen in den frühen vorgegenständlichen Phasen nur selten. Zweitens stellt das Kind, während es mit dem Zeichnen menschlicher Gestalten beschäftigt ist, oft Bezüge zwischen Teilen der Zeichnung und seinem eigenen Körper her. Zum Beispiel betrachtet es eine Hand, während es mit der anderen zeichnet, oder es hebt Kleidungsstücke hoch, um festzustellen, wo sich der Nabel befindet, bevor es ihn malt. Diese Beobachtungen führen zu der Vorstellung, daß die ersten vom Kind angefertigten Zeichnungen der menschlichen Gestalt in Beziehung zu diesem Kind stehen, sie sind Aussagen seiner Persönlichkeit oder seines Ich. Die Entwicklung, die zur Fähigkeit der Behauptung einer eigenen Persönlichkeit auf diese Weise führt, ist zugleich eine Phase des Ichwachstums wie auch des physiologischen Wachstums (vgl. Dubowski 1982).

In dem von Piaget vorgeschlagenen Denkrahmen ist die Annahme enthalten, daß die motorische Wahrnehmungsentwicklung parallel mit der Entwicklung der zeichnerischen Fähigkeiten verläuft. Die Fähigkeit, einen Kreis zu zeichnen, stellt sich genau zur gleichen Zeit ein wie die Fähigkeit des Kindes, die Erfahrung der Gestalt wahrzunehmen. (Die Gestalterfahrung besteht in der Fähigkeit, eine Konfiguration mittels Trennung einer Figur von einem Feld zu erkennen. Dies wird durch die Fähigkeit erreicht, die Ränder einer Figur zu erkennen, die sie von ihrem Hintergrund oder von dem erwähnten Feld trennt.)

Zu dieser Zeit entwickeln sich auch sprachliche Fähigkeiten, die das Kind in die Lage versetzen, das symbolische Potential seiner graphischen Erzeugnisse zu würdigen. Innerhalb der psychodynamischen Entwicklung des Kindes tritt das Ich zutage und befähigt das Kind, die Zeichnungen mit einer Bedeutung auszustatten, die mit einer gewissen Identifikation zusammenhängen. Die ersten vom Kinde angefertigten Figurenzeichnungen sind Bilder seines »Selbst«. Die Fähigkeit zur Anfertigung menschlicher Figurenzeichnungen ist komplex. Eine ganze Anzahl von Entwicklungsvorgängen greifen ineinander; ein Defizit in irgendeinem dieser Bereiche behindert diesen Vorgang und macht den Schritt von der Vorgegenständlichkeit zur Gegenständlichkeit manchmal unmöglich. Viele geistig behinderte Kinder entwickeln einige verbale Fähigkeiten, aber sie haben Wahrnehmungsprobleme, die ihre Fähigkeit zur Erkennung ihres eigenen Körpers verhindern können. Die Unterbringung in einer öffentlichen Einrichtung behindert oft die Entwicklung der Ichstärke und erschwert zugleich die Ausbildung sprachlicher Fähigkeiten. Der infantile Autismus ist ein Beispiel dafür.

Das Individuum ist jedoch sogar auf der primitivsten Ebene der Entwicklungsabfolge dazu in der Lage, Strategien zu verfolgen, die zur Anfertigung von Zeichnungen befähigen; sogar das einfachste lokomotorische Kritzeln wird erklärtermaßen aufgrund der Haltung des Kindes erzeugt – die Techniken bestimmen sich aus der Art und Weise, in der das Kind ein Malwerkzeug in der Hand hält, das Format eines Striches ergibt sich in gewisser Hinsicht aus der Reichweite des Kindes und seiner Armlänge. Die Haltung des Kindes in Relation zum Blatt Papier beeinflußt in gewisser Weise den Zeichentyp, der erzeugt wird.

Sogar in diesen frühen Phasen scheint das Kind dazu in der Lage zu sein, sich Ziele zu setzen, indem es eine wohldefinierte Menge von Regeln befolgt, um bestimmte Ziele zu erreichen. Daß diese Ziele in der Form von Zeichenstrategien, denen die meisten Kinder zu folgen scheinen, erreicht werden, ist durch die Ähnlichkeiten der Zeichnungen in den verschiedenen Phasen der graphischen Entwicklung, wie sie in diesem Kapitel beschrieben wird, offensichtlich. Es liegt in der Natur dieser Ziele, Regelstrukturen und Strategien, daß sie schwer zu definieren sind. Faktoren wie Haltung, Grifftechnik und Rechts- bzw. Linkshändigkeit beeinflussen nicht nur die verwendeten Markierungstypen, sondern auch, was wichtig ist, die Placierung der Zeichen auf einer vorgegebenen Bildoberfläche. Flüssige Farbe eignet sich für Markierungstypen, die sich von der Qualität anderer Striche unterscheiden, die mit Werkzeugen wie Bleistift oder Kreide erzeugt werden. Unterschiedliche Bildformate eignen sich für unterschiedliche Arten motorischer Aktivität, von groben zu feinen Bewegungen, die jeweils die entsprechende Zeichnung beeinflussen. Das Ziel, ein großes Blatt Papier wirkungsvoll auszufüllen, führt zu groben motorischen Bewegungen, dasselbe Ziel auf einem kleinen Blatt Papier führt zu feineren Bewegungen.

Sobald ein Kind sich ein Ziel gesetzt hat und die selbst gesetzte Aufgabe in Angriff genommen ist, ändern sich die Umstände. Ist mit der Markierung einer Bildoberfläche begonnen worden, stellt sich ein sekundäres Problem, indem weitere zu zeichnende Markierungen auf die bereits existierenden bezogen werden müssen. Die jeweils unterschiedliche Strategie, die zur Bewältigung dieses Problems erforderlich ist, hängt von der Markierungsform ab. Je mehr die Zeichentypen für sich allein stehen und voneinander getrennt sind, desto flexibler kann die mögliche Reaktion auf das sekundäre Problem der bereits markierten Oberfläche ausfallen. Die Vielfalt der bei der Anfertigung von Zeichnungen verwendeten Markierungen und Bewegungen im Verein mit der Fähigkeit, auf Neues zu reagieren, scheinen die für die Flexibilität oder Starrheit von Reaktionen während des Zeichnens einflußreichsten Faktoren zu sein. Lernprozesse und Fortentwicklungen in einem Bereich ergeben sich aus einer Situation, in der die Aufmerksamkeit für Neuartiges Verhaltensreaktionen auslöst, die zur Lösung des Problems geeignet sind, wobei schließlich diese Reaktion für zukünftige Anwendungen assimiliert wird.

Wenn eine Zeichnung konstruiert wird, indem mehrere einzelne Markierungen in einer gewissen Folge placiert werden, so bietet sich potentiell ein weitaus neuartigerer Aufbau einer Bildoberfläche an als im Falle einer Zeichnung, die durch eine einzige ausgedehnte Bewegung erzeugt wird. Das Problem der Aufmerksamkeit bietet die Chance, das maximale Entwicklungspotential eines Individuums auszuschöpfen. Viele behinderte und in einer Anstalt untergebrachte Patienten, einschließlich der Kinder, nehmen Verhaltensmuster an, die heute klinisch als »stereotyp« bezeichnet werden. Untersuchungen über stereotype Bewegungen und Subnormalität bei Kindern sind von vielen Autoren durchgeführt worden. Forehand und Baumeister beschreiben stereotypes Verhalten als »hochgradig konsequente und monotone Verhaltensweise in bezug auf die Motorik und Haltung, deren Folgen für die Anpassungsfähigkeit nicht unmittelbar offensichtlich sind« (Forehand und Baumeister 1971:79ff.). Man hat vorgeschlagen, die Funktion stereotyper Akte in der Verringerung von Erregungszuständen zu sehen. Studien zum Verhalten autistischer Kinder von Hutt und Hutt (1970) untermauern diese Hypothese. Bei der Beobachtung des Verhaltens von autistischen Kindern in sozialen Situationen fanden sie heraus, daß die Intensität von Stereotypen nach nur etwas anstrengenderen Begegnungen bereits zunahm, was »aller Wahrscheinlichkeit nach eine graduelle Zunahme der Erregung oder Reizung anzeigt« (Hutt und Hutt 1970:175ff.).

Obwohl Wissenschaftler unterschiedliche Annahmen vorgelegt haben und die Untersuchungen jeweils mit unterschiedlichen Klientengruppen durchgeführt wurden, scheint Übereinstimmung darüber zu bestehen, daß die Stereopathie als eine Form der Selbstregulierung dient oder homöostatische Funktionen erfüllt. Das heißt, daß stereopathische Verhaltensweisen zu solchen Zeiten eintreten, in denen der dem Individuum zur Verfügung stehende Stimulationsgrad entweder zu niedrig oder zu hoch ist. Personen, die diese Verhaltensformen zeigen, haben offensichtlich Schwierigkeiten mit ihren Aufmerksamkeitsstrukturen, wodurch die Konzentration für jede beliebige Aufgabe erschwert wird.

Der sich wiederholende Charakter des Markierungsverhaltens bei vielen geistig behinderten Kindern und Erwachsenen und in geringerem Umfange bei Patienten, die in psychiatrischen Anstalten untergebracht sind, legt nahe, daß sie während des Zeichnens einen stereotypen Akt vollziehen. Wenn das Individuum jedoch zur Konzentration und zur Teilnahme an der Betätigung des Zeichnen fähig ist – was häufig der Fall ist, wenn die Zeichnungen zwar aus einzelnen Einheiten oder Zeichen aufgebaut werden, die letzteren aber ordentlich placiert werden und mehr als eine Zeichnung desselben Typs angefertigt wird – so scheint der Begriff des Stereotypen in seiner klinischen Anwendung nicht auf die Zeichnung übertragbar zu sein. Weitere Verwirrung herrscht hinsichtlich dieses Begriffes in seiner Anwendung zur Beschreibung der Wiederholungstypen, die im Verhalten und in den Zeichnungen emotional gestörter Patienten, und insbesondere bei Kindern, festgestellt werden. Emotional unausgeglichene Kinder entwickeln oft starre, unflexible Handlungsmuster. Dieses schemahafte Verhalten kann eine Form der Flucht sein, die die Notwendigkeit der Anpassung an eine neue Situation zu vermeiden sucht. Die Vermeidung neuer und daher bedrohlich erscheinender Situationen als komplexer psychologischer Verteidigungsmechanismus kann dazu führen, daß ein unausgeglichenes Kind Bilder eines einzigen Typs anfertigt; diese Zeichnungen ähneln dann möglicherweise den Bildern schwer geistig behinderter Individuen, deren »stereotype« Reaktionen auf Markierungsverhalten als Ergebnis anomaler Aufmerksamkeitsstrukturen auftritt; der Kunsttherapeut muß die Unterscheidung zwischen diesen verschiedenen ursächlichen Faktoren kennen.

Ich habe aufzuzeigen versucht, daß die Entwicklung vom ersten Kritzeln zum ersten darstellenden Zeichnen Teil der Entwicklung hin zu einer semiotischen oder symbolischen Funktion, hin zum einmaligen menschlichen Bewußtsein ist. »Normale« Kinder bewerkstelligen die Entwicklungssequenz mit Leichtigkeit, es scheint in ihnen ein angeborener Trieb voran zu wirken. Das einzelne Kind erreicht in seiner Zeichnung mittels Experiment, im Spiel und durch die Erlernung von Fertigkeiten durch problemlösendes Verhalten die einzigartige menschliche Fähigkeit, in Zeichnungen, beim Malen und durch andere plastische Ausdrucksformen darstellerisch zu wirken. Darüber hinaus scheinen die ersten vom Kinde angefertigten Darstellungen mit der Vorstellung des »Selbst« vor der Herausbildung der Vorstellung vom »anderen« in Beziehung zu stehen. Dieses Phänomen legt nahe, daß diese kreative Entwicklung im Verein mit der

Sprache zur semiotischen Funktion beiträgt, die es uns gestattet, uns als voneinander unterschiedliche und individuelle Wesen zu sehen. Die Komplexität unseres gesellschaftlichen Lebens basiert auf unserer Fähigkeit, uns von anderen abzulösen, sowohl im Hinblick auf die Umwelt als auch auf die Individualität. Viele Formen der geistigen Behinderung und des Autismus, aber auch Traumata und andere psychische Probleme bei Kindern verlangsamen oder unterbinden die normale Entwicklung mit dem Ergebnis, daß solche Individuen keine Ablösung erreichen und in einer Welt verwirrender Gegenstände leben, in der sie keinen eigenen Platz einnehmen. Das Zeichnen vor, während und über die gegenständliche Phase hinaus bietet solchen Menschen die Gelegenheit, ein Gefühl für ihr »Selbst« zu entwickeln. Die Kunsttherapie bietet daher angemessene und begründete Behandlungsmöglichkeiten in diesen Bereichen.

Abbildung

Nachfolgend ein Beispiel für »froschmännchenartige« frühe gegenständliche Zeichnungen eines geistig behinderten Jugendlichen (Querformat).

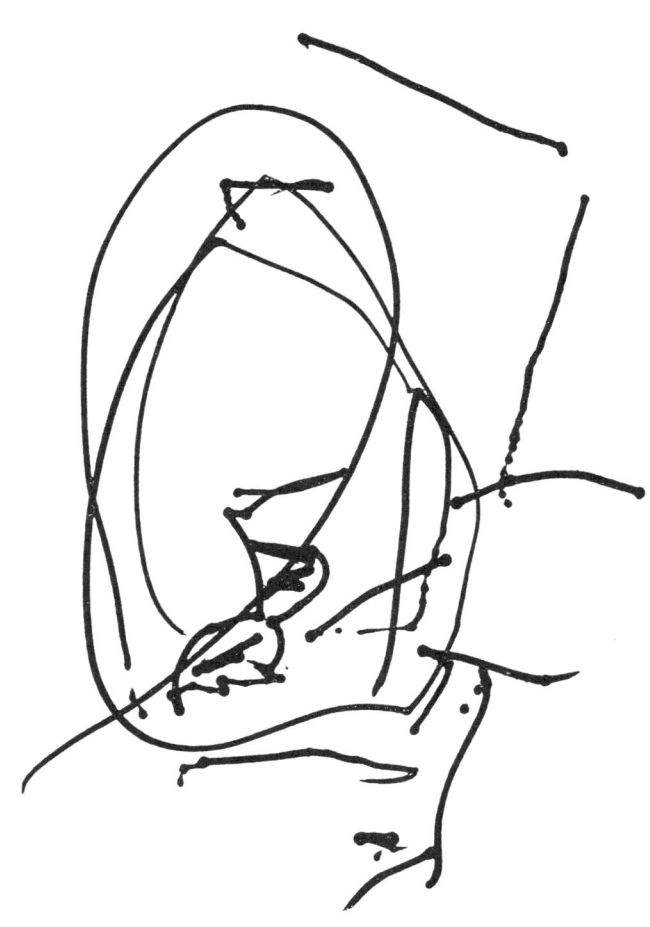

Literatur

Burt, C. (1921) *Mental and Scholastic Tests*. London: P. S. King.

Crook, J. (1980) *The Evolution of Human Consciousness*. Oxford: Oxford University Press.

Dissanayake, E. (1974) *An Hypothesis of the Evolution of Art from Play*. Oxford: Pergamon.

Dubowski, J. K. (1982) Alternative Models for Describing the Development from Scribble to Representation in Children's Graphic Work. Proceedings of the two-day conference: ›Art and Dramatherapy‹, Hertfordshire College of Art and Design, St Albans, 22 and 23 April.

Forehand, R. and Baumeister, A. A. (1971) Rate of Stereo-typed Body Rocking of Severe Retardates as a Function of Frustration of Goal-directed Behaviour. *Journal of Abnormal Psychology* **78**: 35–42.

Freud, S. (1972) *Jenseits des Lustprinzips* (1920) (= *Gesammelte Werke, Band 13*). Frankfurt/M. S. Fischer.

– (1975) *Der Dichter und das Phantasieren* (1908) (= *Gesammelte Werke, Band 7*). Frankfurt/M.: S. Fischer.

Hutt, C. und Hutt, S. J. (1970) *Behaviour Studies in Psychiatry*. Oxford: Pergamon.

Kellogg, R. (1955) *What Children Scribble and Why*. Palo Alto, Calif.: National Press.

– (1970) *Analysing Children's Art*. Palo Alto, Calif.: National Press.

Kirkland, J. (1979) Interest: Phoenix in Psychology. *Bulletin of the British Psychological Society* **29**: 31–41.

Klein, M. (1932) *Die Psychoanalyse des Kindes*. Wien: Int. Psychoanalyt. Verlag.

Kramer, E. (1981) *Childhood and Art Therapy*. New York: Schocken Books.

Lowenfeld, V. (1960) *Vom Wesen schöpferischen Gestaltens*. Frankfurt:M.: EVA.

Lukens, H. (1896) *Study of Children's Drawings in the Early Years*. *Pedagogical Seminary no. 4*.

Luquet, G. H. (1929) L'évolution du dessin enfantin. *The Bulletin of the Binet Society* **29**: 145–63.

Morris, D. (1968) *Der malende Affe. Zur Biologie der Kunst*. München: dtv.

Piaget, J. (1969) *Das Erwachen der Intelligenz beim Kinde*. Stuttgart: Klett.

Piaget, J. und Inhelder, B. (1972) *Die Psychologie des Kindes*. Olten: Walter.

Verworn, M. (1907) Kinderkunst und Urgeschichte. *Korrespondenz der deutschen anthropologischen Gesellschaft* **27**: 42–6.

Winnicott, D. W. (1973) *Vom Spiel zur Kreativität*. Stuttgart: Klett.

5
Kind und Kunsttherapie.
Ein psychodynamischer Standpunkt

Margarita Wood

Ich möchte an dieser Stelle ein Ideengeflecht erkunden, in dessen Mittelpunkt ein spielendes und malendes Kind steht; daher möchte ich den Leser bitten, die Kultur der Erwachsenenwelt für einen Augenblick zu verlassen und diesem Kind zu folgen. Um der Einfachheit des Schreibens willen soll das Wort »Bild« für die Verwendung eines beliebigen gestalterischen Mediums, irgendeiner greifbaren Substanz stehen, die das Kind zur Schöpfung einer Darstellung verwenden kann.

Eine Welt ohne Worte: der Beginn einer Beziehung und die Suche nach Sinn

Wir alle waren einmal Kinder, doch sogar wenn man unserer Vergeßlichkeit nachhilft, besteht ein qualitativer Unterschied zwischen dem in die Erinnerung zurückgerufenen Kindergedächtnis und dem lebenden Kind, das uns in seinem Verlangen nach therapeutischer Hilfe auf eine Reise in die Vergangenheit zurückgeleitet, die zu seinen eigenen, weniger weit zurückliegenden Anfängen führt.

Ganz zu Anfang finden wir uns in einer Welt voll großartiger Klarheit wieder, mit kurzem Brennpunkt zwar, aber voller Empfindungen. Bei der Entdeckung der sinnlichen Welt wird eine Lerngeschwindigkeit erreicht, die zu keinem späteren Zeitpunkt wieder aufgenommen werden kann, und Reizverluste verursachen Leid. Der Säugling nimmt Körper und Umwelt scharfsichtig wahr; obwohl er über wenig kommunikative Fähigkeiten verfügt, lernt er innerhalb der ersten Tage nach der Geburt, das Gesicht und die Stimme der Mutter zu erkennen (Carpenter 1975).

Später, wenn das Kind wortlose Bilder aus dieser Zeit anfertigt, scheint es Momente zu geben, in denen alles klar zu sein scheint, und dann wieder Augenblicke völliger Verwirrung; es gibt weder innen noch außen, weder oben noch unten, kein bestimmtes »ich« oder »ich nicht«, sondern eine fließend ineinander übergehende Anhäufung von Empfindung und Gefühl. Wir befinden uns in einer Welt, in der Teile für das Ganze stehen können, und in der ein einzelnes Attribut oder eine einzelne Empfindung den Aufhänger für eine Menge aneinandergrenzender Ereignisse und die Reaktionen darauf liefern kann. Diese reichhaltige Grundlage für eine zukünftige Entwicklung verarmt für ein Kind, dem keine Anreize geboten werden, oder dem Angst eingeflößt wird; und wo Traumata oder Brüche bestehen, wird die Einheit von Wirkung-plus-Bedeutung blockiert, die weiteres Leid vermeidet.

Einer der Gründe für die Reise in die Vergangenheit in der Therapie besteht in dem Versuch, verlorengegangene Bedeutungen wiederaufzufinden.

Da die Sprache zu einem bedeutenden Kommunikationsmittel wird, versucht das kleine Kind, die Bedeutungen, die es gefunden hat, denjenigen gegenüberzustellen, die den Wörtern beigelegt werden. Gewöhnlich erfolgt das »Anpassen« auf vernünftige Weise, aber wo Diskrepanzen hartnäckig bestehen bleiben, kann sich eine Kluft zwischen der inneren und der äußeren Welt so erweitern, daß sie zu Verwirrung führt. Dies artet zur Tragödie aus, wenn Wortbedeutungen im Widerspruch zu dem Gefühl der Beziehungen um sie herum, zu den sie begleitenden Handlungen oder zu der Modulation der Stimme, die solche Wörter hervorbringt, stehen. Bestenfalls treten in der Sprachentwicklung unvermeidlich Verluste in der Reichhaltigkeit von Assoziationen auf, von Wörtern, die mit der Zeit zum Ausdruck einer linearen Folge des Denkens führen. Nur zu oft bedeutet der Spracherwerb eine Isolierung ganzer Erfahrungsfelder, die nur schwer in Worte zu fassen sind, und der Zugang zu früheren, fließenderen Denkweisen und Gefühlen geht verloren.

Maler wie Chagall und Hieronymus Bosch können uns zurückversetzen, bezaubern oder verwirren. Magritte ruft beunruhigende Echos aus einer Welt unvorhersehbarer Gegenstände und Menschen hervor, die nicht von beständigem Charakter sind und weder über ein dauerhaftes Format noch über Substanz, einen festen Standort oder Beziehungen zu anderen Gegenständen verfügen – wo die Räumlichkeit also zum Geheimnis wird. Er greift die konventionelle Verbindung zwischen Wort und Gegenstand an und wir werden zur Aufgabe mühsam gewonnener Vorstellungen gezwungen und sind darüber erleichtert, daß diese Dinge durch den Geist des Gemäldes harmlos werden. Es ist weniger leicht, auf diese Weise Tod und Trennung abzutun, die ebenfalls gegenwärtig sind.

Magritte gibt uns dem Ernst und der Verlustangst beim Aufbau von Beziehungen preis, und solcher Verlust bietet den zweiten Anlaß für die Reise in die Vergangenheit.

Eine Welt ohne Worte: »es sei denn, wir wären Künstler«

Die ineinander verwobenen Strukturen von Bedeutung und Beziehung entwickeln und verändern sich das ganze Leben hindurch und können zu jedem Zeitpunkt verknotet oder durchbrochen werden. Frühe Schädigungen führen jedoch zu einer tieferen Wirkung auf die Persönlichkeit und geschehen zu einer Zeit, in der die Kommunikation auf wortlose Weise erfolgt.

Das Problem der sehr frühen Erfahrung und Entfaltung hat im Verlauf des letzten Jahrzehnts zunehmende Beachtung durch Psychologen wie Bower (1977) und viele andere erfahren. Aber schon vor fünfzig Jahren bemühten sich Pioniere im Studium des Kindes, etwa die Psychoanalytikerinnen Anna Freud und Melanie Klein sowie die Kinderärztin Margaret Lowenfeld um ein besseres Verständnis der Art und Weise, in der das Kleinkind Erinnerungen an Bedeutungen und Beziehungen in seinem Körper und seinen Funktionen und in den archaischen Bildern, die das geistige Gegenstück sensorischer Erfahrungen darstellen, zu speichern sucht, und wie die Kinder später ihre Begegnungen mit einer unvorhersagbaren Welt im Spiel und in bildlicher Darstellung demonstrieren. Auf sie folgten andere Forscher, etwa Erik Erikson und Erich Neumann, die jeweils aus der Schule Freuds und Jungs hervorgingen, aber auch D. W. Winnicott, ein Kinderarzt und Analytiker, der seine eigenen besonderen Einsichten von einer Freudschen Grundlage her erweiterte.

All diese Quellen beeinflussen meine Beschreibung des leibhaftigen Kindes, dessen Wachsen in das Spiel und das Malen hinein wir nachzuspüren versuchen. Zunächst sollen aber eine kurze Betrachtung der gemeinsamen Grundlagen dieser vielfältigen psychodynamischen Zugänge zur nichtverbalen Erfahrung sowie einige Gedanken über die Art und Weise, in der die Kunsttherapie auf sie Bezug nehmen kann und einen eigenständigen Beitrag zu liefern in der Lage ist, vorangestellt werden.

Die Definition zu Freuds Begriff der Phantasie bietet eine Verständigungsgrundlage:

»Mit dem Ausdruck ›unbewußte Phantasien‹ verbinden wir die primitivsten psychischen Ausformungen, die dem Wirken der instinkthaften Triebe inhärent sind. (…) Unbewußte Phantasien vollziehen sich nicht nur beim kleinen Kinde, sondern sie sind zu jeder Zeit Bestandteil des Unbewußten und stellen die Grundsubstanz dar, aus der sich vorbewußte und bewußte Prozesse entwickeln; (...) sie sind präverbal oder vielmehr nichtverbal. Die Wörter, die wir zur Vermittlung ihres Inhaltes und ihrer Bedeutung verwenden, sind ein fremdartiges Element, aber wir kommen nicht ohne sie aus – es sei denn, wir wären Künstler.« (Heimann 1955:24)

Aus der Sicht Kleins beeinflussen Wirklichkeitserfahrungen unmittelbar die unbewußte Phantasie und sie werden auch von diesen beeinflußt; unbewußte Phantasien können festlegen, welche Form der ursächlichen Abfolge den Ereignissen beigelegt wird (Segal 1974). Auch wenn eine perfekte mütterliche Umgebung geschaffen werden könnte, kämen dennoch aggressive und quälerische Phantasien auf. Lowenfeld verwies auf mögliche Ursachen solcher Ängste:

»Kleine Kinder befinden sich hinsichtlich ihres Körpers in einer eigentümlichen Position. Es entstehen fast unablässig Körperempfindungen, starker Bewegungsdrang, heftige Erscheinungen wie Erbrechen und Diarrhoe, Lärm, der durch das eigene Schreien verursacht wird, das Ertasten von Substanzen und das Geheimnis des Schlafes. (...) Die Zeit hat also im Sinne eines zeitlichen Ablaufes keinerlei Bedeutung für sie; jede Erfahrung beherrscht, so wie sie sich gerade ergibt, das Bewußtseinsspektrum.«
(Lowenfeld 1964)

Körperliche und seelische Qual bilden für das kleine Kind eine Einheit, es gibt keine Beschreibung, keine Lokalisierung, und es kann sich nicht von den Unannehmlichkeiten eines instabilen Stoffwechsels distanzieren (Lowenfeld 1931:195f.). Die unfaßbare Erfahrung und starke Gefühle erzeugen gemeinsam Furcht, und oft besteht ein Mangel an Verständnis bei den Eltern und anderen Erwachsenen, vermittelnd in solche Erfahrungen einzugreifen oder angemessene Angebote zu machen, damit das Kind seinen Gefühlen Luft verschaffen kann. Diese Erfahrung wird zur Grundlage des präverbalen Denkens (Lowenfeld 1937), in der die Empfindung und ihre Wirkung sich in einzigartiger Weise miteinander vereinigen.

Dieselben Fragen zur frühkindlichen Erfahrungswelt werden in der Terminologie Jungs angesprochen (Neumann 1973), und zwar im Zusammenhang mit einer Untersuchung des Reichtums an Bildern, die wir aus der frühkindlichen Zeit noch in uns tragen (Neumann 1955). Heimanns »unbewußte Phantasie« (Jackson 1960) wird als Äquivalent zu diesen archetypischen Bildern angesehen, die Lebenserfahrungen vermitteln, die uns allen gemeinsam sind (Jung 1976). Solche Bilder, die in der frühen Kindheit zutage treten, vervollkommnen sich mit zunehmender Reife, sie gießen die Kultur in eine Form und sind von wechselnder Bedeutung in jeder einzelnen Lebensphase oder sie bleiben unmodifiziert, wodurch sie Energien binden und den Reifungsprozeß verzögern (Neumann 1961).

Es scheint allgemeine Übereinstimmung darüber zu bestehen, daß Bilder die primären Träger der Erfahrung sind. Es folgt daraus, daß eine Darstellung den Gehalt übermittelt und eine Brücke in den sprachlichen Ausdruck hinein schlagen kann. Es muß betont werden, daß der Prozeß der bildlichen Darstellung in all seinen Ausprägungen ein universales Kommunikationsmittel darstellt, das sich ebensowenig wie die Sprachverwendung auf die besonders Talentierten beschränkt.

Theorien können nützlicherweise zur Organisation unserer Ideen beitragen, aber sie können der Erwartung und der Wahrnehmung ebenso Grenzen auferlegen. Freud nahm an, daß nur konkreten Themen visueller Ausdruck verliehen werden könne, nicht aber der Wechselbeziehung von Elementen untereinander: »Das Denken in Bildern ist also ein nur sehr unvollkommenes Bewußtwerden« (Freud 1972:248). Das Malen als Kommunikationsmittel wird im psychoanalytischen Denken oft unterschätzt.

Ich hoffe, aufzeigen zu können, daß das »Denken in Bildern« dem Bewußtsein zugrundeliegt. Die verbale Form muß vielleicht viele Male neu formuliert werden, bevor die richtige Bedeutungsnuance gefunden wird, und eventuell müssen weitere Transkriptionen zu späteren Zeiten vorgenommen werden. Dies wird ermöglicht und möglicherweise erträglich gemacht, weil ein Bild die wesentliche Kommunikation enthält; denn wie der Maler William Hogarth in seiner *Apology for Painters* sagte: »Das Zeichnen und das Malen sind nur eine kompliziertere Art des Schreibens« (Hogarth 1968).

Eine Welt ohne Worte: »die Bilder in meinem Kopf«

»Wie kann ich wissen, was ich denke, bis ich es gesagt habe!« sagt das Kind, denn Gedanken scheinen sich so zu ergeben, als ob man fiele oder eine Überraschung erlebe. Aber oft ist es eine Angelegenheit des »wie kann ich etwas wissen, bevor ich die Bilder in meinem Kopf durchgespielt habe!«

Das Spiel bringt die Welt in die Reichweite des Kindes, führt es hinaus in die Gesellschaft und stellt dabei die Mittel zur objektiven Wahrnehmung seiner Gedanken und Gefühle bereit, die ihm das Experimentieren mit Verknüpfungen und Beziehungen, das Auffinden neuer Ergebnisse oder die Integration vergangener Erfahrungen durch die Schaffung einer Form, in der sie in abgesicherter Weise wiederholt werden können, ermöglicht; es kann Vorstellungen über Körperfunktionen, über Geburt, Tod und Sexualität erkunden. Es kann den allen gemeinsamen archaischen Bildern begegnen und Möglichkeiten zur Darstellung der einzigartigen Aspekte seiner selbst und anderer Menschen finden.

Dieses weite Betätigungsspektrum stellt einen wesentlichen Bestandteil des gesunden Aufwachsens eines Kindes dar und hat die Aufmerksamkeit von Therapeuten während vieler Jahre auf sich gezogen (Lowenfeld 1969, Erikson 1971, Winnicott 1973). Später geriet das Spiel in den Brennpunkt der Forschung im Bereich der Kindesentwicklung (Trevarthen und Grant 1978) und es wird als etwas angesehen, das sich aus der spielerischen Imitation der Handlungen des Babys durch die Mutter ergibt. Dieses »soziale Spielen« ist der »notwendige Vorläufer für das einsame Spielen mit der Phantasie. (…) Wenn ein Kind für sich allein spielt, so kommuniziert es in seinem eigenen Kopf mit sich selbst. (…) Es ist in der Tat damit beschäftigt, seine Vorstellungen mit sich selbst auszutesten, und um dies zu tun, muß es sicher wissen, daß es Ideen und Absichten gibt, die sich von seinen eigenen unterscheiden.« (Trevarthen und Grant 1978:566–69)

Das widerspiegelnde, imitative Spielen der Mutter verleiht den Handlungen und Reaktionen des Kindes Bedeutung und bereitet auf sein eigenes Spielen vor (Winnicott 1973, Kap. 9). Ein Gefühl für Objektivität und Getrenntheit ist jedoch nicht eine Voraussetzung, sondern eine allmähliche Leistung im Rahmen des Spielens. Wir müssen nicht die Quelle einer Idee kennen, um damit als *objet trouvé* zu spielen oder es als etwas zu behandeln, das wir für uns selbst geschaffen haben: das »Ich« und das »Nicht-ich« haben durchlässige Grenzen, und beliebige Absichten können überall ausfindig gemacht werden. Wichtig ist dabei, daß das Kind einen wie auch immer gearteten Ort oder Raum entdeckt, wo es die Vorstellungen oder Bilder, die sich in seinem Kopf formen, untersuchen kann.

Der »potentielle Raum« (Winnicott 1973) ist der Ort, an dem die innere und die äußere Realität miteinander interagieren können und an dem die vorgefundenen Gegenstände dazu geschaffen zu sein scheinen, um den augenblicklichen Bedürfnissen des Kindes entgegenzukommen. Das Kind kann dieses Potential nur dann in einer wirklich spielerisch geschaffenen Raum-Zeit-Dimension erkennen, wenn es sich in seiner Welt sicher genug fühlt. Überall wird die Notwendigkeit der Vertrauensbildung als eine Angelegenheit von größter Wichtigkeit anerkannt; ohne Vertrauen zerstört die Furcht jede Aufmerksamkeit. Das Kind kann nicht lernen, für sich allein zu spielen, wenn es seine eigene Kinderfrau ist, denn die Kontinuität muß von einer anderen Person sichergestellt werden, in deren Gegenwart es allein spielen kann (Winnicott 1974a).

Markierungen zu machen ist eine Form des Spiels, die den Betätigungsfluß in sich enthält und ihn für das Kind widerspiegelt. Das Kind läßt sich von einem Austausch mit seiner eigenen Bedeutung einfangen und gelangt so zu Erkenntnissen darüber; es befindet sich in einem Reflexionsprozeß. »Die Reflexion bildet den Reizvorgang ab und führt dessen Impulse in eine Bilderfolge über, welche schließlich, wenn der Antrieb stark genug ist, reproduziert wird« (Jung 1967:136).

»Jene Bilder in meinem Kopf« werden in der Außenwelt entdeckt und das Kind kann in seiner Reaktion auf das von ihm angefertigte Bild so aktiv werden wie während der ursprünglichen Zweierbeziehung mit seiner Mutter. Die Begegnung mit sich selbst kann sich selbstbestätigend auswirken und zu weiteren Erkundungen führen; oder das Kind kann das Bild bis zu dem Punkte zurückweisen, an dem es seine Autorenschaft verneint und erneut die negativen Aspekte der ursprünglichen Widerspiegelung erfährt. Es kann jedoch wiederum die Herrschaft über das Furchterregende oder das Unerträgliche zu gewinnen suchen, indem es das Bild zerstört. Alle Reaktionen und Strategien der Spiegelreaktion können vorgefunden werden (Pines 1982).

Das Malen kann ein angemessenes Medium für diese Form des Spielens sein und zugleich der angemessenste Spiegel, in dem das Kind sich selbst begegnen kann. Besondere Begabungen fügen diesem Sachverhalt ganz eigene Probleme hinzu, aber wenn sie wie bei Nadja verblassen (Selfe 1977), bleiben viele Fragen unbeantwortet.

Als kleines Mädchen verfügte Nadja über eine unglaubliche Fähigkeit zu zeichnen, litt aber gleichzeitig unter schwerwiegendem sprachlichen Unvermögen und ließ soziale Fähigkeiten vermissen. Man war nicht dazu in der Lage, ihre Intelligenz auszutesten. Ihre zeichnerischen Fertigkeiten sind im Sinne der normalen Kindesentwicklung unerklärlich. Während wir vielleicht über die ästhetische Wirkung ihrer Reiter verwundert sind, müssen wir uns der Art und der Funktion der Spiegelung zuwenden, die den Wert und den kulturellen Status der Begabung außer Kraft setzen können. Wenn wir uns einer solchen Antriebskraft des Sich-ausdrücken-Wollens gegenübersehen, sollten wir vielleicht halluzinatorische Elemente in Verbindung mit anschaulichen Erinnerungen in Betracht ziehen, die mit denjenigen vergleichbar sind, die von Künstlern wie William Blake in seinen Arbeiten über den *Ghost of a Flea* (Bindmann 1977) ausgenutzt wurden.

Nadja begann mit großer Gewandtheit Pferde und Reiter zu malen, als sie eben gut drei Jahre alt war. Es werden zweifellos Dynamik und Agression in ihren Bildern übermittelt, und dies geschieht mit so hitziger Betonung der Augen, daß wir der Begegnung nicht ausweichen können. Vielleicht wird etwas über den Anfang ausgesagt, der mit dem Auge und der Brust gleichgesetzt wird, als die Mutter das Baby nährte? Möglicherweise versuchte Nadja, einen neuen Anfang zu machen, indem sie in Gegenwart ihrer Mutter malte, die ihr nach einem Krankenhausaufenthalt von drei Monaten wegen Brustkrebs wiedergeschenkt worden war. Während dieser Zeit war Nadja völlig von ihrer Mutter getrennt gewesen; in den darauffolgenden zwei Jahren schloß sich eine Serie von Ereignissen an, bei denen der wiederholte Verlust der Mutter und die Umgebung, die Nadja die Trennung erleichterte, nachgebildet wurden (Winnicott 1974b). Trotz tatsächlicher Schädigungen, sowohl bei der Mutter als auch bei dem Kind, und abgesehen von Schäden, die vielleicht nur in der Phantasie existiert haben mögen, wurden ein sicherer seelischer Halt und die volle Potentialität wiederhergestellt.

Aus dem passiven Rückzug brach intensive graphische Aktivität hervor und Nadja wurde in angeregter und reflektierender Interaktion mit ihren eigenen Zeichnungen beobachtet. Ihre Zeichnungen vermittelten eine Qualität von Lebendigkeit, die für gewöhnlich in ihrem alltäglichen Ich begraben oder abgespalten war.

In späteren Zeichnungen, die Nadja im Alter von gut sechseinhalb Jahren anfertigte, waren die vorherrschenden Augen verschwunden und lösten sich in einem ausdruckslosen Nadelkopf auf, während sich ihre ganze Aufmerksamkeit auf die übereinander geschlagenen Beine und Füße sitzender weiblicher Gestalten konzentrierte. War dies ein Rückzug aus direktem Kontakt oder gab es die zunehmende Anwesenheit ihrer kranken Mutter wieder? Der zeichnerische Druck blieb jedoch, Strich für Strich, wie der Fluß des Kugelschreibers die suchende Geste vorantrieb, immer wieder, um die Stellen körperlichen Kontaktes zu erkunden, wo Beine und Knie einander kreuzten.

Im Alter von sieben Jahren verblaßte dann die außergewöhnliche Begabung. In einer Spezialschule suchte Nadja nach ritualistischen Formen der Kontinuität und Zuverlässigkeit, erlangte einige soziale Fähigkeiten, eine gewisse Integration, während sie auf Trennungen sehr empfindsam reagierte. Die Reiter erschienen nur noch als gelegentliche Übergangsformen auf beschlagenen Scheiben.

War der Verlust spontanen Zeichnens wirklich der Preis, der für eine gewisse Form des Normalseins gezahlt wurde? Ihre Sprache kann sich gewiß niemals der Beredsamkeit ihrer Zeichnungen annähern. Vielleicht sollten wir die Antwort im Tod ihrer Mutter suchen, als sie sieben Jahre alt war. Ich vermute, daß der Verlust die Suche nach einem Sinne und nach Beziehungen mit sich brachte, die sich hinter dem Zeichnen verbarg; der Spiegelungsraum war zerschmettert; das spontane zeichnerische Spielen konnte keine Lösung bringen, da die Aufgabe zu gewalttig war.

Kunsttherapie: dreifache Überlegungen in einem dreiseitigen Raum

Ein Kind kann in einen Kampf damit verwickelt sein, ein Problem darzustellen, um es zu erkennen, und es kann dennoch kontinuierlich versagen, weil das Problem archaischer, abgespaltener oder unzugänglicher Natur ist. Oder es greift einen Sinn immer wieder auf, der sich in seiner Wiederholung nicht verändert, weil jede Abänderung untersagt oder zu gefährlich ist. Oder es kann sich daran festhalten, Probleme zu reflektieren, die weitgehend andere betreffen. Worin auch immer die Last der bedrängenden Faktoren bestehen mag, der erkundende Dialog mit dem Bild mißlingt; er wird zu einem geschlossenen, unentwegt wiederholten System, sogar in einer unterstützenden Umgebung.

Das Malen in der Gegenwart des Therapeuten ändert die Interaktion und die dynamische Balance; die Zweierbeziehung erweitert zum Dreieckverhältnis. Dies kann als Triangulierung des potentiellen Raumes beschrieben werden.

Das Malen bleibt nicht länger Bestandteil des allgemeinen Spielflusses, sondern es wird zum Mittelpunkt der Therapie. Als Niederschlag der Interaktion zwischen innerer und äußerer Welt wird das Bild zu einer dritten Welt, es wird nicht von Vorstellungen, weder durch die Zeit noch durch Entstellungen der Erinnerung verändert; dennoch können zu verschiedenen Gelegenheiten unterschiedliche Bedeutungs- und Beziehungsaspekte aufgedeckt werden. Als Mittelpunkt einer dreischichtigen Struktur kann das Bild ein gewisses Ausmaß an Zusammenstößen mit Verneinungen und Verzerrungen überstehen und zerstückelte Elemente aus den beiden anderen Welten zusammenhalten, während es damit fortfährt, eine Aussage über den Inhalt als Ganzes zu machen. Diese Aussage kann für eine Ansammlung von Interpretationen und für den Austausch zwischen Kind und Therapeut zentral sein, bevor ihr Inhalt erschöpft ist.

Die Gegenwart des Therapeuten erzeugt eine ergänzende Vermessung im Spiegelungsprozeß. Das Kind ist in der Reaktion auf sich selbst oder seine Erfahrungen, wie das Bild sie wiedergibt, sowie in seiner Reaktion auf die Aufnahmefähigkeit des Therapeuten verfangen, unabhängig davon, ob eine Interpretation erfolgt.

Das Gegenstück für das Gefühl des Kindes, geschaffen zu haben, was es vorfindet, oder aufzufinden, was es geschaffen hat, besteht in der Anerkennung des Bildes durch den Therapeuten, und zwar hinsichtlich der Form, des Inhaltes, sowie des emotionalen Akzentes. Der Therapeut spiegelt wider und reflektiert vom ersten Zeichen bis zum Endzustand über den dynamischen Prozeß. Er gewinnt auf diese Weise Erkenntnisse über die Aufnahmefähigkeit des Kindes für Einsichten, über seine Fähigkeit, frühere Bilder umzusetzen oder weiter zu erkunden. Er gewinnt darüber hinaus eine gewisse Sensibilität für die so notwendigen Zeitabschnitte, in denen einfach abgewartet werden muß.

Ein weiterer Aspekt besteht in dem zwischenmenschlichen Austausch zwischen Kind und Therapeut sowie in der Übertragung und Gegenübertragung innerhalb dieser Verbindung. Ob die Wurzeln dieser Allianz in der Kunsttherapie nun stillschweigend eingeräumt oder aber ausdrücklich anerkannt werden, sie liegen jedenfalls in der schöpferischen Phantasie des Kindes, das heißt, in seiner

»Fähigkeit, Bilder zusammenzusetzen und sie wieder in neuen Mustern zu verbinden (Plant 1966:131) – und das Kind kann sich vielleicht zum ersten Mal in seinem Leben auf diese Weise gespiegelt finden. Als Abmachung kann die Verbindung auch hinsichtlich der kindlichen Erfahrungen mit Erwachsenen in seiner nicht-direktiven Unterstützung zur Selbstentdeckung und Anerkennung von Bedürfnissen, sowie in der Annahme von Hilfe seitens des Kindes, auch völlig neuartig für das Kind sein; trotz kulturellen Schadens und vorgefaßter Meinungen reagiert das Kind normalerweise auf die Erwartungen des Therapeuten.

Die Elemente der klassischen, zweiseitigen Übertragung, die Projektionen der inneren Welt des Kindes auf den Therapeuten sind gegenwärtig, aber sie erfahren nur Ausdruck und Auflösung innerhalb des Malens, sofern sie diesen Prozeß nicht deutlich behindern oder in direkter Verteidigung dagegen gesetzt werden oder aber, wenn das Kind unfähig ist, in einen solchen Zustand einzutreten, in dem das Malen möglich ist. Obwohl ein Kunsttherapeut direkt mit der Übertragung arbeiten kann, finden wir an dieser Stelle die Grenze zwischen zwei spezifischen Techniken.

Freud definierte die Übertragung ursprünglich als einen innerpsychischen Prozeß, bei dem die Eindringung unbewußter Inhalte und Kräfte in vorbewußte Gefühle und Wünsche erfolgt (Freud 1973). Diese Einwirkungen der Übertragung können in vielerlei Formen vorgefunden werden: im Traum, im Spiel und in der Phantasie; aber in der therapeutischen und analytischen Technik wird der Brennpunkt in der Erkundung ursprünglicher Beziehungen auf die Person des Therapeuten eingeengt. Ich möchte an dieser Stelle für eine weitergehende Anerkennung des ursprünglichen Begriffes plädieren, denn nur so können wir die Integrität des therapeutischen Prozesses würdigen, den wir in der Kunsttherapie beobachten.

Einige Erfahrungswerte, etwa körperliche Abläufe in der frühen Kindheit, treffen auf unbehagliche Zurückhaltung, wenn sie auf eine andere Person projiziert werden. Das nicht-menschliche Umfeld kann ein einfacheres Übertragungsmedium bieten und »indem es als eine Art Schock-Absorber reagiert« (Searles 1960), gestattet es eine erneute Erforschung eines überwältigenden Ereignisses mittels symbolischer Darstellung. Der therapeutische Prozeß kann blockiert werden, wenn das Kind all seine Ängste und Aggressionen auf die Person des Therapeuten richtet und dadurch die Situation und das Verhältnis unerträglich findet.

Die symbolische Darstellung und ihr Ergebnis sind dem Spiegelungsprozeß unterworfen, der eine eigene subtile, interpretierende Handlung trägt. Im Gegensatz zu einer nach außen gerichteten Betätigung, die als nicht-reflektierendes Ereignis angesehen werden kann und vornehmlich auf die Verringerung von Ängsten abzielt, wird diese nach innen gerichtete Darstellung modifiziert, indem sie fortschreitet, und zwar möglicherweise durch eine Serie von Bildern, die die Veränderung in dem Verständnis eines traumatischen Ereignisses oder in Aspekten einer Beziehung beim Kinde markieren.

Dieser Sachverhalt wird in einer kurzen Studie des fünfjährigen Mark (Cohen 1971) deutlich veranschaulicht. Dieser Junge wurde zunehmend verstört; er versuchte, nach außen hin eine magische Lösung durchzuspielen und Bestrafung herauszufordern, nachdem er einen Brand überlebt hatte, in dem sein kleiner Bruder umgekommen war. Seine Eltern übten Stillschweigen über ihren Kummer, und es wurde Mark selbst überlassen, Rückschlüsse aus seinen eigenen Gefühlen der Geschwisterrivalität zu ziehen.

Zwei Jahre später wurde ihm Hilfe zuteil, und nach mehreren Monaten Kunsttherapie fertigte er eine Zeichnung auf einem Kartonstreifen an, die die Tragödie in sich verkapselt enthielt. Während er an der Zeichnung arbeitete, fand Mark seine eigenen Worte, die ihm bisher gefehlt hatten, und seinen tief vergrabenen Kummer, wobei er von seinem Therapeuten unterstützt und ermutigt wurde, und er kam zu einem neuen Verständnis des Unfalles. Die Zeichnung »war ein perfekter Spiegel, in dem er sehen konnte, was tatsächlich passiert war. Er brachte seine Überraschung darüber zum Ausdruck, daß er sich so lebhaft an die Tragödie zu erinnern vermochte, und er drückte verbal aus, daß er sehen konnte, daß er seinen Bruder nicht getötet hatte« (Cohen 1971:18).

Das Kind läßt seine Übertragungen und Verwirrungen greifbar werden, und es arbeitet aktiv an ihrer Erhellung, bis es in der Lage ist, sie zu integrieren. Oft werden Einsichten durch die eigenen Interpretationsbestrebungen des Kindes erreicht und sowohl der Analytiker als auch der Künstler müssen sich Forderungen an die »Kreativität« aus Respekt für den »potentiellen Raum« ergeben.

In der Kunsttherapie sind wir mit einem Prozeß des Abbildens in einem spezifischen Bereich dynamischer Interaktionen befaßt, und unsere besondere Konzentration ruht hier auf dem Kind zu einer Zeit, die vor seiner kulturschaffenden Tätigkeit liegt (Winnicott 1973:Kap. 7), obwohl es über ein gewisses Ausmaß an Kreativität verfügt. Hierbei ist es mit einer besonderen Art des reflektierenden Spiels in einer bestimmten Absicht befaßt.

Der verborgene Spiegel: einige Gedanken zur Interpretation und zur Gegenübertragung in der Kunsttherapie

Die Unterstützung durch den Therapeuten erfolgt auf einer kenntnisreichen Grundlage und beruht nicht nur auf seiner reflektierenden Haltung, sondern auch auf einer Reaktion der Gegenübertragung, die sich im wesentlichen dem Kinde anpaßt.

Ursprünglich bezog sich der Begriff der Gegenübertragung nur auf unbewußte, fehlgeleitete Reaktionen und wurde vom Therapeuten zum Anlaß genommen, mehr Umsicht walten zu lassen und an weiteren Einsichten und Selbsterkenntnissen zu arbeiten. In letzter Zeit wird ein weitergehender, positiverer Ansatz von Analytikern wie Racker (1968), Fordham (1974b) und Lambert (1981) vorgestellt. Sie entwickeln Ideen des therapeutischen Einfühlungsvermögens und der Identifikation über unbewußte Ebenen hinweg mit ausgleichenden Verschiebungen oder »Deintegration« (Fordham 1974a). Es ist, als würde der Therapeut zu einem geschmeidigen Gefäß, das den noch unbekannten Inhalten in ausreichender Weise angepaßt ist, bis die Zeit des Erkennens durch Reflexion kommt. Aber das Gefäß muß auch unbekannte Inhalte ertragen, die es verzerren, und der Therapeut erkennt eine Bürde von Gefühlen und Vorstellungen, keine persönliche Zugehörigkeit – Phänomene, die nicht notwendigerweise durch die offenkundige Situation hervorgerufen werden, sondern gleichzeitig mit ihr bestehen.

In seinem Bild schafft das Kind sein eigenes Gefäß, aber der Kunsttherapeut ist trotzdem dem Überlaufen unbewußter Inhalte auf unbewußten Interaktionsebenen ausgesetzt. Dabei handelt es sich oft um Formloses und Unerträgliches, aber auch um Unaussprechbares und es neigt dazu, zum Ausbruch zu kommen, wenn das Kind innerlich oder aufgrund äußerer Ereignisse über seine Vorstellungs- oder Toleranzfähigkeit hinaus bedrängt ist. Der Therapeut kann sich aus keinem ersichtlichen Grunde zerschmettert und nutzlos fühlen. Er steht auch in einer Beziehung der Gegenübertragung mit dem Bild und kann sich in seiner Reaktion darauf auf unerklärliche Weise gequält fühlen.

Ein weiterer Aspekt in der Kunsttherapie läuft parallel mit der psychoanalytischen Erfahrung, trägt aber seine eigenen charakteristischen Erkenntnisse und Einsichten. Er erwächst aus der Selbsterfahrung des Therapeuten als Künstler in einer reflektierenden Haltung gegenüber seiner eigenen Arbeit und der Erfahrung des verborgenen inneren Prozesses, der damit einhergeht. Projektion, Introjektion, Identifikation und Einfühlungsvermögen sind in jeder Teilnahme an den Künsten enthalten, aber wie in der Psychoanalyse ist ein nachempfindendes Verständnis nicht ausreichend und es bedarf der persönlichen Erfahrung des Prozesses, damit das Einfühlungsvermögen des Therapeuten in das malende Kind belebt werden kann. Dabei ist wesentlich, daß die große Furcht, die symbolische Prozesse umgibt (Kris 1977, Ehrenzweig 1967), vom Therapeuten nachgehalten werden kann und er zugleich die Veränderungen in dem Zustand des Kindes wahrnimmt, während es malt.

Verfrühte Maßnahmen des Therapeuten können als sehr aufdringlich und belästigend empfunden werden. Ein zufälliges Zeichen oder eine kluge Bemerkung können das Kind aus seiner kreativen Phase herausreißen und dazu führen, daß es das Bild als etwas zurückweist, das nichts mit ihm selbst zu tun hat. Die Einwirkung der Vorstellungen des Therapeuten kann zu Willfährigkeit oder Aufgeblasenheit beim Kinde führen, unter gleichzeitigem Verlust von Integrität und der Fähigkeit, aus eigenem Antrieb wirklich es selbst zu sein; diese falsche Abhängigkeit behindert jenen Prozeß des gesunden Vergessens, der eine Zukunft ermöglicht. Die Interpretation gerät so nur zu leicht zu einer Art Diebstahl oder zu einer Ausfüllung des potentiellen kindlichen Raumes; der Therapeut muß daher mit größter Vorsicht in die Kommunikation mit dem Kind eintreten.

Die Kunsttherapie liefert einen spezifischen Beitrag, indem sie die ungestörte Selbstentdeckung zuläßt und das in der Jugend besonders wichtige Paradoxon des Gefundenwerdens und doch nicht Gefundenseins aufrechterhält (Winnicott 1974c). Dabei hallen Kommentare über die aktive Vorstellungskraft wider, denn wir erfahren Aspekte unserer Natur, die kein anderer uns je zeigen dürfte und die wir selbst niemals zugelassen hätten (Jung 1976).

Kunsttherapie: die Matrix als Zufluchtsort

Unter der Voraussetzung einer ausreichend gefestigten Verbindung, die alle Produkte ohne Zensur hinnimmt, fühlt das Kind sich vom Therapeuten an einem tatsächlichen Ort festgehalten, obwohl die Person und der Ort in seiner Erfahrung als eine Matrix verschmilzt, innerhalb derer es seine eigenen Formen der Beherrschung schafft. Hier kann die Angst sich langsam verringern und die Phantasie auf alten Denk- und Gefühlsmustern agieren. Dies wird möglich, wenn das Kind fühlt, daß jemand zugegen ist, der entweder schon immer so gewesen ist, oder der Bedürfnisse verstehen kann; jemand also, der dem reiferen Teil der kindlichen Persönlichkeit Unterstützung gewähren kann und das Kind dazu befähigt, auf seine Integration hinzuarbeiten, und der zudem seine Erfahrungen mit ihm teilt und gemeinsam durchlebt.

Die Matrix faßt die Wirklichkeit der inneren Erfahrungen im Gegensatz zur Aktualität der Außenwelt ohne vorherige Absprache oder Beurteilung. Das Kind kann dann einen Weg durch Illusion und Täuschung hindurch zu dem eigentlichen Grund seines Verletztseins, der ursprünglichen Ursache für Wut, Gefühle des Verfolgtseins, des Verlustes oder der Verzweiflung finden, ohne mit dem Etikett, wahnsinnig oder schlecht zu sein, versehen zu werden, wie es im Falle des Jungen Mark geschah, was bereits zuvor aufgezeigt wurde. Die Kunsttherapie bietet jedoch keine einfache Lösung, da die Matrix ebenso wie andere Formen der Hilfe zurückgewiesen, bezweifelt, angegriffen oder zeitweise dem Gefühl nach zerstört sein kann, bevor das Kind anfangen kann, innerhalb dieser Matrix zu arbeiten.

Das Malen kann nur stattfinden, wo eine Trennung eingesetzt hat, wenn das Kind, sei es auch nur kurz, in der Gegenwart des Therapeuten allein sein kann. Wenn dieses Stadium nicht erreicht ist, müssen wir dem Kind helfen, es zu finden. Das schwer gestörte Kind, dessen primäre Erfahrung des Angenommenseins ungenügend, zerrissen oder geschädigt war, muß diese grundlegende Beziehung finden, vielleicht in einer Umgebung, die seinen häuslichen Gegebenheiten ähnelt (Dockar-Drysdale 1968), bevor es zu irgendeinem der symbolischen Prozesse in der Lage ist, auf denen die Kunsttherapie beruht. Traumatischer Erfahrung, die zu sekundärer Schädigung oder Entzugsgefühlen führt, kann auf angemessenere Art und Weise durch die Kunsttherapie begegnet werden. Das stumme oder der Sprache unfähige Kind kann einen Weg aus der Isolation heraus finden und das Kind, dessen Wahrnehmung durch pathologische Zustände in der Familie behindert oder verwirrt wurde, kann seine eigene Wahrheit festsetzen. Die Verweisungssymptome können ein Mittel zur Erlangung von Hilfe bei gleichzeitiger Verheimlichung der wirklichen Bedürfnisse sein, die sich erst später in der Therapie zeigen.

Die Matrix: Vermittlung und Beherrschung

Vermittlung und Beherrschung über lange Zeit hinweg bilden ein therapeutisches Kontinuum sowohl auf konkreter als auch auf psychologischer Ebene. Inhalte, die zu grob oder zu überwältigend sind, können vermittelt oder zurückgehalten werden; Bilder, die besonders wertvoll oder besonders furchterregend sind, können in sichere Verwahrung gegeben werden, bis das Kind über genügend Kraft verfügt, sie als Teil seiner selbst anzuerkennen. Wenn der Therapeut bei der Beurteilung des Bildes mit Blindheit geschlagen ist, so kann im Kind ein Gefühl des Verlassenseins entstehen, das dem ursprünglichen Trauma vergleichbar ist; aber manchmal blockiert auch das Kind die Vermittlung, so daß der Therapeut zunächst »falschliegen« muß, um die Mitteilung der vergangenen Erfahrung zu provozieren.

Die Vermittlung liegt nicht nur in der Hilfe zur Regulierung des inhaltlichen Flusses und der Lokalisierung von Ort, Zeit und Person, sondern auch in dem Material, das zur Anfertigung der Objekte verwendet wird. Die Auswahl der geeigneten »Medien« kann eine grundlegende Wirkung auf das Abwehrsystem des Kindes haben und einen sehr aktiven, symbolischen Prozeß einleiten. Durch Zwangsvorstellungen hervorgerufene Blockierungen können nachgeben, die Ichstärke kann durch Zunahme der Kunstfertigkeit gewinnen, und aggressive Energien können auf gesicherte Art und Weise mit Hilfe von Materialien wie Holz oder Ton ausgedrückt werden, wo die Zerstörung als Bestandteil des

Konstruierens gilt. Die zusammenhanglosen Bruchstücke, Mißverständnisse und Verwirrungen können aus einem Chaos erwachsen und zu einer Lösung führen. Die Möglichkeit, daß in einem solchen Chaos eine verborgene Ordnung stecken könnte (Ehrenzweig 1967), berührt den grundlegenden Charakter der nichtverbalen Welt. Wo das Chaotische von irgendeiner minimalen Form zusammengehalten wird, da können einige bruchstückhafte Zeichen auch die Angst aufhalten.

Durcheinander, Mangel und Spaltung in Form und Gehalt können auch Teil eines Angriffs auf unerträgliche Bedeutung sein; es erfolgt ein kontinuierliches Durchbrechen von Verbindungen, die zu einem inneren, selbst auferlegten Entzug führen (Henry 1974).

Es gibt auch Zeiten, die nur ungenau beschrieben wären, wollte man hier Inhalte als verdrängt im Sinne eines Verlustes für das Bewußtsein beschreiben; Inhalte können aus körperlichen Spannungen und Empfindungen heraus zutage treten, die das Bewußtsein nie zuvor erreicht haben, oder es ergibt sich neuer Gehalt aus dem Reifungsprozeß.

So gelang es schließlich Max, einem Jungen im Alter von sieben Jahren, der in seiner frühen Kindheit auf seine Mutter als Vermittlerin wegen ihrer Depressionen verzichten mußte und der über seine eigenen Körperbegrenzungen im Ungewissen geblieben war, seltsame Papierstückchen so zusammenzustellen, daß sie das bizarre Bild eines Körpers darstellten. Dann füllte er das Bild mit so starken Empfindungen, als sei es von Geschöpfen bewohnt, die ein unabhängiges Leben in ihm führten. Lüsterne Schlangen krochen in seinem Schädel herum, der Hunger rumorte wie knurrende Löwen und Tiger, während in seiner Magengrube Krokodile ihre eigenen Knochen verschlangen, und ein Känguruh sprang in seinen Gedärmen herum und verursachte Erektionen.

Innerhalb der Matrix schafft das Kind sich seine eigene Methode, sowohl in buchstäblicher als auch in metaphorischer Hinsicht, wenn es der Aufgabe, die es in Händen hält, charakteristische Form und Farbe verleiht. Ideen und Inhalte üben Druck auf Fertigkeiten aus, und die Labilität des Kindes wird in einem einzigen Bild deutlich. Wo Fragmente vergrabener Erfahrung zutage treten und sich in einer Serie von Bildern sammeln, können Gefühle, Stimmung und Vorstellung von der Farbe getragen werden, während Bewegung und Beziehungsstrukturen in der Farbe verkörpert sind; oft erfolgt aber auch eine Verschmelzung dieser Elemente; je archaischer das Bild, desto abstrakter sein Ausdruck, wie in den archetypischen Bildern der frühen Kindheit und in der zyklischen Wiederkehr dieser Bilder im Reifungsprozeß (Neumann 1957 und 1961).

Eine solche Bilderserie malte Anna, 17 Jahre alt, die Zeugnissen ihrer frühkindlichen Erfahrung der Urszene (des miterlebten oder nachempfundenen Geschlechtsverkehrs der Eltern) eine Form verlieh, wobei präverbale Vorstellungen über Körperfunktionen mit Erregungen verschmolzen und Gefühle von Eifersucht und Neid sich mit der Furcht vor Gewalt mischten. Die Bilder machten die traumatischen und widersprüchlichen Elemente sexueller Erfahrung in der frühen Kindheit deutlich und sie zeigten, wie sie die neue Sexualität der Jugendlichen, die auch von Gewalt bedroht war, durchdrangen und verdunkelten.

Andererseits können Jugendliche in der Erwachsenenkultur ihre Erfahrung in eine Form gegossen wiederfinden. Die talentierte sechzehnjährige Gina, die jedoch unfähig war, ihr Potential zu nutzen, fand eine große Kopie des Tryptichons von Hieronimus Bosch mit dem Titel »Der Garten der Lüste«. Die suggestive Bildsprache erschien als beredte Beschreibung ihrer Kindheit und sie bewegte sich durch die oralen Freuden und Frustrationen in den ersten zwei Tafeln hin zu Bereichen zunehmender Verfolgung und der abschließenden kriegsähnlichen Zerstörung in der dritten Tafel, die die Gewaltsamkeit in ihrer eigenen familiären Situation und den Verlust ihrer Mutter in einer klinischen Depression wiedergab.

Auch Dichtung und Musik können in das Malen einführen oder hinausgeleiten, wobei die zugrundeliegenden Klangqualitäten die Bedeutung vermitteln, und wie der gemurmelte Kommentar des Therapeuten kann dies vernommen werden, sofern das Kind zu hören gewillt ist. Die nichtverbale, unvermittelte Erfahrung wird für Worte zugänglich.

Zum Abschluß: der Tagtraum

Für einige Kinder verkörpert das Malen wie in einem Wachtraum eine Unmittelbarkeit der Erfahrung und der Reaktion, die ohne die Gegenwart des Therapeuten unerträglich wäre. Als Babies waren diese Kinder besonders verletzlich bei gewöhnlichen traumatischen Ereignissen wie der Einlieferung ins Krankenhaus, schweren Ehekonflikten und Depressionen seitens der Mutter; alle fühlten einen Verlust in der Vermittlung grundlegender Erfahrungen und das Versagen der fördernden Umgebung. Die Fähigkeit zu spielen und zu malen bleiben jedoch in ausreichender Weise intakt, um den Kindern den Gebrauch der therapeutischen Matrix zu ermöglichen.

Jedes der hier wiedergegebenden Bilder stellt eine Schlüsselaussage über ursprüngliche Erfahrungen dar, jedes wurde in einem aktiven Dialog mit dem Material und innerhalb der Übertragung, deren Definition weit angelegt war, angefertigt. Diese Aussagen verliehen der folgenden Therapie Gestalt und, was das Wichtigste war, sie wurden der dreiseitigen Spiegelung unterzogen, die das Verständnis und die Veränderung erleichterte.

Roger war das zweite von drei Kindern und wurde in eine in normalem Umfang fürsorgliche Familie hineingeboren, obwohl beide Eltern dazu tendierten, Zurückhaltung an den Tag zu legen. Ein Jahr vor Rogers Geburt wurde ein hirngeschädigtes Kind totgeboren und in der Angst vor einem weiteren solchen Kind sagte sich die Mutter innerlich von der nachfolgenden Schwangerschaft und Geburt los und vermied anfänglich den Kontakt mit Roger. Nach wenigen Tagen litt Roger unter Darmkatarrh und wurde für zwei Wochen nackt in einem Inkubator isoliert, wo er mit einer Magensonde ernährt wurde. Als er zu seiner Mutter zurückkehrte, verweigerte er die Brust, wollte nicht getragen werden und ließ sich nur füttern, wenn er fest gewickelt und die Flasche seitlich neben im befestigt war.

In den betreffenden zwei Wochen hatte er unter dem Verlust der Verbindung zu seiner Mutter, unter dem Verlust, gehalten zu werden und unter sensorischem Entzug sowie Hunger gelitten. Seine Mutter war unfähig, die Barriere, die er zum Schutz gegen eine solche furchteinflößende Erfahrung aufbaute, zu durchbrechen.

Roger wuchs als ein Kind auf, das sich absonderte, das sich nicht gern berühren ließ, das nie viel Gemütsbewegungen oder Gefühle zeigte und dem es schwerfiel, mit anderen Kindern zu spielen. Als er neun Jahre alt war, wurde er von seinen Lehrern als Kind ohne Freunde, plötzlich aufbrausend und zu wenig aktiv beschrieben. Seine Primärerfahrung hatte sich vervollkommnet, um eine Welt der Verfolgung zu schaffen.

Er nahm die Therapie an, aber er versteckte seine Augen unter langen Wimpern, hütete sich vor Kontakt, reagierte übersensibel auf Berührungen, Geräusche und Körpertemperatur, und er verbrachte die Sitzungen, indem er besessene Zeichnungen von stillen Kämpfen anfertigte. Allmählich taute er auf, fühlte sich weniger verfolgt und fand eigene Worte zur Beschreibung seiner komplizierten Bleistift- und Kugelschreiberzeichnungen (vgl. Abb. 5.1). Er begann, Bilder von Seeschlachten, Wasserbomben und ansteigenden Meeresspiegeln zu zeichnen, die alle Abbildungen einer fehlenden mütterlichen Welt waren, aber er wurde insgesamt lebhafter. Als er dann eine gesicherte therapeutische Beziehung hergestellt hatte, zeichnete und sprach er über seinen damaligen schrecklichen Hunger.

Ein Mann an Bord eines feindlichen Schiffes erwachte, um eine »Raupe« (einer Nährsonde vergleichbar) über seinem Bett zu finden; er dachte, es sei ein Ungeheuer und rief um Hilfe nach einem Arzt. All dies geschah gleichzeitig. Dann fiel der Mann über Bord und wurde zu einem Riesen, der ausrief: »Ich war hungrig!«, während sich ein Schwall von Muscheln aus dem Kriegsschiff in seinen Mund ergoß. Der Riese entwickelte sich in schneller Aufeinanderfolge aus einem kleinen Ungeheuer ohne Zähne, das zwischen Haifischflossen eingekeilt

Abb. 5.1

war, in ein großes Ungeheuer mit vielen Zähnen und einer Raupe auf dem Hut und schließlich in ein viertes Ungeheuer mit Hundezähnen, das von Muscheln aus dem Schiff angegriffen wurde. Das Ungeheuer war so hungrig, daß es nicht wußte, ob es selbst biß oder gebissen wurde; und das geschah alles zur gleichen Zeit in der Vorstellung des Mannes, der noch an Bord des Schiffes war. Ein großer Hubschrauber schwebte wie ein beobachtender Erwachsener über allen Köpfen. Roger mußte fliegen, so wie »die böse, alles verschlingende Fliege, die so aussieht, als wisse sie nichts mit sich selbst anzufangen«.

In der Therapie wurde Rogers frühkindliche Welt später wiederhergestellt und er wurde zu einem lebhaften, gefühlswärmeren Kind. Er entwickelte ein »Fischfänger-Ich«, das über die beißenden Geschöpfe im Wasser die Oberhand gewann, und das Angeln wurde zu seinem Hobby. Schließlich konnte er die Therapie als etwas beschreiben, wo man »nette Sachen wie Suppe und Eis und schreckliche Sachen wie Dinosaurierblut« zu sich nahm. Er bemerkte: »Ich kam hierher, um zu arbeiten und wurde ein Milchmann [Baby], und dann – dann wurde ich ich selbst!«

Charlotte, eine aufgeweckte Siebenjährige, hatte eine Schwächlichkeit, die sie blindlings mit Ausbrüchen von Energie zu kompensieren suchte, und das Malen und Spielen ging bei ihr mit dramatischen Dialogen und Gesängen einher. Ihre Bedürfnisse waren aufgrund der beschränkten Vorstellungskraft ihrer Mutter nicht befriedigt worden, aber hatten in der Therapie ihren Ausdruck gefunden, so daß sie nicht mehr stahl und das Bettnässen aufgegeben hatte, aber ihre ängstliche, zarte Seele fuhr fort, ihre Bemühungen in der Schule zu durchkreuzen.

Als sie die »Regenbogenhütte« malte (vgl. Abb 5.2), hielt sie die Wachsmalkreide in Säuglingsmanier mit festem Griff in der Faust und benutzte sie sehr frei – im Gegensatz zu ihren früheren, fast zwanghaft säuberlichen Filzstiftdarstellungen. In der »Regenbogenhütte« befand sich ein Mikrokosmos mit einer kleinen roten Sonne, einem Baby in einer Wiege, einem »kleinen Roboter« und einem Schmetterling. Es schienen zwei Welten zugleich zu existieren, eine Welt der Mutter und des Babys, und die väterliche Sonne in der Außenwelt andererseits.

»Dann strömte der Regen nieder und schwarze Wolken kamen. ... Alle Wolken stellten sich vor die Sonne, und danach kam die Sonne nie wieder hervor!« Der dahingekritzelte Sturm erfüllte den äußeren Himmel wie sich streitende Eltern, und der Sonnenvater verließ die Familie, um nur selten wiederzukommen, aber der kleine Roboter war fähig, das Baby zu beschützen.

»Es ist eine Mutter, kein Roboter!«
Die idealisierte Welt wurde beibehalten, bis Charlotte hungrig wurde.

»Es ist kein Roboter! Es ist eine Schlange ... mit einer roten Zunge, und überall ist Feuer über dem Baby!«

Abb. 5.2

Ihr Anfall von Hunger und der sexuelle Konflikt der Eltern vereinigten sich und
die Identitäten verwechselten sich.

»Die Hütte ist kaputt!« Und das Kritzelwetter brach innen aus.

Obwohl sie bei der Aussage blieb, daß das Baby in Sicherheit sei, wurde der
Schmetterling später in gestörter Flugfähigkeit gemalt, dargestellt durch Char-
lottes rote Blutfarben.

Die Zerstörung der idealisierten »Regenbogenhütte« konfrontierte Charlotte
mit den zornigen Entladungen zwischen Mutter und Baby, die zuvor in den Ehe-
konflikt hineinprojiziert worden waren.

Lorraines Mutter war bei ihrer Geburt von schweren Depressionen verfolgt gewesen, obwohl sie für die zwei Jahre später geborene Schwester zugänglicher gewesen war. Etwa um die Zeit, als Lorraine 12 Jahre alt war, war ihre Mutter noch
immer gebrechlich und sich ihres früheren Versagens ängstlich bewußt. Lorraine
war inaktiv in der Schule und zu Hause schwierig, eifersüchtig auf ihre Schwe-

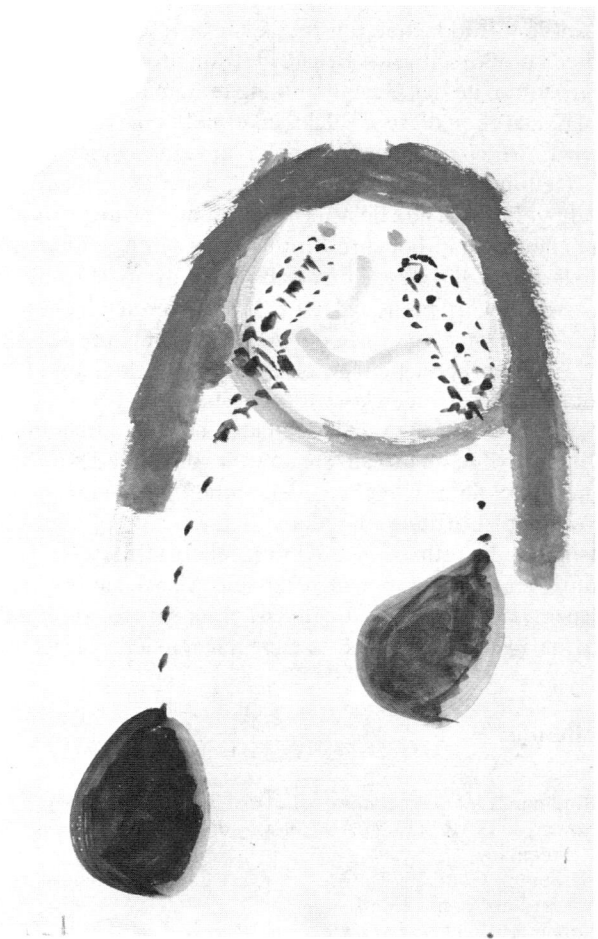

Abb. 5.3

ster, wenig graziös in ihren Bewegungen und ihrem Auftreten und sie schwankte zwischen Abhängigkeit und mürrischer Feindseligkeit.

Lorraines Bild (vgl. Abb. 5.3) wurde etwa in der Mitte einer zweijährigenTherapie angefertigt und bezeichnete den Punkt, an dem sie anfangen konnte, sich von ihrer deprimierten Mutter zu lösen, die sie noch in sich trug. Dies war schwer zu erreichen, denn sie mußte sich dessen versichern, daß ihre Mutter und sie selbst weiterlebten, so wie sie es auch als Säugling tun mußte. (Winnicott 1965c:191−92).

Auf dem Bild lächelt das blasse Gesicht gütig durch schwarze Tränen hindurch, die in große, schwarze Brüste in Tränenform hineinfließen. DieTränen scheinen horizontal an der Gestalt entlang und im rechtenWinkel zum Betrachter zu fließen: aus eben diesem Blickwinkel sieht ein Baby die Mutter, während es gestillt wird – Milch und Tränen werden einander gleichgesetzt.

Trennung bedeutet auch die Wiedererkennung des alten Ärgernisses, das als sehr gefährlich und destruktiv empfunden wurde, und das aus der Zeit zurückgeblieben war, in der ihre Mutter weder in irgendeiner Weise zugegen war noch sich die Bedürfnisse ihres Babys bewußt machte. Dieser Zorn war nach innen gerichtet worden, neue Depressionen waren mit der altenTraurigkeit verschmolzen und Lorraine war in derWelt ihrer früheren Kindheit eingefangen worden.

Es war erhebliche Unterstützung von Schule und Elternhaus erforderlich, bis Lorraine es ertragen konnte, zur Therapie zu kommen.Wie verführerisch war es doch, zu flüchten und all den Haß und das Durcheinander hinter sich zurückzulassen. Allmählich kam sie so weit, das Paradoxon zu verstehen, daß die Zeit, die Therapie aufzugeben, gekommen ist, wenn man das Gefühl hat, gern zu kommen. Lorraine fing allmählich an, aus eigenem Recht zu leben und wuchs von einem verdrossenen Kind zu einer attraktiven jungen Dame heran, die bereit war, die Therapie zu verlassen. Als ich sie fragte, ob ich ihr Bild in diesem Buch veröffentlichen dürfte, stimmte sie großzügig zu und als sie es anschaute, bemerkte sie:»Oh ja! Das habe ich gemacht, als ich klein war!«

Literatur

Bindman, D. (1977) *Blake as an Artist*. Oxford: Phaidon.
Bower, T. G. R. (1977) *A Primer of Infant Development*. San Francisco, Calif.: W. H. Freeman.
Carpenter, G. (1975) *The Mother's Face and The Newborn*. In R. Lewin (Hg.) *Child Alive*. London:Temple Smith.
Cohen, F. W. (1971) *Mark and the Paint Brush*. Austin, Texas: The Hogg Fondation for Mental Health, University ofTexas.
Dockar-Drysdale, B. (1968) *Therapy in Child Care*. Harlow, Essex: Longmans.
Ehrenzweig, A. (1967) *The Hidden Order of Art*. London: Paladin.
Erikson, E. H. (1971) *Kindheit und Gesellschaft*. Stuttgart: Klett.
Fordham, M. (1974a) Notes on theTransference. In M. Fordham, R. Gordon, J. Hubback, und K. Lambert (Hg.) *Technique in Jungian Analysis*. London: Academic Press.
– (1974b) Technique in Counter-transference. In M. Fordham, R. Gordon, J. Hubback, und K. Lambert (Hg.) *Technique in Jungian Analysis*. London: Academic Press.
Freud, S. (1972) *Das Ich und das Es* (1923). In *Gesammelte Werke, Band 13*. Frankfurt/M.: S. Fischer.
– (1973) *Die Traumdeutung. Über den Traum*. (1900–01). In *Gesammelte Werke, Band 2/3*. Frankfurt:M.: S. Fischer.

Heimann, P. (1955) *A Contribution to the Re-valuation of the Oedipus Complex*. In M. Klein, P. Heimann und R. Money-Kyle (Hg.) *New Directions in Psychoanalysis*. London: Tavistock.

Henry, G. (1974) Doubly Deprived. *Journal of Child Psychotherapy* 3(4): 15–28.

Hogarth, W. (1968) *Apology for Painters*, hg. v. M. Kitson. Oxford: University Press.

Jackson, M. (1960) Jung's Archetype: Clarity or Confusion. *British Journal of Medical Psychology* 33(2): 83–94.

Jung, C. G. (1967) *Psychologische Determinanten des menschlichen Verhaltens*. In *Gesammelte Werke*, Band 8. Zürich: Rascher.

– (1976) *Die Archetypen und das kollektive Unbewußte*. In *Gesammelte Werke*, Band 9 (1. Halbband). Olten: Walter.

Klein, M. (1932) *Die Psychoanalyse des Kindes*. Wien: Int. Psychoanalyt. Verlag.

Kris, E. (1977) *Die ästhetische Illusion. Phänomene der Kunst in der Sicht der Psychoanalyse*. Frankfurt/M.: Suhrkamp (es 867).

Lambert, K. (1981) *Analysis, Repair and Individuation*, Library of Analytical Psychology 5. London: Academic Press.

Lowenfeld, M. (1931) A New Approach to the Problem of Psycho-neurosis in Childhood. *British Journal of Medical Psychology* II(3): 194–227.

– (1937) A Thesis Concerning the Fundamental Structure of the Mento-Emotional Process in Children. Paper delivered to the British Psychological Society.

– (1964) The Study of Preverbal Thinking and its Relation to Psychotherapy. Paper delivered to the Sixth International Congress of Psychotherapy.

– (1969) *Play in Childhood*. Bath: Chivers.

Neumann, E. (1957) *Die große Mutter*. Darmstadt: Wiss. Buchges.

– (1961) The Significance of the Genetic Aspect for Analytical Psychology. In G. Adler (Hg.) *Current Trends in Analytical Psychology*. London: Tavistock.

– (1973) *The Child: the Structure and Dynamics of the Nascent Personality*. New York: Putnam.

Pines, M. (1982) Reflections on Mirroring. *The Journal of Group Analysis* 15(2): suppl. 1–25.

Plaut, F. (1966) Reflections on Not Being Able to Imagine. In M. Fordham, R. Gordon, J. Hubback, und K. Lambert (Hg.) *Analytical Psychology, a Modern Science*. London: Academic Press.

Racker, H. (1968) *Transference and Counter-Transference*. London: Hogarth Press.

Searles, H. (1960). *The Non-Human Environment*, Monograph Series on Schizophrenia 5. New York: International University Press.

Segal, H. (1974) *Melanie Klein: Eine Einführung in ihr Werk*. München: Kindler.

Selfe, L. (1977) *Nadia, a Case of Extraordinary Drawing Ability in an Autistic Child*. London: Academic Press.

Trevarthen, C. und Grant, F. (1978) Infant Play and the Creation of Culture. *New Scientist* 81(1): 566–69.

Winnicott, D. W. (1974a) *Die Fähigkeit zum Alleinsein*. In *Reifungsprozesse und fördernde Umwelt*. München: Kindler.

– (1974b) *Versorgung des Kindes in Gesundheit und Krise*. In *Reifungsprozesse*, a. a. O.

– (1974c) *Die Frage des Mitteilens und des Nicht-Mitteilens führt zu einer Untersuchung gewisser Gegensätze*. In *Reifungsprozess*, a. a. O.

– (1973) Vom Spiel zur Kreativität. Stuttgart: Klett.

6
Ein Zugang zur Kunsttherapie nach Jung in einer Wohngruppe

Martin Robinson

Wer dem Werk C. G. Jungs nicht völlig fremd gegenübersteht, erwartet vielleicht gewisse Schwierigkeiten bei der Einführung einiger seiner Ideen in eine Wohngemeinschaft für junge Menschen. Dieses Unterfangen umfaßt in vielerlei Hinsicht das Zusammentreffen zweier grundlegend verschiedener Zugänge zur Therapie: der eine umfaßt im wesentlichen die Introversion eines Individuums, mit dem Ziel, Tiefen in sich selbst zu erkunden und Kreativität aufzudecken, die mit der Gruppe geteilt werden kann, während der andere – der alles umfassende Mikrokosmos einer therapeutischen Gemeinschaft – ein starkes Verwachsensein mit Gruppenprozessen und ihren Grenzen erfordert, um vorher festgelegten Prinzipien treu zu bleiben. Eine Gemeinschaft, die mit dieser Form der Identitätsfindung befaßt ist, fördert oft fast exzessive Extraversion. So sehr auch ein ehrgeiziger Kunsttherapeut in solch einer Situation das Gefühl an sich erfahren mag, am falschen Platze zu sein, erweist diese Erfahrung sich oft als wertvoll, weil dadurch viele wichtige Themen in einer Zeit aufgeworfen werden, in der Gruppenprozesse immer mehr an Stoßkraft gewinnen und sich viele neue Einsichten ergeben, wenn man diese beiden Welten in unmittelbarer Nachbarschaft miteinander betrachtet.

Dieses Kapitel will sich nicht mit irgendeiner bestimmten therapeutischen Situation identifizieren, obwohl viele Erfahrungen und Beispiele aus der Arbeit in einer Wohngemeinschaft stammen. Es soll damit vielmehr die Erforschung der zahlreichen Probleme verbunden werden, die sich aus der Einführung einer bestimmten Form der Kunsttherapie in einen bereits bestehenden therapeutischen Rahmen ergeben. Es sol! zugleich der Versuch unternommen werden, tieferliegende, allgemeinere Themen zu beleuchten, die solchen Problemen zugrundeliegen. Nur in einer Gemeinschaft, die sich einigen dieser Probleme gegenübersieht, kann das höchst bemerkenswerte Potential für eine kreative Kunsttherapie verwirklicht werden, und es muß vielleicht harte Arbeit geleistet werden, bevor die Umstände der Kunsttherapie die Freiheit zubilligen, den auf einem privaten Hintergrund größtmöglichen Erfolg zu erzielen. Die Entscheidung für die Einführung der Kunsttherapie wird oft im Prinzip von jedem, der damit zu tun hat, als lohnend angesehen, aber nur wenige erkennen mögliche Schlußfolgerungen für die Reintegration. Eine therapeutische Gemeinschaft bietet aufgrund ihres starken familiären, ja sogar stammesähnlichen Charakters eine sehr fruchtbare Grundlage dafür, und die Energie, die sich in einer großen Gruppe von Jugendlichen und jungen Erwachsenen entwickelt, von denen ein jeder mit seinen eigenen, stark gefühlsbetonten persönlichen Identitäts-, Beziehungs- und Autoritätsproblemen kämpft, ist in der Tat beträchtlich.

Zunächst ist eine Erklärung dazu vonnöten, was in diesem Fall unter einem Zugang zur Kunsttherapie nach Jung verstanden werden soll. Eine so unklare Bezeichnung, die, nebenbei bemerkt, von Jung selbst beklagt wurde, legt eine Vielzahl von vagen Bedeutungen nahe. Wenn man weiter bedenkt, daß sogar unter den Anhängern Jungs – die nur allzu bekannt für ihre Unterstützung der Kunst als therapeutisches Hilfsmittel sind – (es bestehen viele verschiedene Zugänge zu seiner Theorie), dann ist es wohl besser, einfach seinen eigenen Standpunkt in dem breiten angelegten Zusammenhang der eigenen Ausbildung darzulegen.

Ich bin weit davon entfernt, bestimmten Motiven aus einer vorgefertigten Menge an Formeln Bedeutung à la Jung oder Freud beizumessen – was weit verbreitet ist, aber mehr über den Therapeuten als über den Klienten auszusagen scheint. Vielmehr bemühe ich mich darum, eine Haltung zu bewahren, die so offen wie irgend möglich für die Einzigartigkeit und den spezifischen Gefühlsgehalt eines Bildes und den Glauben an die selbstregulierende Natur der Psyche ist, die durch das Bild demjenigen eine bestimmte Botschaft mitteilt, der gewillt ist, sie zu erkennen. Über dieser Neigung, die Psyche in dieser Weise zu bewerten, steht eine Sicht der Kunsttherapie, die sich weniger mit der Regelung gestörten Verhaltens und der Modifikation von Symptomen befaßt, sondern sich auf die alles umfassende Bedeutung des Sichtbarwerdens von offenkundigen Aspekten des Selbst konzentriert, das von Nachweisen des Ich im angefertigten Kunstwerk unterschieden wird. Obwohl ich später auf dieses Thema zurückkommen werde, ist es an dieser Stelle wichtig, festzuhalten, daß es sich hier um keine beliebige Unterscheidung handelt. Viele zerbrechen sich nicht den Kopf darüber, den Ursprung der Bedeutung eines »Ich bin« von einem anderen zu unterscheiden und würden daher einen in diese Richtung zielenden Versuch als unverantwortlich abstrakt ansehen. Aber wenn die Kunsttherapie, wie ich fest glaube, ihren Beitrag zu einem ernstzunehmenden Studium der menschlichen Natur leisten soll, lohnt es sich, hinsichtlich der Möglichkeiten, mit denen künstlerische Arbeit die fundamentalen Fragen der Identität vermitteln kann, einige Schritte ins Ungewisse zu tun. Um die Diskussion in Richtung Jung zu lenken, könnten wir das Ich als Zentrum des Bewußtseinsfeldes und in dieser Funktion als Subjekt aller bewußten Akte definieren (Jung 1976:12ff.). Das Selbst ist weit mehr als das, weil es auch unbewußte und unpersönliche oder kollektive Teile der Psyche eines Individuums umfaßt. Die künstlerische Arbeit, die einen Sinn für Ganzheitlichkeit oder Totalität ausdrückt, hat einen unpersönlichen und universalen Beigeschmack und eine ganz unterschiedliche Energieebene in bezug auf jene künstlerische Arbeit, die ein Produkt des Ich ist. Seine Merkmale werden in Arbeiten nachempfunden, die eine Atmosphäre kluger Erfindungsgabe vermitteln und darauf abzielen, ein Publikum zu beeindrucken und auf aggressive Weise Anerkennung zu fordern. Ich habe nicht die Absicht, diese Art künstlerischer Arbeit zu unterschätzen oder herabzusetzen, sondern möchte nur nahelegen, daß ihre besondere Intention ihr auch besondere Beschränkungen auferlegt.

Um sich der Idee des unbewußten Gehaltes in der Kunst anzunähern, lohnt es sich, die Parallelen zwischen Trauminhalt und spontaner oder unbeabsichtigter künstlerischer Arbeit aufzuzeigen. Ebenso wie Freud und viele andere maß Jung der Interpretation von Träumen große Bedeutung bei. Während beide den Traum als Ausdruck der unbewußten Seele ansahen, beruhte Jungs persönlicher Zugang auf dem Prinzip, daß der Traum auf etwas in sich Tiefsinniges und Bedeutungsvolles verweise (Jung 1968:28). Jung folgte nicht der Methode Freuds, die freien Assoziationen des Patienten zu nutzen, um sich vom Traumgehalt fort und hin zu den Komplexen leiten zu lassen, die neurotisches Verhalten verursachten. Vielmehr bestand Jung darauf, immer wieder auf den genauen Charakter des Traumes zurückzukommen, da er glaubte, daß dieser nicht nur verschleierte Kommentare über verallgemeinerbare Komplexe – etwa über den Ödipuskomplex und seine verschiedenen Ausprägungen – abgäbe, sondern der Traum enthält nach Jung im Hinblick auf diese Komplexe metaphorische Bilder, die sehr präzise über die Verfassung dieses Individuums Auskunft geben und Hinweise dazu bieten, wie eine Zwangslage am besten aufzulösen sei. Mit anderen Worten umfaßt Jungs Zugang eine Haltung zur unbewußten Psyche, die dieser beträchtlich mehr Respekt zollt als eine Auffassung, bei der die Psyche einfach als Reservoir unterdrückter Ängste und Wünsche angesehen wird. Für Jung hatte es den Anschein, daß ein Patient mehr Energie und Ermutigung zur Bewältigung seiner Schwierigkeiten schöpfen würde, wenn er den besonderen Bedeutungsgehalt seines speziellen Traumes erfasse, als wenn er vom Analytiker mit verallgemeinerten Interpretationen, zum Beispiel in bezug auf seinen Ärger mit dem Vater und seine Zwiespältigkeit gegenüber der Mutter, ausgestattet würde.

Wenn wir diese Einstellung dem Traum gegenüber im Auge behalten, warum sollte man nicht das Bild einer Person, die sich einer Therapie unterzieht, auf dieselbe Weise betrachten? Das heißt, es nicht einfach als interessantes Zeugnis aus der Sicht des Therapeuten, aus dem sich eine schnelle Diagnose ableiten ließe, sondern als etwas höchst Individuelles, das eng mit dem sich verändernden und entwickelnden Gefühlsleben sowie den Wertvorstellungen des Malenden verknüpft ist. Hier ist der Bereich angesprochen, in dem das Individuum ein Gefühl seiner selbst in bezug auf die Welt erfährt, so zerstückelt oder geschützt jene auch sein mag. Als solches ist ein Bild, das isoliert besprochen wird, ebenso begrenzt anwendbar wie ein einzelner Traum; denn nur durch eine Serie von Träumen oder Bildern, die einen organischen Prozeß bilden, kann das Kaleidoskop der Psyche widergespiegelt werden und man kann damit beginnen, ein ganzheitliches Bild der Person und der Richtung aufzubauen, in die die Psyche ihn zu leiten gedenkt.

Wenn der therapeutische Prozeß in Kontakt mit der Person bleiben soll, kann er sich nicht damit zufriedengeben, wichtige Motive für eine intellektuelle Interpretation auszuwählen, sondern es muß versucht werden, den Kontakt mit der wirklichen Dynamik aufrechtzuerhalten, die den allmählichen Umwandlungsprozeß ausmacht.

Dies kann mit einem kurzen Beispiel aus der griechischen Mythologie veranschaulicht werden. Es gibt viel Literatur, die erklärt, wie die Mythen als analoge Darstellungen des archetypischen Rahmens der verschiedenen psychologischen Komplexe angesehen werden können. (Campbell 1975). Wenn wir den wohlbekannten Mythos von Theseus und dem Minotaurus nehmen und uns nur auf die getrennten Motive konzentrieren, könnten wir folgende Liste anfertigen: König Minos – Über-Ich; Minotaurus – ungehemmtes sexuelles Verlangen, dessen sich sein Besitzer schämt; das Labyrinth – der Komplex, in dem das Ungeheuer vergraben oder dem Bewußtsein verlorengegangen ist und alle neue Energie verschlingt; Theseus – das Ich, das die Neurose überwindet. Wenn wir so verfahren, können wir leicht das zugrundeliegende Thema im Mythos des Wandlungsprozesses von einer grundlegenden psychischen Einstellung zur anderen verfehlen. Der Mythos setzt an einer Stelle fixierter, statischer Egozentrizität an, die von König Minos symbolisiert wird, der sich der göttlichen Weisung, den göttlichen Stier zu opfern, widersetzt, und sich in der Folge mit einem Ungeheuer auseinanderzusetzen hatte. Es muß diesem tyrannischen Ichzustand viel positive Energie geopfert werden, bevor der Held geboren wurde oder als neues Element in der Psyche erschien, das das Individuum von seinem zerstörerischen Ungeheuer befreien konnte, weil er, der Held, seine Reise in das Labyrinth hinein und auch wieder heraus gemacht hatte und dort einen Aspekt des Gottes kennengelernt hatte, der zuvor verneint worden war. Also ist er über das Persönliche hinausgegangen, indem er tief in das Unbewußte eindrang, um dann mit den Reichtümern, die er gewonnen hatte, der Welt im ganzen zum Nutzen zu gereichen.

Der langsame, recht mühsame Prozeß der inneren Wandlung in der Geschichte wird auch durch den feinen Faden symbolisiert, mit dem Ariadne (das weibliche Gegenstück oder die Anima des Helden) Theseus ausstattet und ohne den er im Labyrinth verloren gewesen wäre, wodurch die Aufgabe des Helden unerfüllbar geworden wäre. Der oft halb versteckte, kaum erkennbare schwache Faden, der die Träume oder Bilder einer Person über einen gewissen Zeitraum hinweg zusammenhält und viele oft unerklärbare Drehungen und Wendungen führt, stellt in sich selbst den Heilungsprozeß dar. Nur zu leicht gerät das individuelle Ich in Konflikt mit der Richtung, die die unbewußte Psyche einzuschlagen wünscht, oder der Therapeut ändert den Kurs durch Ermutigung in die Richtung vorgegebener therapeutischer Kanäle. Sehr häufig überträgt sich das Mißfallen des Therapeuten im Hinblick auf Bilder und Farben, die er schlecht und schädlich oder zu dämonisch findet, auf den Patienten, der dann malt, was der Therapeut sehen möchte. Dann verliert der Patient den Faden und findet sich in einem Engpaß oder einer Sackgasse wieder, was zur Desillusionierung oder zum Verlust der Libido führt.

Natürlich ist ein Bild selten ein so unbewußtes Produkt wie ein Traum, da es immer wieder Veränderungen durch das bewußte Empfinden dessen unterzogen wird, was die betreffende Person veranschaulichen möchte. In gewissem Sinne gehört das Bild oder die Skulptur in gleicher Weise der bewußten wie auch der unbewußten Welt an und stellt eine Art Dialog zwischen den beiden dar. Es ist wahrscheinlich unmöglich, ein Bild zu malen, das keinerlei unbewußte Einstellung oder Neigung verrät. Sogar wenn man bewußt damit beginnt, eine Geschichte aus einer vorgegebenen Quelle bildlich darzustellen, so tendiert das Unbewußte dennoch dazu, dem Sachverhalt einen eigenen Stempel aufzudrükken, und dann wird im einzelnen festgelegt, welchen Abweichungen vom vorgegebenen Text besondere Bedeutung beigemessen werden soll, um auf Schwachpunkte zu verweisen. Wie leicht ist es doch, einem Portrait genau den emotionalen Ausdruck zukommen zu lassen, den man an dem speziellen Tag gerade empfindet.

Einmal arbeitete ich mit einem kräftig gebauten Jugendlichen, der fast einen Eindruck von Muskelstarre vermittelte. Er hatte hysterische Anfälle, die er sorgfältig vor jedermann verbarg, indem er ein höfliches und augenscheinlich gemäßigtes Verhalten an den Tag legte. Er zeichnete das Portrait einer seiner

Freunde mit fast besessener Aufmerksamkeit für Details und das Gefüge. Während das Gesicht des Sitzenden im Profil dargestellt und kaum von Interesse war, wurden die Falten auf der gekrümmten Schulter, die fast das ganze Zentrum der Bildfläche einnahm, mit übermäßiger Sorgfalt wiedergegeben. Die symmetrisch angeordneten hellen und dunklen Flächen in den Falten des Stoffes beschworen unmittelbar das ganze Gesicht eines gepeinigten und gefangenen alten Mannes herauf, der – wie Michelangelos Sklaven – dazu verurteilt schien, für immer in der Unterwelt eingekerkert zu sein. Das vorgebliche Portrait des Freundes war in Wirklichkeit zu einem Portrait des eigenen unbewußten Problems des Zeichnenden geworden. Daß er gefühlsmäßig unter einem überwältigenden Problem litt, das immer wieder sein Selbstwertgefühl vergiftete und normalen Ausdruck von Schmerz verhinderte, schien er in einem Traum ausgetragen zu haben, den er einmal erzählte, sowie in einem Bild, das er zur Veranschaulichung dieses Traumes malte. Zu sehen war eine tiefe Grube in der Wüste, wo er von oben hoch auf dem schroffen Rande beobachtete, wie ein junger Mann von riesigen Skorpionen zu Tode gestochen wurde.

Ein zweites seiner Bilder ist vielleicht sogar noch aussagekräftiger. Es ist ebenso besessen detailliert gemalt und stellt eine Ziegelmauer dar, wobei jeder einzelne Ziegel sorgfältig umrissen und abgestuft, aber von kleinen, runden Löchern durchbohrt ist, aus denen die gefesselten Hände langer, dünner, spinnenartiger Männer herausragen. Daß er sich entschied, dieses Bild in einem Raum auszustellen, der der Gruppentherapie vorbehalten war, scheint das quälerische instinktive Unbehagen anzudeuten, das er empfand, als er sozusagen an die Wand genagelt und der Öffentlichkeit zur intellektuellen Interpretation ausgesetzt war. Er drückte diese Gefühle nie in Worten aus und blieb äußerlich ein Vorbild an Ehrbarkeit in der Gemeinschaft; aber andere nahmen ihn als isoliert und unantastbar wahr, als sei er von einer undurchdringlichen Mauer umgeben. Die Tatsache, daß seine Probleme meiner Meinung nach im wesentlichen mit einem negativen Aspekt des Mutterbildes verknüpft waren (während sich die Diskussionen unaufhörlich um die ödipalen Kämpfe mit dem männlichen Gruppenleiter drehten), trug wenig dazu bei, seinem besonderen inneren Konflikt abzuhelfen. Während die verinnerlichte, ablehnende Mutter fortwährend einen Ausbruch seiner infantilen Wutanfälle verbot, war er nicht dazu in der Lage, mit seiner eigenen, enormen Energie Verbindung aufzunehmen, mit der er Eigenschaften des Vaters hätte annehmen können, um auf diese Weise den ödipalen Konflikt zu lösen. Etwas, das zu einem sehr frühen Zeitpunkt in seinem Innenleben falsch gelaufen war, mußte aufgelöst werden, bevor er tatsächlich in das Leben der Gemeinschaft eintreten konnte, und zwar die intuellektuellen Werte, die er so unerschütterlich und so sehr auf Kosten seiner eigenen Reife aufrecht erhielt.

Bevor wir zu einer weitergehenden Erforschung dieser Gruppenwerte über-gehen, müssen wir ein letztes und zentrales Thema in bezug auf die Psychothe-rapie Jungs untersuchen. Jung maß der künstlerischen Arbeit besondere Be-deutung bei, in der er nicht nur Hinweise auf Psychopathologie und Neurose, sondern auch darauf fand, was er das Selbst nannte. Das Selbst war für Jung von weit größerer Bedeutung in der Psyche als das Ich, das er als etwas defi-nierte, das das Zentrum des Bewußtseinsfeldes ausmachte. Wenn das Ich das Bewußtsein erhält, indem es sich den Übergriffen des Unbewußten entgegen-stellt, so löst das Selbst diesen inneren Konflikt dadurch, daß es sich mitten zwischen den beiden befindet und so das Zentrum der Totalität des Menschen darstellt (Jung 1981).

Es sind große Sammlungen spontaner künstlerischer Arbeiten von kleinen Kindern zusammengestellt worden, in denen Motive der »Ganzheitlichkeit« vorkommen (Kellogg 1977). Diese sind oft geometrischer oder numerischer Art, wie etwa der Kreis oder das Quadrat, und sie geben Erwachsenensymbole des Ganzseins aus jeder Kultur seit den frühesten Anfängen der Menschheit wieder. Diese universal verwendeten Symbole legen in erster Linie den Wunsch nach Ordnung und innerer Sicherheit nahe, der grundlegenden Ein-fluß auf die Entwicklung der Persönlichkeit ausübt. Kalff, die als Therapeutin nach Jung ausgebildet ist, hat die *Lowenfeld world technique of sand play* ent-wickelt (Kalff 1980) und betrachtet die Manifestation des Selbst in der Arbeit ihrer Patienten, darunter viele Kinder, als notwendige Voraussetzung für die Entwicklung eines gesunden Ich; sie verweist auf zahlreiche Fälle einer schwa-chen oder neutrotischen Ichentwicklung, wo diese Offenbarung des Selbst auf-grund einer umgebungsbedingten Unzulänglichkeit im frühen Leben nicht zu-tage treten konnte.

Sowohl Kalff als auch Winnicott legen in ihren Ausführungen großen Wert auf die Bedeutung der rechten Anlage eines therapeutischen Rahmens, in der das Selbst des Patienten die niemals zuvor wahrgenommene Gelegenheit er-hält, sich mit sich selbst zu vereinigen. Wenn Kalff den »freien und geschützten Raum« (Kalff 1980:29) beschreibt, in dem das Kind allmählich so weit kommt, sich ganz akzeptiert zu fühlen und das Sicherheitsgefühl entwickelt, das eine Voraussetzung für die Entwicklung seiner Möglichkeiten – nicht nur des Ich, sondern der ganzen Persönlichkeit – darstellt, so gibt sie, wie ich glaube, fast genau Winnicott in seiner wohlbekannten Formulierung des »potentiellen Rau-mes« wieder. Die Leistung des »Ich bin« sollte Winnicott zufolge (Winnicott 1971) in der »stützenden« Umgebung stattfinden, die durch die »genügend gute« Mutter bereitgestellt wird. Später ist das Individuum dazu in der Lage, auf die Unterstützung der wirklichen Mutter zu verzichten, da es sich eine in-nere Umgebung geschaffen hat. Wenn diese Umgebung fehlt, ist es von grundlegender Bedeutung, daß der therapeutische Raum diese Gelegenheit zur Konstellation des Selbst wiederherstellt. Winnicott beschreibt ihn als einen Raum, zu dem sowohl die innere Wirklichkeit als auch das äußere Leben beitragen, als einen Bereich, der zwischen dem Therapeuten und dem Patienten geschaffen wird, in dem Phantasie und Wirklichkeit einander begegnen. Er entwickelt sich auf natürliche Weise in einen Bereich des Spiels und der Kreativität hinein, in dessen Pflege der Therapeut ideal eingepaßt ist.

Die Etablierung einer solchen »stützenden Umgebung« oder eines »freien, aber geschützten Raumes« innerhalb einer Gemeinschaft, die gerade dazu geschaffen wurde, um jungen Menschen Therapie zu gewähren, sollte – zumindest in der Theorie – nicht auf viel Widerstand stoßen.

Wenn man erkennen will, wie bedrohlich und potentiell brisant die Schaffung individueller therapeutischer Bindungen innerhalb einer therapeutischen Gemeinschaft ist, in der sich so leicht »Mutter-Kind-Beziehungen« herausbilden, muß man sorgfältig die Struktur und die zentrale Dynamik der Gemeinschaft prüfen. Die Definition einer therapeutischen Gemeinschaft ist problematisch. Es gibt nicht *ein* Modell. Die Gruppe und die therapeutischen Ziele müssen definiert werden. Seit dem Krieg sind therapeutische Gemeinschaften in einer Vielzahl von Umgebungen gewachsen (Hinshelwood und Manning 1979). Einige sind Gefängnissen oder Nervenheilanstalten angeschlossen, andere haben sich aus den alten, anerkannten Schulen entwickelt, andere waren Pioniereinrichtungen aus eigener Kraft. Einige zielen darauf, Psychotherapie bereitzustellen, andere Rehabilitation und wieder andere Erziehung; viele wollen aber auch eine Kombination dieser Leistungen anbieten.

Die meisten verschreiben sich demokratischen Methoden, was bedeutet, daß die Mitglieder weitgehend an Entscheidungsfindungen, an der Artikulation von Gefühlen und an der engen sozialen Nähe von Personal und Bewohner beteiligt werden. Während die demokratischen Maßnahmen den Bewohnern ein Selbstwertgefühl und Verantwortungsbewußtsein für sich selbst und füreinander vermitteln, existiert notwendigerweise eine versteckte Autoritätsstruktur hinter der augenscheinlichen Freiheit. Keine Therapieform scheint ohne klare Grenzen zu arbeiten.

Da das zentrale Thema dieses Kapitels in der Erkundung des Konfliktes zwischen individuellen therapeutischen Bedürfnissen und gruppentherapeutischen Interessen besteht, – ein Problem, das verbreitet genug ist, um von allen erwähnten Einrichtungen erkannt zu werden – bietet sich die Möglichkeit, mehrere allgemeine Beobachtungen zu machen. Da ich hauptsächlich in der Behandlung junger Menschen Erfahrungen gemacht habe, darunter vornehmlich Jungen mit schweren Persönlichkeitsstörungen, werde ich die Beobachtungen auf diesen Bereich beschränken.

Es gibt mehr therapeutische Gemeinschaften für Jungen als für Mädchen. Der Grund dafür besteht wahrscheinlich in der Tatsache, daß Jungen leichter in Gruppen zu kontrollieren sind als Mädchen, daß sie bereitwilliger Systeme des Rechts, der Hierarchie und der Tradition annehmen und daß sie eher geneigt sind, die Werte einer Gruppenmoral anzuerkennen. Viele, die in diesem Bereich arbeiten, würden es vorziehen, sich mit den offenen Handlungsweisen geschädigter Jungen zu befassen, die bestimmte Willens- und Persönlichkeitseigenschaften in ihnen auslösen, als mit dem unterdrückteren und hysterischen Handeln gestörter Mädchen, das sie so oft in Kontakt mit ihren eigenen ungelösten Problemen bringt.

Der institutionelle Schirm, den ich soeben beschrieben habe, hat sodann stark männliche Beiklänge, verfügt über die zuvor erwähnten demokratischen Elemente, aber auch über eine strikt aufrechterhaltene Autoritätspyramide. Er ist weitgehend und absichtlich von der Außenwelt abgeschnitten, ein Ort, der von Insassen oft als eine Insel der Zuflucht inmitten einer feindlichen Welt »dort draußen« erfahren wird. Das Leben in der Gemeinschaft kreist um die Treffen dieser Gemeinschaft, wo Angelegenheiten auf jeder Ebene diskutiert werden, angefangen bei der Lösung von Verhaltensproblemen, der Erteilung von Sanktionen bis hin zur Untersuchung persönlicher und gruppendynamischer Probleme, die oft miteinander verwechselt werden. Das Treffen in der Gemeinschaft wird auf vielerlei Weise erfahren – als Arena, in der aufstrebende junge Matadoren die Macht und die Autorität des Stiers austesten; als ein Ort des Beginnens, an dem ein Individuum entsprechend der Mythologie der Institution das Menschsein und eine neue Identität erlangen kann, indem es öffentlich erklärt, daß es die Werte der Gemeinschaft zu unterstützen gewillt ist. Seine Stimme in einer großen Gruppe bei oft passiver Feindseligkeit gegenüber den hochgehaltenen Werten zu erheben, nimmt eine fast phallische Bedeutsamkeit an. Schließlich kann das Gemeinschaftstreffen gelegentlich auch als große therapeutische Gruppensitzung fungieren.

Die Institution stellt enorme Anforderungen an das Individuum – es muß teilnehmen, sich mitteilen und seine eigenen Motive sowie die der anderen analysieren. Man erklärt ihm wiederholt, daß die Gemeinschaft zusammenbricht, wenn nicht jeder an ihrem Gewicht mitträgt. Wenn der Einzelne mit seinen Problemen beladen ankommt, stellt er fest, daß er sich nicht in erster Linie damit befaßt, sondern daß sein Hauptproblem in der Zurückweisung der Forderungen der Gemeinschaft besteht. Ob das Individuum den Widerstand überwinden kann, hängt weitgehend von seiner Willenskraft und seiner Fähigkeit ab, Angst oder Hysterie zu unterdrücken. Wenn die seelischen Wunden tief sind und man von Natur aus introvertiert ist, können die Forderungen der Gemeinschaft eine schmerzhafte Erfahrung bilden. Kein Privatleben, keine sorgfältige Sicherung irgendeines Bereiches ist erwünscht. Alles wird gemeinsam abgewickelt und ans Tageslicht gezerrt.

Die Probleme, die in einer therapeutischen Gemeinschaft überwunden werden müssen, sind weniger eine Ansammlung der persönlichen Probleme des Individuums, sondern die stereotypen Widerstände gegenüber dem Leben in einer solchen Einheit, die dem Einzelnen einfach alles abverlangt. Die Institution wird zur Mutter, der Leiter zum Vater. Sowohl gute als auch schlechte Übertragungen sind intensiv, weil sie als solche intendiert sind. Der Widerstand zeigt sich in mannigfacher Form: Hysterie, Wut, Unmut, Neid, Rivalität, passive Rebellion, Langeweile, Apathie. Hinter all diesen Verhaltensweisen steckt eine zentrale Dynamik – die kindähnliche Suche oder das Erschleichen persönlicher Zuwendung, nach der sich das Individuum mehr als alles andere sehnt. Es wünscht, Elternfiguren für sich allein zu haben, ist aber gezwungen, nur seinen Anteil als Mitglied der größeren Familiengruppe anzuerkennen.

Das Ausmaß, in dem die Themen der Autorität, der Grenzen und der Übertragung sich so oft wiederholen, ist nicht zufällig, weil das Leben in der Gemeinschaft und die therapeutische Struktur diese Themen vorgeben. Es ist, als wäre die Gemeinschaft als Ganze auf einer unterschwelligen Ebene hinsichtlich einer gewissen Vorstellung oder eines Mythos übereingekommen, er immer wieder endlos durchgespielt werden muß. In jede einzelne Psyche wird eingedrungen, sie wird von denselben, untereinander geteilten, inneren Gehalten gefärbt. In dieser Situation ist es für ein einzelnes Mitglied schwer, mit irgendeiner Gewißheit zu sagen, ob es sich zum Beispiel tatsächlich gegenüber einem Vaterbild verärgert fühlt oder gar Mordgelüste empfindet oder ob von ihm verlangt worden ist, das Gefühl zu verinnerlichen und es nur mehr als Sprachrohr einer kollektiven Dynamik handelt.

Es ist höchst fraglich, ob das Erfordernis, wohl oder übel solche Übertragungen an sich zu erfahren, ein gesundes und therapeutisches Verfahren darstellt oder ob es vielmehr dämpfende Wirkung auf die Psyche ausübt und Kreativität verhindert. Mit großer Sicherheit hemmt dieses Verfahren die Spontaneität.

Ich habe einige Zeit darauf verwandt, das Therapiesystem darzustellen, das oft in einer therapeutischen Gemeinschaft geläufig ist. Dies ist notwendig, damit mit einiger Überzeugung aufgezeigt werden kann, wo die wesentlichen Hemmschwellen gegen eine erfolgreiche Kunsttherapie liegen können. Die Hauptschwierigkeit besteht in der Schaffung eines »sicheren« Raumes, in dem das Individuum bereit ist, seine Schutzmaske fallen zu lassen, und in die Lage versetzt wird, die angebotene Unterstützung anzunehmen, indem es sich uneingeschränkt akzeptiert fühlt. In einem so gearteten Gemeinschaftsleben ist es für jeden selbstverständlich, gegenseitig die auftretenden Verhaltensweisen zu überprüfen, um sicherzugehen, daß sie sich in Übereinstimmung mit der Moral der Gemeinschaft befinden. Jedes Mitglied ist dazu verpflichtet, über Verletzungen der vorgegebenen Grenzen zu berichten. Dies wird nicht als böse Nachrede, sondern als »verantwortungsbewußte Freundschaft« angesehen, da sonst schnell ein Zustand von Angst und Chaos erzeugt werden könnte. Dieses Verfahren steht jedoch dem individuellen Gefühl entgegen, sich frei und spontan auszudrücken. In einer Gemeinschaft, in der viel psychoanalytische Terminologie verwandt wird, hält jeder nach der Freudschen Fehlleistung Ausschau. Wenn eine Person so mutig ist, eine Schlange zu malen, wird sie mit abfälligen Witzen über deren Freudsche Bedeutung überflutet werden. Abgesehen von der Tatsache, daß sich der Schlangensymbolismus über ein viel weitreichenderes Feld erstreckt als das offenkundige Phallussymbol, das unweigerlich von heranwachsenden Jungen in solchen Gruppen mit Beschlag belegt wird, ist wohl selbstverständlich, daß das Wesen erfolgreicher Kunsttherapie in Spontaneität und einer auf Verurteilung oder Herablassung verzichtenden Haltung gegenüber einer so wertvollen und empfindsamen Betätigung besteht, die dem Unbewußten Ausdruck zu verleihen bemüht ist.

Ein weiteres, wichtiges und dazu heimtückisches Problem stellt sich in einer negativen Haltung dem Unbewußten gegenüber, das wiederum mit einer negativen Einstellung zum Weiblichen verknüpft ist. Ein Milieu, in dem sich vornehmlich männliche Heranwachsende bewegen, gewinnt seine eigene Mythologie. Die Betonung liegt auf der Hackordnung, der Rivalität, der Entfaltung von Aggressionen. Wo das hoch bewertete Vorbild mannhaft ist und ein Herkulesmythos besteht, existiert zwangsläufig eine entsprechende Abwertung weiblicher reativität, der Intuition, der Fürsorge, des Mitleids, der Zuneigung. Die Jungen kommen fast ausschließlich mit schweren Problemen in ihrer Mutterbeziehung und damit einhergehenden tiefliegenden Problemen des Abgelehntwerdens. Ihr verinnerlichtes Mutterbild ist oft das der schrecklichen, alles verschlingenden Mutter, der Hexe. Während sie innerlich an sie gebunden sind, sind sie nach außen hin dazu geneigt, sie abzuwerten. Diese Haltung überträgt sich leicht auf ein profundes Mißtrauen gegenüber dem Unbewußten. Wenn eine Einrichtung als Ganze die Abwertung des Femininen zuläßt, so empfindet man einen alles umfassenden Mangel, eine Kopflastigkeit, eine Künstlichkeit, die die grundlegenden Bedürfnisse des Individuums nie ganz trifft, so natürlich und unterstützend auch die Umgebung, die Einrichtung, das Essen sowie die Aktivitäten sein mögen. Die zerstückelten Instinkte der Jungen suchen nach einer Realitätsebene, auf der sie Wurzeln schlagen können.

Eine Atmosphäre der Rivalität und des Wettstreites, in der die potentielle Libido gefangen und in der Spannung zwischen Autorität und Kriminalität aufgerieben wird, verrät eine innere Einsamkeit und den Verlust des Selbst. Wenn man sich darauf konzentriert, was ein Individuum in positiver oder in destruktiver Weise im Hinblick auf die Gruppe tut, und wenn wenig Raum dafür bleibt, den Menschen, so wie er ist, einfach zu akzeptieren, und zwar abgesehen von seinem Verhalten, dann fehlt das Gefühl des Vertrauens und der Sicherheit, das die Ausbildung des Ich begleiten sollte. Der Ritus des Sich-Luft-Verschaffens negativer Gefühle, der von der therapeutischen Gemeinschaft so hoch eingeschätzt wird, obwohl er für gewöhnlich mit schmerzhafter Enthüllung und viel Druck seitens der Gruppe einhergeht, scheint selten über eine gewisse Erleichterung hinauszugehen, ein gewisses Ansehen erreicht zu haben. Der Einzelne wird jedoch ohne die tiefere Erfahrung persönlicher Bedeutung zurückgelassen, die die Offenbarung tief verborgener Geheimnisse umformen kann.

Der wahre Wert der Gruppenerfahrung scheint in jenen seltenen, sonnigen Momenten zu liegen, in denen das Individuum fähig ist, seine Offenbarung ohne Druck aus einer tieferen Gefühlsebene zu leisten; dann lösen sich all der Neid und die blockierenden Mechanismen der Spähgruppe in eine Anerkennung der zum Ausdruck gebrachten Gefühle auf und die Gruppe erzeugt für gewisse Zeit einen bemerkenswerten Zusammenhang und große Einigkeit.

Gruppen, die auf verbalen Austausch vertrauen, sind oft in Gefahr, sich von dem eigentlichen Gefühlskern, den sie aufzudecken suchen, abzutrennen. Die Teilnehmer lernen bald die Regeln des subtilen Versteckspiels. Das Psychologisieren wird zu einer irreführenden Kunst, etwas nicht zu sagen, geschweige denn zu erfahren. Wer über eine gute Sprachbeherrschung verfügt, befindet sich in einer Position der Stärke, und das Ich dieser Leute ist nur allzu gern bereit, diese Macht auszunutzen. Die Macht des verbalen Therapierens wird vom Betroffenen als unendlich bedrohlicher empfunden als körperliche und geistige Überlegenheit und ruft einen entsprechend starken Unwillen hervor.

Wenn wir bei der Behandlung tief verborgener psychologischer Wunden die Analogie der körperlichen Verletzung aufnehmen, so würde niemand es als überraschend, ärgerlich oder subversiv empfinden, wenn der Leidende vor der sich nähernden Schere der Krankenschwester zurückzuckt, ganz zu schweigen von der Bloßlegung und Untersuchung der ungeheilten Wunde selbst. Man braucht sich nicht darüber zu wundern, daß solche unterschwelligen Schutzmechanismen unter der Bedrohung der oft mitleidlosen analytischen Interpretation in Aktion treten.

Eins der häufigsten Motive in den angefertigten Bildern besteht in Mauern oder Zäunen, die ausschließen, trennen und abgrenzen. Ein Bild von Vorstadtreihenhäusern und ihren Gärten, die aus der Tunnelperspektive gesehen wurden und einen Eindruck nicht enden wollender Klaustrophobie vermittelten, umfaßt Reihen von Gartenzäunen, die horizontal wie Hürden die Bildebene hinauf placiert waren. Die wenigen Gartenbesitzer unterhielten sich über die Zäune hinweg miteinander. Sie waren deshalb alle unterhalb der Taille abgeschnitten.

Während das Bild gut konstruiert und ordentlich ausgeführt war, vermittelte der stereotype Charakter der Figuren und ihrer Gärten und die Gleichheit der Hausfassaden die fast wüstenartige Armut auf individueller, gefühlsmäßiger Ebene mit außergewöhnlicher Genauigkeit. Ein anderes, sehr aussagekräftiges Bild in diesem Zusammenhang war das einer Kuh, die durch Stacheldrahtstränge hindurch zu sehen war.

Eines der negativen Gefühle, das in einer therapeutischen Gemeinschaft mit großem Mißfallen gesehen wird, besteht darin, Langeweile zum Ausdruck zu bringen. Sie wird gewöhnlich als unterdrückte Aggression, die sich insbesondere gegen Autorität richtet, interpretiert. Sie wird zudem als Bedrohung für die Gruppenmoral und die Teilnahme angesehen und pauschal abgehandelt. Der Zugang in Form von Konfrontation verstärkt normalerweise die Frustrationsgefühle, die die gelangweilte Person empfindet; sie reagiert dann aggressiv und liefert so den Beweis für die ursprüngliche Interpretation. Es ist jedoch möglich, Langeweile als eine ganz gewöhnliche Reaktion auf eine Situation anzusehen, in der nichts Neues, nichts Stimulierendes oder Kreatives geboten wird. Eine Situation also, die keine spielerischen Elemente enthält.

Wenn die theoretische Interpretation mehr als die Person respektiert wird, so ergibt sich eine Situation, in der das Verhalten der Person der Theorie angepaßt wird. Bald nachdem die Gemeinschaft in die Kunsttherapie eingeführt worden war, wurde ein Traum erzählt, dem ich erhebliche Bedeutung beimesse. Der Träumende fand sich damit beschäftigt, eine Treppe aus einem dunklen Keller hinaufzusteigen, wo in diesem Traum die Kunstateliers lagen und er in Gesellschaft des Therapeuten gerade eine Schlange gemalt hatte, die ein Ei einkreist. Er nahm das Bild aus dem leeren Atelier und dem ebenso verlassenen Erdgeschoß mit in das Dachgeschoß des Hauses, wo er all seine Kameraden aus der Gruppe traf, die ihn und seine Arbeit nicht beachteten und damit fortfuhren, von einem Gruppenraum zum anderen zu gehen und dabei ununterbrochen miteinander zu reden. Die Bedeutung des Traumes ist nicht nur auf persönlicher Ebene für die Träumenden, sondern auch insofern deutlich, als er gewisse Eigenschaften der Einrichtung widerspiegelt, der der Träumende angehört. Das Obergeschoß des Hauses – die intellektuelle Ebene und das Ich – war zum Bersten voll. Die fast leeren Kunstateliers, der Bereich des Kreativen, war im Keller angesiedelt, der in seiner Dunkelheit das bisher noch unerforschte Unbewußte darstellte. Der Keller barg trotz seiner dunklen, vernachlässigten Erscheinung einen Reichtum unerkannten Potentials, das durch das von der Schlange geschützte kosmische Ei symbolisiert wurde, aber für das vom Kollektiv im Obergeschoß noch keine Bereitschaft zur Anerkennung bestand. Wenn eine Institution in dieser unterschwellig einseitigen Weise wächst, so geht damit gewöhnlich einher, daß sie von der Mehrzahl aller genuin emotionalen Erfahrungen abgeschnitten wird.

In einer Institution, in der das Durchspielen und die Artikulation von Gefühlen in gewissem Umfange toleriert wird, um Material für die Gruppentherapie zu liefern, erwartet man normalerweise von der künstlerischen Seite, daß sie einen großen Anteil an den frustrierten und eingeschlossenen Gefühlen in sich aufnimmt. Eine nichtverbale Aktivität wie die Kunsttherapie kann ein Sicherheitsventil für die neueren Mitglieder der Gemeinschaft darstellen, die noch nicht dazu in der Lage sind, ihre Gefühle in Worte zu fassen. Manchmal werden Individuen, die zu hysterisch sind, als daß man anderenorts objektiv mit ihnen umgehen könnte, den offenen Kunstsitzungen zugeführt, und man hofft, daß sie dort im Spiel mit der großen Anzahl einfacher künstlerischer Techniken und Betreuungsaktivitäten eine gewisse Erleichterung erfahren. Während dieser Aspekt der unbedeutenden Übung in der Kunsttherapie eine wichtige Rolle für das Gemeinschaftsleben spielt, wird der Raum, der einer tiefgehenderen Form der Kunsttherapie vorbehalten bleibt, oft aufs Geratewohl eingeräumt. Wenn in diesem Raum, wie ich glaube, danach gestrebt werden sollte, »frei und doch geschützt« zu sein, so kann er sich nicht erlauben, eine zu große Bürde an Gewalttätigkeit zu enthalten. Es ist natürlich wichtig, daß den Aggressionen gestattet wird, kontrolliert zum Ausbruch zu kommen; aber es ist auch wichtig, daß die Kunsttherapie in einer so gearteten Einrichtung nicht ausschließlich mit dieser Aufgabe identifiziert wird. Wenn Aggressionen einmal freigesetzt sind, so besteht durchaus die Möglichkeit, daß sie unkontrolliert verlaufen, da man dem irrigen Glauben anheimgefallen ist, daß dies therapeutisch sei; und dann entdeckt man zu spät, daß das Verhalten einer bestimmten Person sich in destruktiver Weise verfestigt hat. Der Raum dient nicht länger dem Schutz, sondern es herrschen bösartig erregte Schwingungen in ihm. Der richtig geartete Raum ist nur möglich, wenn die Gemeinschaft als Ganze ihn als wertvoll ansieht.

Wenn die Jugendlichen ankommen, so leiden sie zunächst lange Zeit unter einem Mangel an innerer Sicherheit und an einem Gefühl des Mangels an Zugehörigkeit. Ein aussagekräftiges Bild illustrierte dieses Gefühl der Isolation besonders genau. Ein winziges Boot segelt den Horizont entlang – ein Bruchstück des Selbst, eingezwängt zwischen einem tiefroten Himmel mit drei bedrohlichen Wolken darüber und dem unermeßlichen, unwirklichen Meer des Unbewußten unter sich. Eine phantasievolle Landschaft wurde gemeinsam von zwei älteren Bewohnern gegen Ende ihres Aufenthaltes gemalt. Das Bild war eindrucksvoll im Stile einer niederländischen Winterlandschaft des siebzehnten Jahrhunderts gemalt. Jeder der Beteiligten hatte sich eine Hälfte des Bildes vorgenommen. Der Maler der linken Seite placierte eine eintönige Reihe blattloser Bäume und einen Zaun auf den gefrorenen Boden und ließ in der Mitte einen leeren Bereich voller Schnee zurück. Die rechte Seite enthielt zwischen den gefrorenen Bäumen eine kleine Hütte, die man durch eine Brücke über eine

Bodensenke hinweg erreichen konnte, und durch das Fenster konnte die rötliche Glut eines Feuers erkannt werden. Es ist nicht zu weit hergeholt, aus diesem Bild gewisse Hinweise darauf abzulesen, in welcher Weise die beiden Maler mit ihren festgefrorenen Gefühlen umgegangen waren. Denn es stellte sich heraus, daß nur derjenige, der eine gewisse Wärme in seinen Teil der Landschaft hineingemalt hatte, fähig war, seine Identität aufrechtzuerhalten, als er mit den Problemen konfrontiert wurde, denen er sich in der Außenwelt gegenübersehen mußte.

Von den Vielen, die regelmäßig zum Malen oder zum bildhauerischen Werken kamen, und deren Arbeit eine zusammenhängende Serie bildete, zeigte besonders einer in seinen Bildern – wiederum vornehmlich Landschaften – wie er unbewußt und spontan allmählich ein Großteil seiner potentiellen Energie mittels Malerei entdeckt oder aufgedeckt hatte. Er war introvertiert und mürrisch, aber intelligent und für eine weiterführende Ausbildung in der Literatur geradezu prädestiniert. So kam er erst spät zur Kunsttherapie, aber mit einer spielerischen Einstellung. Weil er kein Ich eingesetzt hatte, um sich einen Ruf als Maler zu verschaffen, sorgte er sich nicht übermäßig um Techniken, sondern wandte sich sofort dem Malen mit Farben zu; er verfuhr dabei mit beneidenswerter Ruhe und Natürlichkeit. Da er nur spielte (wenn auch mit tödlichem Ernst), konnte er ohne bestimmte Absicht malen, und indem er sich diesem Spiel hingab, entwickelte es sich zu einer Art Zauberhandlung, die das Leben heraufbeschwor. Eines der ersten Bilder handelte von einer bedrohlichen Landschaft, mit einer Reihe von Berggipfeln am entfernten Horizont, die vom Vordergrund durch einen kalten, grünen See abgetrennt waren. Die Mitte des Bildes wurde von den schwarzen, ausgebreiteten Ästen eines blattlosen Baumes beherrscht, aber genau in der Mitten malte er einen Wirbel in einer aggressiven Spirale in gelb und orange – ein Gesicht? eine Blume? die Sonne? die Mutter? Was auch immer es war, es stellte für den Maler einen Ausbruch neuen Lebens in einer ansonsten äußerst unausgefüllten und freudlosen Persönlichkeit dar.

Eine große Zahl von Bildern folgte auf dieses Erscheinen vulkanischer Energie an der Oberfläche; ein lebhaftes Portrait eines weiblichen Mitgliedes des Personals – sie war die einzige, in deren Gegenwart er sich entspannt fühlte –, dann eine weitere Landschaft, diesmal mit warmen, grünen Feldern, wobei diese aber einen Förderschacht und Gebäude in braun und gelb in der Mitte des Bildes umgaben. Der Förderschacht ist ein eindeutiger Eingang in die dunkle Unterwelt und für den Maler fiel sie mit einer neu entdeckten Extraversion und Kreativität zusammen, in der er die Energie fand, sich selbst auf postive Weise zu behaupten sowie in Verbindung mit anderen zu treten, und sein akademisches Studium gedieh. Ein späteres Bild eines Flusses, der zwischen Feldern daherfloß, war insgesamt friedlicher und reichhaltiger ausgestattet. Eine kleine, mit einem Dach versehene Struktur auf einem Pfosten, die einem Schrein ähnelte, wurde an das rechte Ufer gestellt; dann malte er einen kleinen Zaun in den Vordergrund, dazu einen winzigen Galgen mit Figuren am Himmel, die verblassenden Überresten einer quälerischen Vergangenheit zu ähneln schienen, da sie wie geisterhafte, nachträgliche Einfälle in blasser Wasserfarbe aufgebracht worden waren.

Abschließend ist es wichtig hinzuzufügen, daß meine offensichtliche Kritik an der Struktur der Therapie in der Gemeinschaft diese Form des Umgangs mit psychologischen Problemen nicht abtun will, sondern einfach auf ihre möglichen Grenzen zu verweisen beabsichtigt. In diesem Zusammenhang lohnt es sich, kurz auf den bereits zuvor erwähnten Traum mit der Schlange zurückzukommen. Wenn wir zu akzeptieren bereit sind, daß die Schlange des Träumenden nicht nur Sexualität im üblichen Freudschen Sinne kennzeichnet, so finden wir die Möglichkeit, noch viele andere Dinge aufzudecken: Urgefühle, das Reich der Vorstellungskraft und des Unbewußten. Dies alles zu unterdrücken oder die Schlange in eine Flasche zu sperren, indem man einen zu strengen oder sehr vorformulierten Zugang zur Therapie wählt, hat zur Folge, daß ein entscheidender Bereich der Psyche unerkundet bleibt. Die Schlange zu malen und sie dann ins Bewußtsein hineinzuheben, stellte nicht einfach einen Versuch zur Selbstheilung seitens des Träumenden dar. Es bedarf einer Brücke, um das bewußte und unbewußte Leben der Gemeinschaft miteinander in Beziehung zu bringen und gegenseitig Achtung zu empfinden. Die Schlange war in der richtigen Tendenz, nämlich aufwärts, gemalt; sie hatte sich zudem um das Ei herumgewickelt – das Symbol eines noch unverwirklichten Selbst und des neuen Lebens, für das die Gemeinschaft Sorge zu tragen hatte. Es besteht kein Zweifel, daß die Kunsttherapie – sofern man ihr dies zugesteht – eine wesentliche Überbrückungsfunktion in dieser Art von institutionellem Drama darstellen kann.

Literatur

Campbell, J (1975) *The Hero with a Thousand Faces*. London: Sphere.
Jung, C. G. u. a. (1968) *Der Mensch und seine Symbole*. Olten: Walter.
– (1973) *Symbole der Wandlung*. In *Gesammelte Werke*, Band 5, Olten: Walter.
– (1976) *Aion. Untersuchungen zur Symbolgeschichte*. In *Gesammelte Werke*, Band 9 (2. Halbband). Olten: Walter.
Hinshelwood, R. O. und Manning, N. (1979) *Therapeutic Communities: Reflections and Progress*. London: Routledge & Kegan Paul.
Kalff, D. M. (1980) *Sandplay. A Psychoptherapeutic Approach to the Psyche*. Santa Monica: Sigo.
Kellogg, R. (1970) *Analysing Children's Art*. Palo Alto: National Press.
Winnicott, D. W. (1971) *Playing: Creative Activity and the Search for Self*. London: Tavistock.

7

Die Rolle der Kunsttherapie bei der Behandlung der Anorexia nervosa (Magersucht)

Jane Murphy

Einführung

Die große Zahl neuerer Veröffentlichungen über die Anorexia nervosa (Magersucht) hat ein bemerkenswertes Interesse an der Krankheit hervorgerufen, die sich in alarmierender Weise verbreitet hat – je eins von zweihundert jungen Mädchen hungert sich zum gegenwärtigen Zeitpunkt in einigen Fällen möglicherweise sogar zu Tode.

Dieses Kapitel untersucht die Rolle der Kunsttherapie als Behandlungsmöglichkeit für diese hochkomplizierte Störung. Die folgenden Bemerkungen und Beobachtungen geben die Ergebnisse meiner eigenen Erfahrungen bei der Arbeit mit stationären Patientinnen in einer Abteilung für Jugendliche über einen Zeitraum von vier Jahren wieder. Kunsttherapeutische Techniken wurden als neue Dimension in das Behandlungsprogramm für anorektische Patientinnen eingeführt.

Historischer Hintergrund

Historische Belege aus medizinischer Sicht deuten darauf hin, daß die Krankheit, die heutzutage als Anorexia nervosa bekannt geworden ist, im Mittelalter aufkam, insbesondere bei Pseudomystikern und Frauen, »die vom Teufel besessen waren«. Richard Morton wird die erste detaillierte Beschreibung in seiner *Phithisiologia, seu Exercitations de Phithisis* (1689) zugeschrieben, wo er auf diesen Zustand als auf »nervöse Abmagerung« einging und sie von der Tuberkulose aufgrund ihrer Hauptmerkmale der Amenorrhöe (Ausbleiben der Regel), der Appetitlosikeit, der Diarrhöe (Durchfall), der extremen Abmagerung und der Hyperaktivität unterschied. Gull (1868) definierte eine klare Symptomatik, wobei er den Begriff der Anorexia nervosa als modernes klinisches Phänomen einführte. Nachfolgend wurden bei der Definition Fortschritte im Sinne einer »rein« psychischen Störung erzielt, diese Tendenz entwickelte sich jedoch nach der Jahrhundertwende rückläufig, als die Ärzte der vorliegenden körperlichen Auszehrung mehr Bedeutung beimaßen. Der Begriff der Anorexia nervosa wurde daher ungebräuchlich. Gegen Ende der dreißiger Jahre wurde die Anorexia nervosa wieder als Krankheit psychologischen Ursprungs betrachtet. Seither sind die Behandlungsmethoden jedoch je nach der Betonung der physiologischen oder psychologischen Probleme getrennt. Russell (1979) und Crips (1983) haben wichtige Beiträge zur Psychobiologie der Krankheit geleistet, während in den Vereinigten Staaten bei der Behandlung eine mehr psychoanalytische Richtung verfolgt wird (Bruch 1974).

Anorexia nervosa: Überlegungen zu einer klaren Begriffsbildung

Seit den dreißiger Jahren sind durchweg Veröffentlichungen erschienen, die auf eine klare Ursachenforschung bei der Krankheit verzichteten. Bruch (1974) vermutet, daß weitere Verwirrung sich aus der Tatsache ergab, daß die Anorexia nervosa kein »statischer« Zustand ist und allein ihr Auftreten unentwegt neue Probleme hervorruft, indem Patientinnen in verschiedenen Stadien ihrer Krankheit zur Behandlung kommen. Sie meint, daß eine »Erklärung« des komplexen Krankheitsbildes mit Hilfe einer psychodynamischen Formulierung zu einer klischeehaften Erläuterung eines Zustandes geführt hat, der einem so simplistischen Zugang trotzt.

Trotz allem ist die Anorexia nervosa weit verbreitet; in 95% der Fälle sind Frauen betroffen. Neuere Schätzungen zeigen, daß die Krankheit in schwerer Form bei einem von hundert Mädchen aus der Mittelschicht und bei einem von dreihundert Mädchen aus der Unterschicht vorliegt. Wirkliche Anorexia nervosa beruht auf drei von Russell (1979) definierten diagnostischen Kriterien: selbst verursachter Gewichtsverlust und damit einhergehende starke Entkräftigung, ständiges Ausbleiben der Regel (oder eine entsprechende endokrine Störung beim männlichen Patienten) sowie eine Psychopathologie, die von einer Furcht davor gekennzeichnet ist, die Kontrolle über das Essen zu verlieren und dick zu werden.

In der Mehrzahl der Fälle bestehen Hinweise auf ein anomales Verhältnis zwischen der anorektischen Patientin und ihrer Mutter. Die Mutter ist extrem um das Wohlergehen ihrer Tochter bemüht. Gleichzeitig hat die geschlechtsreif werdende Tochter das Gefühl, daß ihr sich verändernder Körper ihren Wunsch, Kind zu bleiben, zunichte macht. Jeammet (1981) legt besonderen Nachdruck auf die Bedeutung der Übergangzeit des Heranwachsens zwischen Kindheit und Erwachsensein, da diese Zeit die Notwendigkeit mit sich bringt, eine eigenständige Identität und Distanz zur Familie aufzubauen – unter gleichzeitiger Annahme der Bedingungen der Geschlechtsreife.

Macleod, die selbst unter der Krankheit gelitten hatte, beschrieb, wie sie das Frausein ablehnte, indem sie sich ihren eigenen natürlichen Körperabläufen entgegenzustellen versuchte, und dies nicht etwa, weil sie es vorgezogen hätte, männlichen Geschlechts zu sein, sondern weil sie am liebsten ein kleines Mädchen geblieben wäre (Macleod 1981:77). Indem sie sich des unerwünschten Gewichtes und der Menstruation entledigte, war sie »rein« und »sauber« und daher den anderen Mädchen in ihrer Umgebung überlegen geworden: so überlegen, daß sie sich außerhalb jeder Kritikwürdigkeit wähnte. Dunseith (1978), die ebenfalls früher unter der Krankheit gelitten hatte, brachte eine ähnliche Ansicht zum Ausdruck, daß nämlich die Anorexia nervosa als körperliches Anzeichen eines stillen Protestes angesehen werden könne, der sich gegen eine tolerante Gesellschaft oder die Unvermeidlichkeit des Frauseins richte:

»Wohl oder übel prägt die Natur dem Mädchen Geschlechtsfunktion in der Gesellschaft auf. Wenn es die Nahrungsaufnahme verweigert, lehnt es entweder diese Funktion bewußt ab und flüchtet sich in das Hungern, wodurch sie die beiden den Frauen eigentümlichen Faktoren, nämlich Brüste und Fruchtbarkeit, verliert; oder sie fühlt sich geistig ihrem Frausein noch nicht gewachsen. Die Natur gleitet ihr aus der Hand: die natürliche körperliche Entwicklung muß verlangsamt werden.« (Dunseith 1978:169)

Dieses Zurückgreifen auf die Anorexia nervosa zeigt die Unfähigkeit der Patientin, ihre inneren Konflikte zu symbolisieren und in Worten auszudrücken, wodurch sie zur »Gefangenen ihres eigenen Identifikationzieles« (Jeammet 1981) wird. Die Patientin versucht, durch eine Ernährungsstörung Kontrolle über ihr eigenen Leben zu gewinnen und eine Identität zu finden. Der Antrieb, erfolgreich appetitlos zu sein, verwirklicht sich in der potentiellen Zerstörung eines unerträglich instabilen »Gefühl des Selbst«. Macleod beschreibt dies wie folgt:

»Ich wurde durch Angst und die Furcht, zu versagen, zum Erfolg getrieben. In Wirklichkeit war ich an meinen Ausgangspunkt zurückgetrieben – in eine Position der Hilflosigkeit –, jedoch mit einer wesentlichen Ausnahme. Ich hatte etwas, das ich mein eigen nennen konnte: die Krankheit, meine einzigartige Neurose, die ich in meiner Magerheit wahrnahm.« (Macleod 1981:83)

Körperbild und Wahrnehmungsstörung

Eines der herausragenden Probleme in bezug auf das Körperbild der anorektischen Patientin besteht in der Tatsache, daß Magersüchtige sich selbst als konstant übergewichtig einschätzen, obwohl sie in Wirklichkeit ausgezehrt sind. Schilder definiert das Körperbild als »das Bild, das wir uns in unserer Vorstellung von unserem eigenen Körper machen; das heißt, die Art und Weise, in der wir unseren Körper wahrnehmen« (Schilder 1935:4). Er glaubt, daß sich die Vorstellung vom eigenen Körper durch die Interaktion mit anderen ausbildet, und in dem Maße, in dem diese Wechselbeziehung mangelhaft ist, entwickkelt sich das Körperbild in unzulänglicher Weise. In früheren Studien über das Interesse am eigenen Körper und über Hypochondrie bei Kindern stellte Levy (1932) fest, daß geringschätzige Einstellungen eine sehr starke Wirkung ausübten. Die Haltung und die Reaktionen der Mutter auf andere Körperfunktionen als das Essen können höchst bedeutsam sein und das Kind stark beeinflussen.

In engem Zusammenhang mit diesem Phänomen steht der Wunsch der anorektischen Patientin, mager zu sein. Die Furcht vor Gewichtszunahme ist so groß, daß Hungersignale emotional blockiert und getrübt werden. Bruch (1974) vermutete, daß diese Störung aus einer falschen »Programmierung« seit der Kindheit herrührt – der echten anorektischen Patientin wurde wenig Gelegenheit geboten, ihre Hungergefühle mit dem Bedürfnis nach Nahrung zu korrelieren. Seit der Kindheit hat die Mutter auf jedes Angstsignal des Mädchens reagiert, indem sie ihm Essen in dem Mund stopfte, wodurch sie den natürlichen Lernprozeß unterband, der zur Aneignung angemessener Verhaltensweisen für die Befriedigung körperlicher Bedürfnisse führt. Die übertrieben beschützende Mutter kann sich das Kind nie als eine autonome Person vorstellen, das Grundbedürfnisse für sich selbst empfindet. Die Eingenommenheit der anorektischen Patientin für das Magersein wird auch durch die »Besessenheit« des Schönheitsideals der westlichen Welt bestätigt, das auf dem Streben nach Schlankheit aufbaut. Bruch (1974) beschrieb dies als Verzerrung des gesellschaftlichen Körperbegriffes, aus dem die potentiell anorektische Patientin viele ihrer Werte ableitet.

Probleme eines therapeutischen Zugangs

Wesentlich für jede Behandlungsmethode bei der Anorexia nervosa ist das Verständnis der Schwierigkeiten, die die »Haltung« oder die Lage der anorektischen Patientin umgeben. Wenn sich die Sorge weniger auf die spektakuläreren Symptome der Krankheit, also auf Gewichtsverlust und Essensstörungen, konzentriert, so wird schnell deutlich, daß die Langzeitprognose von psychologischen Barrieren beherrscht wird, also etwa von schlechter sozialer, emotionaler und sexueller Anpassung, von konstanter Furcht und von phobischem oder gehemmtem Verhalten geprägt ist. Diese Schwierigkeiten sind in emotionalen Beziehungen und in der persönlichen Kommunikation am meisten offensichtlich. Hinter dieser trotzigen Haltung steckt eine gewisse Ambivalenz hinsichtlich des Bedürfnisses, einerseits zwar Beziehungen eingehen zu wollen, andererseits aber unter der Furcht vor Täuschungen und Abhängigkeit zu leiden. Wichtig ist, daß man der Patientin ermöglicht, ihr Selbstschutzsystem aufzugeben und eine psychotherapeutische Beziehung aufzunehmen. Für ihren Widerstand und Trotz muß Verständnis aufgebracht werden, damit vermieden werden kann, in einen Machtkampf einzutreten, in dem der Therapeut versucht, diese Verteidigungsmanipulationen niederzuschlagen, indem er sie z.B. isoliert.

Eine streng auf Verhaltensänderung abzielende Behandlungsmethode mißt den sich zeigenden körperlichen Symptomen besondere Bedeutung bei und konzentriert sich folglich auf die Gewichtszunahme. Diese Vorgehensweise umfaßt gewöhnlich den Abschluß eines therapeutischen »Vertrages«, der drei Hauptziele anstrebt:

1. Die Entfernung der Patientin aus der familiären Situation sowie die Beseitigung möglicher physischer Gefahren;
2. Die Befreiung der Patientin aus der Herrschaft der Anorexia nervosa unter gleichzeitiger Überwindung ihrer familiären Schutzmechanismen und damit einhergehender Aufgabe des Status quo;
3. Die Inanspruchnahme der Patientin durch gewisse Anforderungen als Möglichkeit, Interesse an ihrer Person zu zeigen und ihr so zu verdeutlichen, daß man ihr nicht gestatten wird, in den alten Zustand zurückzufallen oder sich ausschließlich mit sich selbst zu beschäftigen.

Der Therapeut muß als jemand erfahren werden, der fest und vorhersehbar agiert und reagiert, da Flexibilität als Zeichen von Schwäche oder – schlimmer – als Gleichgültigkeit angesehen wird. Im Rahmen einer therapeutischen Beziehung und im Schutze des Vertrages wird die Patientin ermutigt, ein vorher festgelegtes Zielgewicht zu erreichen.

Im Gegensatz zu dem »Vertrag«, durch den Verhaltensänderungen in bezug auf die Nahrungsaufnahme herbeigeführt werden sollen, steht die Behandlung durch Psychoanalyse. Bruch (1974) zeigt auf, daß bestimmte Patientinnen nicht auf das traditionelle Modell zu reagieren scheinen, und enttäuschende Ergebnisse haben sie dazu geführt, die Bedürfnisse der Patientinnen neu auszuwerten. Sie fand heraus, daß eine grundlegende Störung im Leben der anorektischen Patientin unberührt geblieben war, obwohl man einige Einsichten gewonnen hatte. Alle Versuche der Interpretation unbewußter Bedeutungen stellten nur eine Wiederholung der Wechselbeziehung zwischen Patientin und Elternteil dar, die das in der Patientin verfestigte Konzept verstärkte, daß »Mutter immer weiß, wie es mir geht«, woraus sich die stillschweigende Schlußfolgerung ergab, daß die anorektische Patientin nicht selbst wußte oder beurteilen konnte, wie sie sich fühlte. Es stellte sich heraus, daß jede »Interpretation« die Patientin nur in ihrem eigenen Gefühl der Unzulänglichkeit bestärkte und mit der Ausbildung einer Selbstgewißheit gegenüber ihren eigenen psychologischen Fähigkeiten in Konflikt geriet.

Kunsttherapie: eine neue Dimension bei der Behandlung der Anorexia nervosa

Die anorektische Patientin stellt sich daher als eine körperlich ausgezehrte Person mit sozialen und psychischen Problemen dar, die sich tief in ihr festgesetzt haben. Die bereits beschriebenen therapeutischen Zugänge befassen sich mit den Extremfällen dieser Probleme. Aber ihre wechselseitige Verknüpfung erfordert einen ausgewählteren Zugang. Die Magersüchtige kann aus der quasi gewaltsam verabreichten Nahrungsaufnahme und der sich daraus ergebenden Gewichtszunahme keinerlei Nutzen ziehen; ebensowenig kann sie allein aufgrund einer gewissen Unterstützung hin zu einem besseren Verständnis für die emotionale Lähmung ihrer Situation am Leben gehalten werden. Eine Abänderung ihrer anomalen Essensgewohnheiten kann jedoch möglich werden, wenn zumindest einige der ihrem Zustand zugrundeliegenden Probleme gelöst worden sind, insbesondere aber diejenigen Schwierigkeiten, die sich aus ihren sozialen Beziehungen und ihrer persönlichen Kommunikation ergeben. Sie muß in eine therapeutische Beziehung eingebettet werden und auf eine direktere Form der Kommunikation hingeführt werden.

Die Kunsttherapie ist eine psychotherapeutische Methode, die vom kreativen Prozeß Gebrauch macht, und der zentrale Kommunikationsträger ist eher bildlich als verbal ausgerichtet. Einige Aspekte der Kunsttherapie lassen sie im Behandlungsverlauf als angemessener erscheinen als die zuvor dargestellten traditionelleren Methoden. Die Konzentration auf ein Bild in einer intensiven psychotherapeutischen Beziehung lenkt den Brennpunkt der Aufmerksamkeit von der Patientin fort und liefert einen sichereren, weniger bedrohlichen Schauplatz für die therapeutische Arbeit. Bilder können daher die Erforschung der Persönlichkeit, zum Beispiel im Hinblick auf Phantasien und die Vorstellung von sich selbst, erleichtern; sie können zudem ein Ventil für Gefühle wie Ärger, Depression und Furcht bilden. Ebenso können Bilder dazu benutzt werden, Beziehungen der Haßliebe und andere ambivalente Gefühle auszudrücken, die in einem Großteil der jugendlichen Erfahrungswelt vorherrschen. Im Falle der anorektischen Patientin können spezifischere Themen angegangen werden: darunter ihre Schwierigkeiten im Zusammenhang mit persönlichen Beziehungen; ihre Vorliebe für sich selbst und das Bild, das sie sich von sich selbst macht; die vornehmliche Beschäftigung mit Magerkeit und Körperfunktionen; dazu ihre Besessenheit und Marotten in bezug auf das Essen und andere Fehlanpassungen der Verhaltens.

Einer der wichtigsten Aspekte der Kunsttherapie besteht in der Notwendigkeit der Teilnahme der Patientin an ihrer eigenen Behandlung und damit an ihrer Genesung. Die Patientin ist für die aktive Teilnahme an den Sitzungen verantwortlich, anstatt lange Zeiträume absoluten Schweigens aufrechtzuerhalten, die sie in einem Gefühl der Verzweiflung und Hilflosigkeit verharren lassen, wodurch der Status quo bestehen bleibt. Indem die Patientin sich erstmalig auf den Umgang mit Farbe und Papier einläßt, bringt sie indirekt ihre Bereitschaft zum Ausdruck, eine therapeutische Beziehung einzugehen. Wenn sie sich auf diese Weise ausdrückt, besteht eine große Wahrscheinlichkeit, daß die von der anorektischen Patientin versuchsweise geheimgehaltene Verwirrung und Ambivalenz auf Papier nach außen projiziert wird. Die angefertigten Bilder stellen einen Ansatzpunkt in der therapeutischen Beziehung dar und tragen zur Verdeutlichung der Probleme bei, die für die Lage der Patientin von zentraler Bedeutung sind; dabei ist das Problem ihrer Identität von besonderem Belang.

Die Erfahrung einer Identitätskrise bleibt nur wenigen Jugendlichen erspart, aber im Falle einer anorektischen Patientin verschlimmert sich dieser versuchsweise geheimgehaltene Zustand durch die offensichtlicheren physiologischen sowie psychologischen Symptome der Störung. Bruch (1974) betont, daß man der anorektischen Patientin immer schon gesagt habe, wie sie sich fühle; daher sei ein traditionell interpretierender Zugang mit Mängeln behaftet. Ein Bild ist für das Individuum einmalig; die Inhalte »gehören« dem Gestalter. In diesem Sinne umfaßt die Verwendung von Kunst in der Therapie die Arbeit mit tatsächlich greifbaren Produkten, mit Ausdrucksversuchen der Patientin, die aufzuzeigen helfen, daß sie eigene Gefühle hat, wenn sie auch verborgen und verworren sind. Jung beschreibt dies eindeutig:

»Mit dieser Methode – wenn ich dieses Wort überhaupt gebrauchen darf – kann sich der Patient schöpferisch unabhängig machen. Er hängt jetzt nicht mehr von seinen Träumen ab und nicht mehr vom Wissen seines Arztes, sondern, indem er sozusagen sich selber malt, kann er sich selber gestalten. Denn was er malt, sind wirkende Phantasien, es ist das, was in ihm wirkt. Und was in ihm wirkt, das ist er selbst, aber nicht mehr im Sinne des früheren Mißverständnisses, wo er sein persönliches Ich für sein Selbst hielt, sondern in einem neuen, ihm bisher fremden Sinne, wo sein Ich als Objekt des in ihm Wirkenden erscheint.« (Jung 1971:52)

Die Zusammenarbeit bei der Diskussion der Bilder oder anderer künstlerischer Ausdrucksformen durch Interaktion mit dem Therapeuten hilft der Patientin, sich ihrer eigenen Verwirrung bewußt zu werden und möglicherweise auf ein geläutertes Gefühl des Selbst hinzuarbeiten.

Die Betätigung des Malens kann entspannen und folglich therapeutisch sein, wenn Gefühle freigesetzt und in der therapeutischen Beziehung durchgearbeitet werden. Im Falle der anorektischen Patientin ist das Thema der Kontrolle von zentraler Bedeutung – sie möchte die Kontrolle über sich selbst behalten und versucht, über andere Menschen Kontrolle auszuüben, indem sie zu verhindern sucht, daß andere sie kontrollieren. In einigen Fällen ist die Furcht vor dem Verlust der Selbstkontrolle gleichbedeutend mit der Furcht vor dem Verlust der ganzen Existenz. Diese Furcht ist am größten, wenn die anorektische Patientin zu malen beginnt, was einen deutlichen Schritt ins Ungewisse bedeutet. Dies kann der Hauptgrund dafür sein, daß sie eine Teilnahme an der Kunsttherapie völlig ablehnt. Die Betätigung des Malens zersetzt Schutzbarrieren und hat daher den entspannenden Effekt, daß zugelassen wird, Gefühlen Ausdruck zu verleihen. Die anorektische Patientin kämpft in ihrer Furcht, die Kontrolle über diese Emotionen zu verlieren, gegen solche Entspannungsmöglichkeiten an. Ein wichtiger Punkt ist jedoch, daß die Patientin auch lernen kann, Vorstellungen auf Papier zu beherrschen und zu kontrollieren, was wiederum zu einem Gefühl der Sicherheit führt und ebenfalls zu einer Untersuchung der Frage führen kann, warum die Notwendigkeit besteht, alles unter Kontrolle zu haben. Nur durch Kontrollverlust kann die Lernerfahrung erreicht werden, wie man diese Kontrolle wiedererlangen kann. Die Furcht vor dem Verlust der Selbstkontrolle ist bei der echt anorektischen Patientin so stark, daß sie starre Schutzmechanismen aufgebaut hat, die eben dieses Ereignis verhindert. Da das Malen ein Ausdrucksmittel bereitstellt, das ihr nicht vertraut ist, können dadurch vielleicht einige dieser sorgsam errichteten Barrieren gelockert werden und die Patientin in die Lage versetzen, sich das Wirken dieser Schutzmechanismen bewußt zu machen. Es ist jedoch durchaus möglich, daß die Patientin schnell lernt, ihre

Schutzmechanismen der veränderten Situation anzupassen, um zu verhindern, daß sie sich aufgrund ihrer künstlerischen Arbeit »bloßstellt«. Obwohl dies selten geschieht, muß der Therapeut erfahren genug sein, um ihr Bedürfnis für diese Anpassung zu verstehen und damit in konstruktiver Weise zu arbeiten.

Die Teilnahme an der Kunsttherapie wird oft durch die allgemeine Abwehrhaltung der anorektischen Patientin behindert. Die Annäherung an die Patientin und der Stil des Therapeuten sind daher von übergeordneter Bedeutung. Die meisten Magersüchtigen fühlen sich von Neuem und von Veränderungen bedroht, sie sehnen sich jedoch nach der Fähigkeit, sich mitteilen zu können und haben ein starkes Bedürfnis danach, daß ihnen Verständnis entgegengebracht werden möge. Daher scheint in diesen frühen Stadien der Therapie ein nicht-direktiver Zugang der Situation am besten angemessen zu sein. Wenn der Patientin gestattet wird, in einer ihr gemäßen, von ihr selbst festgelegten Geschwindigkeit in der Sicherheit einer begrenzten Umgebung und ebenso innerhalb der Grenzen einer flexiblen Beziehung zu arbeiten, so kann sich erstes Vertrauen entwickeln und die Patientin erhält die Möglichkeit, einen wenn auch schwachen Prozeß in Gang zu setzen, indem sie mit ihren Gefühlen und Reaktionen Berührung aufnimmt. Da das Hauptaugenmerk auf spontane Zeichnungen und Bilder gelegt wird, bleibt die Entscheidung darüber, in welchem Ausmaß sie Vorstellungen über ihre Träume, ihre Phantasien, Konflikte und Wünsche im Verlaufe der Therapie auf Papier projizieren will, ihr selbst überlassen.

Die Patientinnen werden anfänglich von einem beratenden Psychiater für Einzelsitzungen überwiesen. Für gewöhnlich dauern in den frühen Stadien der Therapie die Sitzungen eine Stunde, aber sie können auf eineinhalb Stunden verlängert werden. Manche anorektische Patientin nimmt an Sitzungen teil, während man ihr völlige Bettruhe verordnet hat, wie es der »Vertragsansatz« vorschreibt. Wenn genügend Fortschritte im Hinblick auf das Zielgewicht erreicht worden sind, wird Gelegenheit zur Gruppenarbeit gegeben, wobei Projektionstechniken, kunsttherapeutische Spiele, das Gesichtermalen und der Aufbau von Phantasiewelten mit Papier und Ton einbezogen werden. Die Vorteile, die sich aus der Möglichkeit ergeben, neue Beziehungen einzugehen, ist ein großer Schritt voran, da die sozialen Beziehungen der anorektischen Patientin sich bis dahin wahrscheinlich auf das Familienleben oder auf eine Freundin beschränkten, die als ihr »narzißtischer« Zwilling fungierte.

Eine Einschätzung der durch Kunsttherapie erzielbaren Wirkungen

Die Wahrnehmungsstörung in bezug auf das Körperbild ist bei dem Zustand der anorektischen Patientin oft zugespitzt. Magersüchtige sehen sich selbst als dick an, obwohl sie in Wirklichkeit extrem mager sind. Zeichnungen menschlicher Gestalten können als Indikatoren für diese Verzerrung dienen. Solche von anorektischen Patientinnen gemalten Bilder sind gewöhnlich unproportioniert und kindlich; die Arme und Beine werden als Anhängsel gezeichnet und die Füße sind häufig im rechten Winkel nach außen gedreht. Die Frage, ob das Figurenzeichnen zur Korrektur dieser Wahrnehmungsstörung beitragen kann, ist für die Kunsttherapie und ihre Anwendung bei der Behandlung von großem Interesse. Bisher gibt es dazu nur sehr wenige dokumentierte Belege, da kontrollierte Experimente im Bereich des Körperbildes relativ neu sind.

Im Jahre 1981 wurde am Goldsmith College eine Studie zur Erforschung der Effektivität von Kunst-Psychotherapie als Behandlungsmethode für unter Eßstörungen leidende Patientinnen eingeleitet; untersucht werden sollten die Phänomene der Anorexia nervosa und der Fettleibigkeit. Da die meisten Personen unter Wahrnehmungsverzerrungen des Körperbildes litten, standen Techniken, die das Bewußtsein für die tatsächlichen Körpermaße und ein realistisches Selbstbild fördern, im Mittelpunkt der Untersuchung. Eine Gruppe von Patienten wurde dazu ausgewählt, eine Serie von Übungen zu erproben, die sich auf bestimmte Körperteile konzentrierten. Diese Übungen umfaßten den Einsatz von Video, von Masken und Make-up, Malen eines idealen Selbstbildnisses sowie eine Gruppenaktivität, bei der lebensgroße Modelle hergestellt wurden, die jeweils als ihr »anderes« Selbst fungierten. All diese Aktivitäten wurden von den Patienten selbst auf Video aufgezeichnet. Die Ergebnisse dieser direkten Methode der Konfrontation mit den Körpermaßen sind noch zu veröffentlichen.

Bei der Arbeit mit anorektischen Patientinnen kamen wichtige Aspekte in bezug auf die in der Therapie erzeugten spontanen künstlerischen Arbeiten zum Vorschein. Dieses Material wurde teilweise für die Studie des Goldsmith College zur Einschätzung von Veränderungen in der Selbstwahrnehmung von Individuen verwendet. Es basiert auf der Identifikation bestimmter wiederkehrender »Themen« oder »Motive«, die zu Erkenntnissen über Einstellungen zu Grenzen der Körpermaße (oder des Selbst) führen könnten.

Zunächst zeichneten die anorektischen Patientinnen die menschliche Gestalt in ihren künstlerischen Arbeiten nur sehr selten und schienen einige Schwierigkeiten damit zu haben, wenn sie darum gebeten wurden. Wie bereits erwähnt, kann dies mit ihrem verzerrten Körperbild zusammenhängen. (Waller 1981). Wenn einmal eine Figur auftauchte, so war sie tendentiell entweder lang, mager und jugendhaft, oder sie geriet zur Karikatur eines puppenhaften Mädchens, das an der Taille abgeschnitten war und gewöhnlich in einem Blumenbeet stand. Dies könnte als Portrait eines idealisierten Selbst angesehen werden, das aus dem Versagen der magersüchtigen Patientin herzuleiten wäre, eine wahre sexuelle Identität zu akzeptieren: »Die Geschlechtsmerkmale des Körpers werden ausgelöscht, um stattdessen einen Körper als Fetisch zur Schau zu stellen; er ist phallischen Charakters, aufgerichtet und unveränderbar, und die anorektische Patientin möchte seine alleinige Schöpferin sein« (Jeammet 1981:118).

Viele Bilder spiegelten die starre soziale Umgebung der magersüchtigen Patientin wider, die sich auf die Familie beschränkte, und sie zeigten allgemein ihren Mangel an sozialer Interaktion. Die Bilder stellten beständige Isolationsvorstellungen dar und enthielten oft Hinweise auf die Tatsache, daß die Patientin zu irgendeinem Zeitpunkt in ihrem Leben tyrannisiert oder lächerlich gemacht worden war. Die allgemeine Isolierung von gleichaltrigen Kameraden wurde in einer Kunstgruppe augenscheinlicher, wo die wirkliche Angst vor der Teilnahme mit einer sehr realen Unfähigkeit des Ausdrucks ihrer inneren Gefühle gepaart war.

Eines der verblüffendsten Merkmale war die beständige Wiederkehr von Bildmotiven in den einzelnen Sitzungen. Bestimmte Themen und Motive scheinen in die folgenden Kategorien zu fallen:

1. Prägnante extrinsische Muster, zum Beispiel Strudel und bodenlose, unergründliche Höhlen.
2. Tiere, meistens Hunde oder Pferde.
3. Blumen und Pflanzen, Kakteen und Dornen (vgl. Abb. 7.1).
4. Landschaften und Gärten.

Die aufgeführten Kategorien scheinen den verschiedenen Stadien der Therapie zu entsprechen. Im Fortgang der Therapie wurden die Bilder im allgemeinen in dieser besonderen Reihenfolge angefertigt und zeigten so eine Weiterentwicklung hin zu einer ausdrucksvolleren Bildhaftigkeit an. Die Bilder wurden jedoch nicht immer in dieser Reihenfolge erstellt. Man stellte fest, daß nach Wochen, in denen sich ein zunehmend offenerer Zugang zu Bildmotiven entwickelt hatte, eine Rückkehr zum Zeichnen prägnanter Muster einsetzte. Dieses Phänomen fiel zeitlich damit zusammen, daß die Patientin Gefühle der Verzweiflung und des Eingeschlossenseins in eine ausweglose Situation äußerte. Diese Muster kündigten normalerweise eine Rückkehr zur früheren Abwehrhaltung, zu ausfälligem Verhalten, zur Verweigerung von Essen und anderen von »Besessenheit« geprägten Verhaltensweisen wie das rituelle Waschen an.

Eine Erklärung der Bedeutung dieser Bildmotive ist schwierig. Zum gegenwärtigen Zeitpunkt ist es unmöglich zu entscheiden, ob sie die verschiedenen Stadien des anorektischen Zustandes im Sinne einer Lösung einiger innerer Konflikte wiedergeben, oder ob das Zum-Ausdruck-Bringen dieser Vorstellungen in der Tat die therapeutische Veränderung veranlaßt oder fördert. Die Zurückhaltung der anorektischen Patientin in bezug auf direkte Äußerungen über ihre

Abb. 7.1

Gefühle und ihre allgemein defensive Einstellung zu ihren Bildern und auch zum Therapeuten bewirken, daß die Interpretation im wesentlichen eine Sache der Spekulation bleibt. Es können jedoch einige Verbindungen zwischen dem Gehalt der Bilder und Verhaltensmustern der Patientinnen hergestellt werden. Diese werden mit fortschreitender Therapie sicherer und die Magersüchtige beginnt, sich besser dazu in der Lage zu fühlen, den von ihr angefertigten Bildern eine gewisse persönliche Bedeutung zuzuschreiben.

Die komplizierten Muster und Wirbel, die am auffälligsten zu Beginn der Therapie erscheinen, könnten zum Beispiel ein Hinweis auf die Barrieren des persönlichen Ausdrucksvermögens und der fehlenden Einbeziehung in menschliche Kontakte sein. Eine Wiederkehr dieser Muster in späteren Stadien der Therapie wurde bereits als Rückschritt bezeichnet und liefert weitere Belege dafür, daß diese Bildmotive generell defensives Verhalten wiedergeben. Die Hunde und Pferde scheinen den Drang der anorektischen Patientin nach körperlicher Betätigung zu beleuchten. Die meisten von ihnen finden Vergnügen an sehr langen Spaziergängen mit ihren Hunden oder an stundenlangen Ausritten; dies entspricht ihrer Hyperaktivität und der Tatsache, daß sie nicht schnell ermüden; beides sind beachtenswerte Merkmale im Verhalten der magersüchtigen Patientin. Die Vielzahl von spontan erscheinenden Pflanzenformen wird mit allgemein guter Befähigung und großer Aufmerksamkeit für das Detail gezeichnet. Möglicherweise sehen wir hier Indikatoren für die Art und Weise, in der sich die anorektische Patientin selbst wahrnimmt, denn es ist nicht ungewöhnlich, eine Bemerkung zu hören wie: »Ich fühle mich heute wie ein Kaktus.« Dies scheint einen gewissen Fortschritt hin zur Selbstreflexion nahezulegen.

Die Landschaften und Bäume waren Motive, die normalerweise in den späteren Stadien der Therapie erschienen. Ein allgemeines Schema ergab sich insofern, als die Bildstruktur an Komplexität zunahm, wobei statt eines einzelnen Baumes zwei Bäume in eine Landschaft gesetzt wurden, die normalerweise in symmetrischer Ausgewogenheit gemalt wurden. Jung bezog sich auf den Baum und auf die »wunderbare Pflanze«; möglicherweise sind diese Bäume »archetypische Gestaltungen«. Jung zeigt, daß beim Zeichnen oder Malen dieser Phantasiebilder oft zu beobachten ist, daß sich die Ergebnisse häufig in ein symmetrisches Schema einordnen lassen, »die in ihrem Querschnitt ein *Mandala* darstellen würden. Insofern nun letzteres in der Regel eine *Aufsicht* des Selbstsymboles darstellt, bedeutet der Baum soviel als eine *Ansicht* desselben, das heißt, er stellt das Selbst als einen Wachstumsvorgang dar« (Jung 1978:273). Überraschend ist an den in die Landschaft gesetzten Bäumen, daß der eine normalerweise blüht und einen gesunden Eindruck macht, während der andere tot und ausgetrocknet wirkt. Ein Interpretationsvorschlag besagt, daß die Bäume für die beiden miteinander im Widerstreit befindlichen Aspekte des Selbst stehen.

Ein Beispiel wird dafür in der folgenden Beschreibung eines Bildes gegeben, das von einem sechzehnjährigen Mädchen gemalt wurde (vgl. Abb. 7.2). Das Bild ist eine wohlgeordnete Komposition von zwei Bäumen: ein Nadelbaum zur Linken und eine kümmerliche, blattlose Art zur Rechten; beide werden durch einen Weg miteinander verbunden, der zu einer Brücke führt. Im Vordergrund befindet sich ein Zaun mit einem gelben Mond darüber, der hinter Wolken zum Vorschein kommt. Ein kleiner Wald ist auf der linken Bildseite zu sehen; die Landschaft ist von einer schweren Schneedecke überzogen.

Die Patientin beklagte eine gewisse Frustration darüber, daß die Motive, die sie hatte malen wollen, nicht mit dem übereinstimmten, was sie tatsächlich gemacht hatte. Sie hatte offensichtlich gehofft, einen Eindruck von Stille zu erzeugen, wie er an einem Winternachmittag empfunden werden kann: der Schnee sollte ganz weiß und unberührt sein, der Weg und die Brücke zwischen den Bäumen sollten zu einem kleinen Dorf mit »freundlichen«, erleuchteten Fenstern führen. Das Dorf war im Bild nicht realisiert worden, weil der weitgehend blattlose Baum auf der rechten Seite dies zwangsläufig verhinderte. Sie beschrieb,

Abb. 7.2

wie dieses Bild sie an »glücklichere« Zeiten erinnerte, und besonders an Weih-
nachtskarten; sie hatte den Eindruck, daß sich darin ein Versuch zeigte, »roman-
tischere« Gedanken zu entflammen und auf ein Gefühl der Zusammengehörig-
keit abzuzielen. Die beiden Bäume schienen ihr Schwierigkeiten bereitet zu haben, da sie ihre Enttäuschung darüber zum Ausdruck brachte, daß sie den küm-
merlichen Baum auf der rechten Seite nicht wie beabsichtigt so gemalt hatte,
daß er sich dem gesund wirkenden Nadelbaum auf der linken Seite entgegen-
lehnte. Sie spürte, daß sie sich danach gesehnt hatte, so zu verfahren, aber irgendeine innere Unstimmigkeit hatte sie davon abgehalten.

Eine andere, sechsundzwanzigjährige Patientin hatte folgende Krankheitsge-
schichte: seit sieben Jahren war die Regel ausgeblieben, sie hatte sich oft mit Essen vollgestopft und anschließend selbst zum Erbrechen gebracht, wobei sie vor
sich selbst Ekel, und besonders nach solchen Episoden auch Schuldgefühle empfand. Da sie offenbar unter einer überwältigenden Angst vor dem Verlust der
Selbstkontrolle litt, wurde in den Sitzungen auf eine interpretierende Methode
verzichtet, was sie als weniger bedrohlich empfand und ihr zumindest das Gefühl

Abb. 7.3

vermittelte, die Kontrolle über die von ihr selbst erzeugten Bilder zu behalten. In einem Zeitraum von fünf Wochen malte sie sehr produktiv Bilder, deren Motive zunehmend metamorph ausfielen. Sie schien besonders geschickt darin zu sein, ihre Träume zum Ausdruck zu bringen und pflegte während ihres ganzen Behandlungsprogrammes bei diesem Thema zu bleiben.

Ein Traum zeigte ein Paar braun behandschuhter Hände (die deutlich wie Flügel gezeichnet waren; vgl. Abb. 7.3). Im Traum hatte ihr Bruder ihr diese Handschuhe geschenkt und als sie sie anzog, fing sie gleich an zu fliegen. Zwischen den Handschuhen liegt das Luftbild eines Bauernhofes mit gelben und grünen, schachbrettartig angeordneten Feldern. Drei kaum sichtbare, schwach mit Bleistift gezeichnete Figuren deuteten einen Erwachsenen und zwei kleine Kinder an. Sie brachte ihre Überraschung darüber zum Ausdruck, daß diese Motive sie gestört haben sollten und betonte ihre Unzulänglichkeit in bezug auf das Malen menschlicher Figuren.

Allgemein beherrschten die Themen des »Fliegens« und Pflanzensymbole die Arbeit dieser Patientin. In ihrem letzten Bild zeichnete sie eine menschliche Figur in der Gestalt einer schwangeren Frau mit einem kleinen Mädchen, aber es werden nur die Hinterköpfe gezeigt. Diese beiden Gestalten standen im Wasser. Die in ihren Zeichnungen aufgeworfene Thematik zeigte die Vorliebe und die Bemühung dieser jungen Frau, sich mit Konflikten auseinanderzusetzen, die aus einem verzerrten Konzept ihres Selbst erwuchsen. Wie bei der Landschaft der zuvor beschriebenen Patientin deuten die Pflanzensymbole wie die beiden Bäume eine offensichtliche Polarität von Gegensätzen und eine symbolische Dissoziation in ihrer Psyche an.

Abschließende Bemerkungen

Was kann aus der spontanen Anfertigung solcher Bildmotive in der Kunsttherapie durch anorektische Patientinnen abgeleitet werden? Man könnte argumentieren, daß diese Bilder einfach nur die Beibehaltung eines defensiven Standpunktes wiedergäben. Es ist jedoch eine unbezweifelbare Tatsache, daß die Bilder im Verlaufe der Therapie einen Fortschritt oder eine Veränderung in bezug auf ihren Inhalt anzeigen. So gesehen scheinen die Bilder das besondere Stadium und den besonderen Zustand der inneren Welt der Patientin zu einer bestimmten Zeit wiederzugeben. Dies befindet sich in Übereinstimmung mit dem Verhalten und mit den Anzeichen von Symptomen. Zum Beispiel wurde festgestellt, daß die Rückkehr zur schematischen Darstellung mit einem allgemeinen Rückschritt im Verhalten zusammfiel. Die weiterführende Arbeit an diesem Thema wird offenlegen, ob der in den Bildern der anorektischen Patientinnen wiederkehrende Ausdruck archetypischer Vorstellungen eine Langzeitwirkung im Sinne des therapeutischen Wertes der Objektivierung einiger Aspekte des Selbst aufweist, die anderenfalls vielleicht vorborgen bleiben würden.

Während es relativ einfach ist, in kurzer Zeit eine Gewichtszunahme herbeizuführen, werden dabei jedoch nicht die der Störung zugrundeliegenden Faktoren in Betracht gezogen. Die Kunsttherapie eröffnet nicht nur eine andere Dimension bei der Behandlung der anorektischen Patientinnen, sondern sie bietet auch Gelegenheit zur Erschließung neuer Kommunikationsmöglichkeiten. Die Kommunikation mittels Kunsttherapie ermöglicht eine Kanalisierung von Gefühlen, die aus einem psychischen Konflikt erwachsen sind, und für die die Patientin zuvor keine andere Ausdrucksmöglichkeit gefunden hatte. Die künstlerische Tätigkeit kann als Unterstützung bei der begrifflichen Erfassung der zugrundeliegenden Probleme angesehen werden, wobei der Therapeut die Fähigkeit besitzen muß, die Gleichgültigkeit der magersüchtigen Patientin zu ertragen und ihr genau zuzuhören. Die Kunsttherapie zielt darauf ab, die anorektische Patientin beim Aufbau von Selbstbewußtsein und einem Gefühl der Autonomie zu unterstützen, ohne daß sie die Funktionen der Nahrungsaufnahme auf bizarre und irrationale Weise mißbraucht.

Abschließend ist festzuhalten, daß sich der Erfolg bei anorektischen Patientinnen nicht ausschließlich durch die Verwendung kunsttherapeutischer Techniken einstellt – der Kunsttherapeut kann nicht für sich isoliert arbeiten, sondern er muß Verbindung zu einem erfahrenen, interdisziplinären Team halten. Die aus der Zusammenarbeit erwachsenden Bestrebungen erleichtern unter späterer Einbeziehung der Familie den Fortschritt bei der Behandlung dieses komplizierten Zustandes. Solche Bemühungen können auch die Teilnahme der ganzen Familie als Gruppe an der Kunsttherapie umfassen. Gewisse Bestrebungen können ehrgeiziger Art sein und sich manchmal als fruchtbringend erweisen, aber Crips erinnert uns daran, daß ungeachtet der verschiedenen Behandlungsmethoden »die meisten anorektischen Patientinnen genesen, einige sterben, aber etliche nie erreicht werden können« (Crips 1983:16).

Literatur

Bruch, H. (1974) *Eating Disorders, Obesity, Anorexia Nervosa and the Person Within.* London: Routledge & Kegan Paul.

Bruch, H. (1980) *Der goldene Käfig. Das Rätsel der Magersucht.* Frankfurt/M.: Fischer TB.

Crips, A. H. (1983) Anorexia Nervosa: Diagnosis and Prognosis. *Psychiatry in Practice* **2** (13): 13−16.

Dunseith, B. L. (1978) Personal View. *British Medical Journal* (24 June): 169.

Fischer, S. (1972) Body Image. In T. Polhemus (Hg.) *Social Aspects of the Human Body.* Harmondsworth: Penguin.

Gull, W. W. (1868) The Address in Medicine Delivered before the Annual Meeting of the British Medical Association at Oxford. *The Lancet* **2**: 171.

Jeammet, P. (1981) The Anorexic Stance. *Journal of Adolescence* **4**(2): 113–29.

Jung, C. G. (1971) *Praxis der Psychotherapie.* = *Gesammelte Werke,* Band 16. Olten: Walter.

– (1978) *Studien über Alchemistische Vorstellungen.* = *Gesammelte Werke,* Band 13. Olten: Walter.

Levy, D. M. (1932) Body Interest in Children and Hypochondriasis. *American Journal of Psychiatry* **12***: 295–311.*

Macleod, S. (1981) The Art of Starvation. London: Virago.

Russel, G. (1979) Bulima Nervosa: an Ominous Variant of Anorexia Nervosa. *Psychological Medicine* **9**: 429–48.

Schilder, P. (1935) *The Image and Appearance of the Human Body.* Psyche Monographs no. 4. London: International Universities Press.

Waller, D. (1981) ›Anorexia Nervosa and Art Therapy‹. Unv. Ms., Goldsmiths' College, University of London.

8
Kunsttherapie für geistig behinderte Menschen

Janie Scott und Bruce Males

Geistige Behinderung

In diesem Kapitel werden wir einen praxisorientierten Zugang zur Rolle der Kunsttherapie wählen und ihn in den breiteren Zusammenhang der modernen Philosophie zur Fürsorge geistig behinderter Menschen einbetten.

Wenn wir damit beginnen, einige der Themen zu untersuchen, die in Verbindung mit dem Gebrauch der Kunsttherapie bei geistig behinderten Menschen stehen, so ist es von grundlegender Bedeutung, den Charakter der geistigen Behinderung sowie die allgemeine Ausrichtung der Fürsorge für diesen Ausschnitt der Gesellschaft zu berücksichtigen.

In der Vergangenheit wurden Begriffe wie geistige Retardation und geistige Subnormalität zur kollektiven Bezugnahme auf drei völlig verschiedene Phänomene benutzt: darunter fielen die subnormale Intelligenz, herabgesetzte soziale und körperliche Fähigkeiten sowie abweichende Verhaltensmuster.

Die Verwendung solch ungenauer Terminologie hat zu begrifflichen, aber auch zu praktischen Schwierigkeiten bei der Unterscheidung zwischen inhärenten geistigen Beschränkungen einzelner Individuen und den sozialen Behinderungen geführt, die diese Menschen aufgrund der Auswirkungen ihrer Beeinträchtigungen und ihres funktionalen Unvermögens auf ihr Leben erfahren müssen. Dieses Fehlen eines klaren Verständnisses hat sich in entscheidender Weise auf die Entstehung eines unangemessenen öffentlichen Pessimismus in bezug auf die Probleme geistig behinderter Menschen ausgewirkt, der vielfach auch in Fachkreisen um sich griff.

Es bestand lange die weitverbreitete Annahme, daß schwere geistige Behinderungen normalerweise auf unheilbare Gebrechen zurückzuführen seien, die vor oder während der Geburt erworben wurden, und deshalb die bei geistig behinderten Menschen beobachtbaren Verhaltensstörungen und Verhaltensabweichungen in ähnlicher Weise unheilbar und keiner »Behandlung« zugänglich seien.

Warum bestehen diese Mißverständnisse und wo liegen die Ursachen dafür? 1971 wurde in Großbritannien das Weißbuch »Better Service for the Mentally Handicapped« (DHSS 1971) veröffentlicht. In diesem Dokument wurde die für wünschenswert erachtete Ausrichtung der Versorgung dieser Klientengruppe in den nächsten zwanzig Jahren dargestellt. Im wesentlichen beschreibt es eine Tendenz weg von zentralen öffentlichen Einrichtungen und hin zur Fürsorge durch die Gemeinden. Dies kann als Reaktion auf die öffentliche Aufmerksamkeit angesehen werden, die 1967 und 1968 den Verhältnissen in Nervenheilanstalten entgegengebracht wurde, und die in diesem Papier ausgesprochenen sehr positiven Empfehlungen haben zu grundlegenden Verbesserungen hinsichtlich der Verhältnisse und der Versorgung der Betroffenen geführt. Besonders bezeichnend war eine Verringerung der Anstaltsplätze von 49.000 im Jahre 1971 auf 44.000 im Jahre 1977. Die im Weißbuch angestrebte Zielvorstellung beläuft sich auf 27.300 Plätze, die bis 1991 realisiert werden soll.

Zunächst stellt sich die Frage, wie diese Anstalten sich entwickelten. Der Bericht selbst konstatiert, daß die Grundlagen für die 1971 bestehende Versorgung in den zwanziger und dreißiger Jahren gelegt wurden. Was diese Veröffentlichung nicht erklärt, ist die soziologische Ursache für diese Isolierung. Das Weißbuch übergeht diesen Aspekt und wir möchten behaupten, daß diese Auslassung selbst als Hinweis auf den tief verwurzelten Charakter des Problems angesehen werden kann, das sich in der Auseinandersetzung mit der Existenz geistig behinderter Menschen in unserer Gesellschaft stellt (Males 1981).

1896 wurde die *National Association for the Care and Control of the Feeble Minded* (NACCFM) gegründet. Sie fungierte als Interessengruppe, die sich für die lebenslange Isolierung Behinderter einsetzte und in diesem Sinne Druck ausübte. Besonders wichtig war es dieser Gruppe, die sexuelle Betätigung Behinderter zu unterbinden; diese Bestrebungen waren durch die Furcht der Mittelschicht über die Fruchtbarkeit der Arbeiterklasse motiviert, und sie wurden durch die Gerüchte des *Eugenics Movement* über den wahrscheinlichen Rückgang der Begabungen des britischen Volkes weiter verstärkt.

1908 wurde die *Radnor Commission* gegründet, um Empfehlungen für Gesetzesvorlagen auszusprechen. Diese Kommission berichtete, daß Schwachsinn weitgehend erblich sei, und wenn man verhindern könne, daß geistig behinderte Personen Eltern würden, so würde dies tendentiell zu einer Verringerung der Anzahl solcher Personen in der Bevölkerung führen.

Während der allgemeinen Wahl im Jahre 1910 führte die NACCFM eine Kampagne zum Thema der Verhinderung von Elternschaft bei »Schwachsinnigen und anderen Degenerierten« sowie zum Aufbau separater Einrichtungen durch. Der *Mental Deficiency Act* von 1913 legte die Grundlage für diese getrennte Versorgung, die den Ausschluß geistig behinderter Menschen aus anderen Wohlfahrts- und Sozialeinrichtungen wie auch aus dem Erziehungssystem anstrebte (Heaton-Ward 1977).

Noch 1929 stellten die geistig Behinderten nach Ansicht des *Wood Commitee* eine dauernde Bedrohung dar, und es spürte sogar noch weiterreichendere Antworten auf, die zu jener Zeit auch anderenorts in Europa nicht ungehört geblieben waren: »Wenn wir die unsere ganze Rasse betreffende Katastrophe der Geistesschwäche abwenden wollen, so müssen wir uns nicht nur mit den geistig behinderten Personen beschäftigen, sondern mit der gesamten subnormalen Gruppe, aus der sie in der Mehrzahl kommen.« Das Ergebnis dieser Ansichten, die man heutzutage vielleicht gern vergessen würde, bestand in der Bereitstellung einer zunehmenden Anzahl von Anstaltsplätzen für die unter den *Mental Deficiency Act* von 1913 fallenden Menschen. Zwischen 1918 und 1931 verdreifachte sich die Anzahl der Aufnahmen, und sie verdoppelte sich noch einmal zwischen 1931 und 1939, bis die Zahl von 32.000 Heimbewohnern erreicht wurde (Ryan und Thomas 1980).

Dieses mit Vorurteilen befrachtete Gesetz von 1913 stellte weiterhin die Grundlage für die Einweisung und die Versorgung durch eine öffentliche Einrichtung dar, bis 1959 der *Mental Health Act* erlassen wurde. Das Gesetz erwuchs aus der Arbeit einer Kommission in den Jahren 1954 bis 1957, wobei erstmalig Wert auf Gemeindefürsorge gelegt wurde und die Beendigung der Isolierung angestrebt wurde. Diese Kommission war es, die als erste konstatierte, daß Anstalten nur für jene ein angemessener Platz seien, die der spezialisierten medizinischen Behandlung, Schulung oder der kontinuierlichen Pflege und Überwachung bedürften. Sie betonte, daß geistig behinderte Menschen nicht isoliert werden sollten, sondern daß sie in Gemeindezentren zu versorgen seien und daß sie als Ortsansässige am Leben der Gemeinde teilhaben sollten. Wie jedoch zuvor bereits erwähnt, mußten erst öffentliches Interesse an den Verhältnissen in den auf einen Langzeitaufenthalt ausgelegten Anstalten entstehen und offizielle Nachforschungen eingeleitet werden, bevor ein Meinungsklima geschaffen werden konnte, das die Durchführung dieser Idealvorstellungen ermöglichen würde.

Die Richtung ist daher klar abgesteckt; für die Mehrzahl der geistig behinderten Menschen wird in der Zukunft die Antwort in der Gemeindefürsorge liegen. Offizielle Zahlen geben gewisse Hinweise darauf, daß dieser Wandel sich bereits vollzieht: 1969 lag die Gesamtzahl von Wohnheimplätzen in Großbritannien bei 4.200, um 1977 war sie bereits auf 11.700 gestiegen (DHSS 1980).

Zur Überwachung dieser Entwicklungen hat die Regierung mehrere Initiativen ergriffen und den Antrieb zum Aufbau eines Versorgungssystems verstärkt, wie es im Weißbuch von 1971 beschrieben wurde. Eine dieser Initiativen bestand in der 1975 erfolgten Gründung der *National Development Group*. Diese Gruppe war mit der Beratung des zuständigen Ministers beauftragt. Eine andere Initiative bestand in der Schaffung des *Development Team*; dieses Gremium hatte die Aufgabe, bei der tatsächlichen Durchführung beratend tätig zu werden.

Die *National Development Group* wurde aufgelöst, als sie ihre Aufgabe in der Veröffentlichung von sechs einflußreichen Broschüren erfüllt hatte. Das *Development Team* erhielt weitreichendere Kompetenzen und hat nun das Recht, jede Versorgungsinstitution im Gesundheits- und Sozialbereich zur Durchführung von Kontrollen aufzusuchen, während dies früher nur auf Einladung möglich war. Zusätzlich zu seinen Berichten über einzelne Anstalten und örtliche Dienste hat dieses Team drei wichtige Jahresberichte geschrieben. Die Tatsache, daß in keinem dieser drei höchst wichtigen und einflußreichen Dokumente die kreativen Therapien auch nur erwähnt sind, liefert uns einige Hinweise auf die Schwierigkeiten, denen sich die in der Entwicklung befindlichen Felder wie Kunst-, Musik- und Dramatherapie gegenübersehen.

Man könnte daraus folgern, daß dahinter nicht nur die politische Entscheidung der Isolierung von Minderheitsberufen steht, sondern daß auch die kreativen Bedürfnisse der Klientengruppe nur in mangelhafter Weise oder gar nicht anerkannt werden. Besonders in der Arbeit der *National Development Group* besteht eine Tendenz, sich auf Methoden zur Erleichterung der Probleme der geistig behinderten Menschen zu konzentrieren, indem ein Zugang empfohlen wird, der anzudeuten scheint, daß die betroffenen Personen eine Ansammlung von Defiziten in vielerlei Fähigkeiten darstellen, nicht aber eine Gruppe von Menschen, die über ein ebenso weites Spektrum an kreativen, emotionalen und geistigen Bedürfnissen verfügt wie jede andere gesellschaftliche Gruppe auch.

In diesem Bereich hat ein bestimmtes Konzept zunehmend an Bedeutung gewonnen; es handelt sich um das der »Normalisierung«. Diese Philosophie hat sich zunächst in Schweden und Dänemark entwickelt und sie konzentriert sich auf die Analyse der Bedürfnisse der geistig Behinderten sowie darauf, daß ihnen dieselben Rechte und Pflichten in der Gesellschaft zuteil werden wie allen anderen Menschen auch. Grunwald schreibt über die Entwicklung der schwedischen Versorgungsdienste und stellt fest:

»Die unterschiedliche Anpassungsfähigkeit der Menschen an die Gesellschaft ist rein quantitativen Charakters, und sogar schwerstbehinderte Personen können in einer oder sogar in viellerlei Hinsicht ›normalisiert‹ werden.

Die Gültigkeit dieses Prinzips wird nicht aufgrund der Tatsache verneint, daß die Mehrzahl der retardierten Personen nicht voll in die Gesellschaft eingepaßt werden könnte. Der Begriff impliziert vielmehr ein Streben nach Normalität auf vielerlei Weise. Die Normalisierung impliziert keine Verneinung der Behinderung der retardierten Person. Sie umfaßt vielmehr die Ausnutzung der weiteren geistigen und körperlichen Fähigkeiten einer solchen Person, so daß ihre Behinderung dadurch weniger deutlich hervortritt.« (Grunwald 1974)

Nirje (1970) hat bereits zuvor acht Aspekte des Normalisierungsprinzips vorgeschlagen: demzufolge heißt Normalisierung die Einhaltung »eines normalen Tages-, Wochen- und Jahresrhythmus«. Normalisierung bedeutet weiterhin, daß Gelegenheit geboten wird, die »normale, entwicklungsbedingte Erfahrung des Lebenszyklus« zu durchlaufen. Außerdem müssen dem behinderten Menschen »Wahlmöglichkeiten, Wünsche und Sehnsüchte, die zu respektieren sind« zugestanden werden, indem er in einer sexuell integrierten Welt lebt, mit allem, was diese Forderung nach sich zieht. Das Prinzip bedeutet weiter, daß das Recht auf weitgehend »normalen wirtschaftlichen Standard« und schließlich das Recht auf angemessene physische Erleichterung, also auf entsprechend angepaßte Gebäude und Ausrüstungsgegenstände, respektiert wird.

Es mag völlig unverständlich erscheinen, wenn man sich überlegt, daß solche grundlegenden Menschenrechte in dieser Weise für eine nicht unbeträchtliche Anzahl von Menschen in unserer Gemeinschaft erst entworfen werden müssen, aber dies ist nun einmal unser Erbe.

Die Kunsttherapie bietet so viel Freiheit, so weitreichende Möglichkeiten zum Selbstausdruck und zur Selbstdarstellung; dabei verstärkt sie ein Gefühl der Individualität und des Selbstvertrauens, so daß sie eine wesentliche Rolle bei der Gestaltung und Unterstützung der oben beschriebenen Philosophie zu spielen scheint.

Die Rolle der Kunsttherapie bei der Versorgung geistig Behinderter

Wenn man bedenkt, daß die Wurzeln der Kunsttherapie fest in der Psychotherapie verankert sind und daß die meisten Kunsttherapeuten im Bereich der Psychiatrie arbeiten, so müssen wir die Frage stellen, ob und wie Kunsttherapie bei geistiger Behinderung angewandt werden kann.

Die Hauptschwierigkeit, die sich direkt aus der geistigen Behinderung ergibt, besteht in der begrenzten Fähigkeit zu lernen und zu argumentieren. Dies wiederum führt zu Problemen, die ihrer Art nach sowohl theoretisch wie auch praktisch sind. Die praktischen Probleme umfassen etwa verschiedene alltägliche

Aufgaben, die nicht auf befriedigende Weise gelöst werden können. Die emotionalen Schwierigkeiten resultieren aus dem Problem, emotionale Bedürfnisse zu verstehen und zu verarbeiten. Es ist oft der Fall, daß die volle Bedeutung und Komplexität der Sprache vom Behinderten nicht verstanden werden kann. Wo körperliche Einschränkungen einen Faktor bilden, stellen sich darüber hinaus zusätzliche Frustrationen ein und die Sprachfähigkeit kann beeinträchtigt sein oder völlig fehlen.

Die Unfähigkeit, gewisse praktische Aufgaben durchzuführen, führt zwangsläufig zu einer bestimmten Abhängigkeit von anderen Menschen. Dies reicht von finanzieller Abhängigkeit, weil der Lebensunterhalt nicht selbst verdient werden kann, bis zur vollständigen körperlichen Versorgung des Schwerbehinderten. Die konstante Abhängigkeit von anderen verschlimmert wiederum emotionale Probleme.

Wenn die chronische Abhängigkeit außerordentliche Anforderungen an die Familie stellt, so werden die geistig Behinderten oft in eine Einrichtung verlegt, die eine große Anstalt oder ein kleines Heim sein kann. Die Trennung vom familiären Leben kann zu emotionalen Entzugserscheinungen führen; es können sich auch weitere sekundäre Schwierigkeiten ergeben, etwa aus dem Mangel an Eigenleben und an privatem Raum sowie aus der Gleichförmigkeit des institutionellen Lebens.

Wie kann die Kunsttherapie zur Beseitigung solcher Schwierigkeiten beitragen? Das allgemein anerkannte Ziel der Kunsttherapie besteht in ihrer Funktion als Kommunikationsträger und als Mittel zum Zweck der Selbstdarstellung. Natürlich kann die Kunsttherapie für jene, deren Gebrauch von Sprache oder deren Verständnis von Wörtern begrenzt oder nicht vorhanden ist, einen alternativen, nicht-verbalen Kommunikationsträger bieten. Indem sie die Möglichkeit zur Kommunikation für denjenigen bereitstellt, der zuvor in ungenügender Weise oder überhaupt nicht die Gelegenheit dazu erhielt, vergrößert sich für diese Zielgruppe die Möglichkeit zur Selbstdarstellung. Auf diese Weise kann möglicherweise eine Erleichterung der zahlreichen, oben diskutierten Schwierigkeiten erreicht werden. Es kann zum Beispiel das in einer Institution leicht verlorengehende Gefühl von Identität wiederhergestellt werden.

In welcher Weise unterscheidet sich die Verwendung der Kunsttherapie bei geistig Behinderten von ihrem Gebrauch in der Psychiatrie?

Da das psychiatrische Modell bei kunsttherapeutischen Schulungskursen vorherrscht, haben diejenigen Therapeuten, die im Bereich der geistigen Behinderung arbeiten, besondere Fähigkeiten anzubieten, wenn sie mit solchen geistig behinderten Menschen arbeiten, die auch noch unter psychischen Problemen leiden. Wie wir jedoch bereits festgestellt haben, leiden geistig behinderte Menschen unter gewissen Problemen, die sich direkt aus ihrer Behinderung ergeben. Daraus folgt, daß der Festlegung der im Umgang mit ihnen anzuwendenden Methode besondere Aufmerksamkeit zukommen sollte. Diese Tatsache hat uns zur Durchführung eigener Untersuchungen veranlaßt. Wir wollen zunächst das Spektrum der möglichen methodischen Zugänge betrachten und sehen, wie sich dies mit der Verwendung der Kunsttherapie in der Psychiatrie vergleichen läßt.

Die Arbeit mit geistig Behinderten bringt sowohl Gewinn als auch Probleme. Ein besonderer Vorteil wird von J. Males (1979) ausgeführt. Sie stellt fest, daß geistig gehinderte Erwachsene über kindliche Eigenschaften verfügen können, daß sie aber selten kindisch sind. Sie erklärt diese Aussage näher, indem sie die Begriffe wie folgt definiert:

kindlich – im Besitze guter Eigenschaften eines Kindes, z. B. Unschuld, Offenheit, Spontaneität etc.

kindisch – im Besitze von Eigenschaften, die einem Kind zukommen oder angemessen sind, die aber für eine erwachsene Person nicht als angemessen angesehen werden können.

Sie sollten daher nicht wie Kinder behandelt werden, sondern wir sollten ihre kindlichen Eigenschaften erkennen und zu ihrem Vorteil davon Gebrauch machen.

Die Eigenschaft der Spontaneität ist von besonderem Nutzen für die Kunsttherapie. Wenn geistig behinderten Menschen künstlerische Hilfsmittel angeboten werden, so spornt ihre Spontaneität sie häufig dazu an, diese Mittel frei zu verwenden. Dieser Aspekt ist von großer Bedeutung, da er zu etwas führt, das wir mit direktem therapeutischen Gewinn bezeichnen – daß die »Therapie« stattfindet, während direkt mit den künstlerischen Medien gearbeitet wird. Im Gegensatz dazu besteht bei erwachsenen Menschen von »normalem« Verstand eine größere Wahrscheinlichkeit, Hemmungen zu zeigen. Bemerkungen wie »Ich kann nicht zeichnen« hört man oft in Erinnerungen an den Kampf mit der Perspektive im Klassenzimmer. In der Psychiatrie würde dieses Problem die bereits vorhandenen Schwierigkeiten vergrößern; die Rolle des Therapeuten bestünde dann u. a. in der Überwindung von Hemmungen und der Förderung von Spontaneität.

Das Vorhandensein eines solchen »direkten therapeutischen Gewinns« als unmittelbare Folge von Sponaneität legt nahe, daß eine nicht-direktive Methode im Umgang mit geistig Behinderten angewandt werden sollte, bei der sie mit eigenen Zeitvorstellungen arbeiten können, sich ihre eigenen Ziele setzen dürfen und eigene Normen festlegen können. Daraus ergeben sich Leistung, Vertrauen, Selbstbewußtsein und Wachstum. Im Gegensatz dazu greift der Therapeut bei der direktiven Methode mehr oder weniger stark ein. Dieses Verfahren erweist sich zum Beispiel als hilfreich, wenn es an Spontaneität fehlt und man in eine Sackgasse geraten oder einer fixen Idee anheimgefallen ist. Ein Überblick (Males und Males 1977) über Kunsttherapeuten, die mit geistig Behinderten arbeiten, zeigt, daß die direktive und die nicht-direktive Methode in gleicher Weise Verwendung finden. Natürlich sind beide Zugänge möglich; es ist daher jedoch wichtig festzulegen, wann jeder von ihnen jeweils am besten der Sachlage angemessen erscheint.

Die Reflextion über den Gehalt des fertiggestellten künstlerischen Werkes stellt einen wesentlichen Bestandteil der Kunsttherapie dar. Es sind die Fähigkeiten des Therapeuten gefordert, um den Klienten bei der Reflexion des Inhaltes des Kunstwerkes zu unterstützen und dadurch Einsichten zu gewinnen, um auf diese Weise Schwierigkeiten zu überwinden. Ein offensichtliches Problem stellt sich im Bereich der geistigen Behinderung, wo Probleme des Intellektes die Fähigkeit zum Lernen und zum Argumentieren einschränken. Der Therapeut muß die Fähigkeiten des einzelnen Patienten unter besonderer Berücksichtigung seiner Möglichkeiten, eine Diskussion über das Kunstwerk zu führen, einschätzen. Die Reflexion, die die geistig behinderte Person anstellt, kann entweder während oder nach der Fertigstellung der Arbeit stattfinden – aber es besteht eine weitaus weniger hohe Wahrscheinlichkeit, daß diese Reflexion eine ebenso herausragende Stellung einnimmt wie in der Psychiatrie.

Es folgt daraus, daß die Interpretation und in ähnlicher Weise die Diagnose weniger herausragend sind; denn wenn wir bedenken, daß ein Bild nicht losgelöst von dem Zusammenhang der Person diskutiert werden sollte, die dieses Bild gemalt hat, so muß die Genauigkeit der Interpretation bezweifelt werden, wenn die betreffende Person – aus welchem Grunde auch immer – nicht darüber diskutieren kann. Der Therapeut kann sein Wissen des allgemein üblichen Symbolismus in gewissem Ausmaß anwenden, aber es kann keinerlei Gewißheit hinsichtlich der individuellen Bedeutung erreicht werden. Zum Beispiel bedeutet die Farbe schwarz für viele Menschen Negatives, aber für eine afrikanische Stammesangehörige kann sie positiv sein – wenn der Himmel schwarz ist, kommt der Regen, um das Getreide zu bewässern.

Andere Aspekte, die die Arbeit mit geistig behinderten Menschen betreffen, sind: (a) sie können nicht von ihrer geistigen Behinderung geheilt werden; (b) sie benötigen Therapien, die sich über lange Zeiträume erstrecken; und (c) es besteht ein größeres Bedürfnis nach Engegement durch den Therapeuten.

Der zweite Punkt ergibt sich aus dem ersten, obwohl klargemacht werden sollte, daß viele betroffene Menschen ein zufriedenes und glückliches Leben ohne Bedarf für Therapie führen können. Wenn solche Menschen dennoch der Therapie bedürfen sollten, so kann dies über einen kurzen Zeitraum hinweg vonnöten sein, in dem sie Hilfe brauchen, zum Beispiel nach einem Trauerfall; oder sie benötigen vielleicht Langzeitunterstützung, weil das grundlegende Problem der geistigen Behinderung zu viele Folgeprobleme nach sich zieht, die eine Hilfestellung erforderlich machen. Der dritte Punkt, ein über die Zusammenarbeit hinausreichendes persönliches Betroffensein stellt einen wesentlichen Unterschied zur psychiatrischen Praxis dar.

Direktive oder nicht-direktive Kunsttherapie

Wir wollen nunmehr die Diskussion nicht-direktiver und direktiver Ansätze fortführen, wobei wir zwei Beispiele einführen wollen, die die angemessene Anwendung der beiden Methoden verdeutlichen.

Die Kreativität bildet keine Grundvoraussetzung für die Kunsttherapie, aber es ist wichtig zu verstehen, daß geistig behinderte Menschen über dasselbe Kreativitätspotential wie andere Menschen verfügen, und daß dieses nicht durch die Behinderung beeinträchtigt wird. Zur Illustration der Art und Weise, in der künstlerische Mittel die Gedanken und Gefühle des Einzelnen wiedergeben können, wollen wir das Beispiel des Patienten M betrachten. Er ist auf eine für uns verständliche und nachvollziehbare Weise besonders kreativ; sein Beispiel wird helfen, eine gewisse Einsicht in die Verfassung derjenigen Behinderten zu nehmen, deren Arbeit wir nicht ohne weiteres verstehen können, etwa jener, die hauptsächlich kritzeln. Was sie tun, hat eine besondere Bedeutung für sie, aber wir sind vielleicht nicht dazu fähig, sie zu verstehen (wir werden diesen Punkt aufnehmen und erweitern, wenn wir die Entwicklungsstadien diskutieren).

M ist dreiundvierzig Jahre alt und hat seit seinem vierten Lebensjahr in einer Institution gelebt, nachdem er an einem Bahnhof ausgesetzt worden war. Er leidet unter dem Down-Syndrom. Vor fünf Jahren erschien er erstmalig in der Abteilung für Kunsttherapie, denn eine Krankenschwester hatte entdeckt, daß die einzige Möglichkeit zur Besänftigung seiner schwierigen Launen darin bestand, ihm etwas zum Zeichnen zu geben. Es gibt viele interessante Beispiele für seine Kreativität, aber aus Platzgründen müssen wir uns auf eines beschränken.

Eines Tages kam M mit Kastanien in die Abteilung. Er erhielt eine Pappschachtel, verlangte auch nach etwas Erde und ging dann wie folgt vor: er verteilte eine Erdschicht auf dem Boden der Schachtel. Darüber legte er die Kastanien, verteilte sie gleichmäßig und bedeckte sie schließlich mit Erde, die bis an den oberen Rand der Schachtel reichte. Dann sagte er in seiner beschränkten Sprechfähigkeit: »Pflanze«. In den darauffolgenden Tagen begoß er die eingepflanzten Kastanien; danach machte er einen Spaziergang, von dem er mit vielen Zweigen zurückkehrte. Er pflanzte sie in die obere Erdschicht ein und bemalte die Schachtel blau und die Zweige in vielen verschiedenen Farben. Da die Weihnachtszeit nahte, setzte er die Dekoration fort. Er schnitt Papierfiguren aus, machte jeweils in der Mitte ein Loch und befestigte sie an den Zweigen, indem er Bindfäden durch die Löcher zog. Dies war sein Weihnachtsbaum, den er mit den anderen in der Abteilung teilte. Nach Weihnachten wurde der Schmuck abgenommen, aber die Schachtel mit den eingepflanzten Kastanien und den geschmückten Zweigen blieb ein Jahr in der Abteilung.

Als ein Blumenfest in der Kirche bevorstand, begleitete M eine Gruppe von Heimbewohnern, um wilde Blumen zu sammeln. Da er mit dem Blumenarrangement der Gruppe nicht zufrieden war, machte er sich wieder auf den Weg, und als er zurückkam, gestaltete er ein helleres, freundlicheres und daher attraktiveres eigenes Arrangement. Beide Arrangements wurden in der Kirche ausgestellt. Vor der Andacht nahm er eine Schere, ging zurück zu seiner Schachtel und schnitt alle Zweige ab. Dann nahm er ein große Blatt weißes Papier und arrangierte darin die Zweige als Blumenstrauß. Diesen versah er mit einem Etikett, auf dem er in Kritzelschrift etwas notiert hatte und bedeckte die Zweige mit immer mehr Farbe, wobei er »Farbe« sagte. Schließlich überreichte M den noch tropfnassen Blumenstrauß am Ende der Andacht seinem pensionierten Lieblingspfleger. Der Pfleger nahm in seiner weißen Leinenjacke das Geschenk dankbar entgegen und M verließ lächelnd die Kirche.

Die spontane Kreativität ermöglicht M eindeutig, direkten therapeutischen Gewinn aus seinem Kunstwerk zu ziehen; die nicht-direktive Methode ist seiner Mentalität angemessen. Nun wollen wir einige der Faktoren diskutieren, die sich bei der Anwendung der direktiven Methode ergeben und ein Beispiel für ihre Anwendung beschreiben.

Wie wir bereits oben festgestellt haben, greift bei der direktiven Methode der Therapeut mehr oder minder stark ein. Wenn sich dieses Verfahren nutzbringend auswirken soll, so muß der Eingriff in angemessener Weise erfolgen; eine Leitlinie, die wir als sehr nützlich empfunden haben, ist das Konzept der Entwicklungsstufen im Vergleich mit Kindern.

Es bestehen Ähnlichkeiten zwischen den Zeichnungen von Kindern, die mit »normalem« Verstand begabt sind, und geistig behinderten Erwachsenen. In beiden Fällen geben die Zeichnungen die bisher erreichte bestimmte Entwicklungsstufe wieder. Wenn man dies berücksichtigt, so ist es dem Therapeuten möglich, auf direktive Weise zu arbeiten und dabei gewinnbringend vorzugehen, ohne vom Wert und von den Fähigkeiten des Individuums abzulenken.

Eine Analogie zur normalen kindlichen Entwicklung soll dieses Phänomen verdeutlichen. Wenn ein Kind eine Kritzelei »Mammi« nennt, während sie für den Betrachter in keiner Weise der Mutter des Kindes ähnelt, so sollte trotzdem ein Lob erteilt werden, damit das Selbstwertgefühl des Kindes nicht verringert wird. Das Kind hat sicherlich nicht die Fähigkeiten, um eine Ähnlichkeit zwischen dem Bild und seiner Mutter herzustellen, aber indem es der Kritzelei einen Namen beilegt, zeigt es eine direkte Verbindung zwischen seinem Denken und den auf Papier niedergelegten Zeichen auf. Das realistische Zeichnen wird sich in einer anderen Entwicklungsstufe zeigen, ein Prozeß, der vorsichtig ermutigt, aber nicht über die Fähigkeiten des Kindes hinaus beschleunigt werden kann.

In ähnlicher Weise kann der Kunsttherapeut mit geistig behinderten Erwachsenen direktiv arbeiten. Der Therapeut muß den individuell erreichten Entwicklungsstand beachten; wenn er mit diesem Wissen ausgestattet ist, kann auf angemessene Weise in diesen Prozeß eingegriffen werden. Es kann durchaus genügen, ein Individuum zum Gebrauch eines für seinen Entwicklungsstand angemessenen Mediums anzuleiten – also zur Verwendung eines Materials, mit dem erfolgreiche Arbeit möglich ist. Der Therapeut kann sich aber auch dazu entscheiden, direkter einzugreifen, indem er zur künstlerischen Betätigung ermutigt oder sogar daran teilnimmt. Der Beitrag des Therapeuten zur Aktivität seines Patienten muß immer mit dem individuellen Entwicklungsstand übereinstimmen, damit sichergestellt ist, daß das Individuum erfolgreich damit umgehen kann. Der Therapeut kann auf das nächste Stadium hinarbeiten (wie beim »normalen« Kind), aber er darf keine unerreichbaren Ziele setzen. Im Gegensatz zum »normalen« Kind kann der geistig Behinderte unfähig sein, die nächste Stufe zu erreichen.

Alle zur Verfügung stehenden künstlerischen Medien sollten gründlich erforscht werden, damit man dasjenige finden kann, das am besten auf den Einzelnen zugeschnitten ist und sich in Übereinstimmung mit seinem Entwicklungsstand befindet. Zum Beispiel kann ein willkürlich Kritzelnder auch auf Fingerfarben oder auf das Gestalten mit Ton positiv reagieren. Der erreichte Entwicklungsstand wirkt auch auf das Verhalten, auf die Kommunikation, auf die Sozialisation und auf die Fähigkeiten ein. Der oben erwähnte willkürlich Kritzelnde kann über nur eingeschränkte Konzentrationsfähigkeit verfügen und Schwierigkeiten haben, Beziehungen zu anderen Menschen aufzunehmen.

Wir wollen nun ein Beispiel für die Anwendung der direktiven Methode betrachten. A ist schon älter, ihre Sprachfähigkeit ist begrenzt, und da sie seit vielen Jahren in einer entsprechenden Einrichtung lebt, zeigt sie anstaltsmäßiges Verhalten und lebt zurückgezogen.

A hatte Schwierigkeiten, mit den Kunstmaterialien umzugehen; sie zögerte, wobei ihre Hand in der Nähe des Papiers schwebte. Nach vielen Ermutigungen machte sie plötzlich die deutliche Geste, Buchstaben ihres Namens schreiben zu wollen, insbesondere das »A«. Es schien, als ob sie sich in etwas Vertrautem sicher fühlte, obwohl sie wahrscheinlich seit vielen Jahren weder Papier noch Bleistift zur Hand genommen hatte. Die Klarheit, mit der sie die Buchstaben malte, deutete auf einen Entwicklungsstand hin, demzufolge sie zu mehr in der Lage sein sollte – sie hatte eindeutig die dazu erforderliche Selbstkontrolle. Sie war nur durch ihr eigenes Zögern eingeschränkt.

Um ihr bei der Erkundung des Mediums und bei der Ausschöpfung ihres gesamten Potentials zu helfen, griff der Therapeut ein, indem er die Buchstaben auf dem Kopf stehend unter ihre Originale setzte und die zugrundeliegenden Muster – etwa den Bogen im großen »A« – variierte. Der Therapeut reagierte so exakt auf ihren Entwicklungsstand, indem er die Buchstaben wiederholte; er kommunizierte mit ihr in der Sicherheit und der Vertrautheit ihrer eigenen visuellen Welt und leitete sie doch dazu an, diese Buchstaben als Muster und Formgebungen zu sehen. A reagierte darauf, indem sie sich an dem Variierungsprozeß beteiligte. Ihr weiterer Fortschritt im Gebrauch des Materials in Reaktion auf den Eingriff ist seither langsam, aber stetig erfolgt und ging damit einher, daß sie sich mitteilsamer zeigte.

Es bleibt letzten Endes dem Therapeuten überlassen, im Lichte seiner Erfahrungen zu entscheiden, ob das Eingreifen auf eine solche Weise als am besten angemessene Methode angesehen werden kann. Wir gehen davon aus, daß sowohl die nicht-direktive als auch die direktive Methode der Kunsttherapie sinnvolle Anwendung finden kann.

Die praktische Anwendung der Kunsttherapie bei geistig behinderten Menschen

In diesem Abschnitt wollen wir die verschiedenen praktischen Aspekte der Anwendung der Kunsttherapie auf geistig behinderte Menschen untersuchen; wir wollen uns hier auf sie als Heimbewohner beziehen, da der Kontext einer Heimunterbringung vorausgesetzt wird. Mehrere der behandelten Aspekte lassen sich jedoch auch auf andere Situationen übertragen.

Die Organisation eines kunsttherapeutischen Programmes umfaßt mehrere Stadien:

1. die Auswahl derjenigen Bewohner, für die die Kunsttherapie am gewinnbringendsten eingesetzt werden kann;

2. die Auffindung des künstlerischen Mediums, das für den Bewohner unter Berücksichtigung seiner körperlichen Beeinträchtigungen am nutzbringendsten ist;
3. die therapeutischen Sitzungen selbst;
4. die Aufzeichnung und Berichterstattung über die Ergebnisse der Sitzungen.

Darüber hinaus gibt es täglich zu erledigende Aufgaben, die nicht in direkter Beziehung zum Therapieprogramm stehen, wie etwa die Materialbeschaffung. Die Stufen 1 und 4 erfordern die Kommunikation mit Kollegen, ein Thema, dem wir uns nun zuwenden werden.

Kommunikation mit anderen Fachkräften

Die Kunsttherapie eignet sich nicht für alle Heimbewohner. Einige benötigen sie nicht; diejenigen, die eine Therapie brauchen, reagieren vielleicht nicht auf künstlerische Medien, sondern besser auf etwas anderes, zum Beispiel auf Musik- oder Dramatherapie. Wir müssen daher diejenigen Bewohner ausfindig machen, für die sich die Kunsttherapie am ehesten gewinnbringend auswirkt.

Da die Bewohner einen Großteil ihrer Zeit unter der Obhut anderer Fachkräfte verbringen, ist es wichtig, sich klarzumachen, daß die Auswahl der Bewohner zwecks Überweisung zur Kunsttherapie von eben diesen Kollegen durchgeführt wird; daher ist ein Zugang über ein interdisziplinäres Team erforderlich. Zwei Dinge sind zur Erfüllung dieser Arbeit vonnöten.

Zunächst müssen die anderen Berufsgruppen ein klares Verständnis davon haben, was Kunsttherapie ist und was sie zu leisten imstande ist. Ohne diese Voraussetzung erfolgt die Zuweisung zur Kunsttherapie aus den falschen Gründen. Alle Bemühungen des Kunsttherapeuten um die Förderung eines besseren Verständnisses erleichtern nicht nur seine Arbeit, sondern auch die Arbeit des Teams als Ganzem.

Zweitens muß die Verständigung zwischen den Berufsgruppen, die sich auf einen bestimmten Bewohner bezieht (zum Beispiel im Stadium der Überweisung oder als Bericht über die während der Therapie erzielten Fortschritte), in einer leicht verständlichen Sprache erfolgen. Dieses Anliegen kann durch verwendung sorgfältig erarbeiteter Formulare unterstützt werden. Bei allen Formularen ist es wichtig, sich klarzumachen, daß sie nur dazu da sind, einem bestimmten Zweck zu dienen – um sicherzustellen, daß alle notwendigen Informationen in leicht verständlicher Weise übermittelt werden. Die Formulare sind »Werkzeuge«, deren einzige Funktion darin besteht, denjenigen zu helfen, die sie benutzen. Sie helfen überflüssige Arbeit und sich wiederholende Informationen zu vermeiden und bieten dadurch dem Therapeuten mehr Zeit, die er mit den Bewohnern verbringen kann. Wir wollen die für die Überweisung und für die nachfolgende Auswertung verwendeten Formulare betrachten.

Das Überweisungsformular sollte einfach gehalten sein, so daß damit die Überweisung reibungslos durchgeführt werden kann und das Personal sich nicht mit komplizierten Einzelheiten aufhalten muß. Weitere einschlägige Informationen können immer noch später in Erfahrung gebracht werden. Die Kunsttherapeuten erhalten Überweisungen, die den Grund der Überweisung beschreiben, also etwa »interessiert sich für Kunst«, »soll beschäftig werden«, »soll die Station vorübergehend verlassen können« und so fort. Bei fortgesetzter Bemühung um die Schaffung guter Arbeitsbeziehungen und um ein gutes gegenseitiges Verständnis der Art und Weise, in der sich die verschiedenen Berufsgruppen am besten gegenseitig zu Seite stehen können, können die Überweisungen in immer angemessenerer Form durchgeführt werden. Sie können die Symptome des Patienten beschreiben, also etwa Depressionen, Verhaltensprobleme, Veränderungen in seinen Stimmungen, in den äußeren Bedingungen oder Kommunikationsprobleme allgemeiner Art, in der Hoffnung, daß die Kunsttherapie zur Aufklärung und zur Auflösung dieser Problembereiche beitragen kann.

Alle neu zugewiesenen Patienten sollten für eine erste Einschätzung begutachtet werden. Ein Zeitraum von 6 bis 10 Sitzungen wird empfohlen; in dieser Zeit soll ein weiteres Spektrum an Materialien angeboten werden und jede Gelegenheit zur Erkundung der Medien geboten werden. Danach stellt der Therapeut ein erstes kunsttherapeutisches Gutachten aus. Zwei verschiedene Darstellungen kommen dabei in Betracht. Die erste umfaßt eine schriftliche Zusammenfassung der angefertigten künstlerischen Arbeiten und des damit einhergehenden Verhaltens. Bei der zweiten wird ein Formular in Tabellenform benutzt, um die künstlerische Arbeit und das Verhalten zu beschreiben, ergänzt durch freie Formulierungen, in denen der Therapeut Kommentare machen und Empfehlungen aussprechen kann. (vgl. Muster 8.1). Dieses Formular hat den Vorteil, daß der Leser eine erste Zusammenfassung der erforderlichen Informationen findet. Dies kann von besonderem Wert sein, wenn ein Vergleich mit nachfolgenden Berichten angestellt werden soll.

Allen späteren Berichten könnte dasselbe Formular zugrundegelegt werden. In diesem Fall würde der erste Satz, der die Anzahl der Sitzungen für die erste Einschätzung erläutert, wegfallen. Diese Berichte werden als angemessene Unterlagen an alle Beteiligten übermittelt werden, die während der Therapie und bei ihrem Abschluß mit dem Patienten zu tun hatten.

Diese anderen Beteiligten, von denen einige vielleicht mit der ersten Überweisung befaßt waren, werden wissen wollen, wie die Antworten auf die folgenden Fragen ausfallen:

Muster 8.1: Erstes kunsttherapeutisches Gutachten

Name:	Datum:
Station:	Berater:
Geburtsdatum:	

Dieser Bericht wird abgefaßt, nachdem der Patient an 6−10 Sitzungen teilgenommen hat. Die angefertigten Arbeiten und das damit einhergehende Verhalten werden in der unten aufgeführten Tabelle zusammenfassend bewertet.

A	A trifft zu	A trifft annähernd zu	weder A noch B treffen zu	B trifft annähernd zu	B trifft zu	B
Vielseitigkeit der Arbeit						Einseitigkeit
einfarbige Darstellung						farbenfreudige Darstellung
gut entwickelte Motive						schlecht entw. Motive
entwickelt keine eigenen Vorstellungen						entwickelt eigene Vorstellungen
gute Beobachtungsgabe						keine Beobachtungsgabe
gut motiviert						nicht motiviert
hohe Konzentration						keine Konzentration
			Verhalten			
gut integriert						nicht integriert
stellt Forderungen						stellt keine Forderungen
ruhig						laut
abhängig						unabhängig
ungestörtes Verhalten						gestörtes Verhalten
gutes Verhältnis zum Personal						schlechtes Verhältnis zum Personal
gutes Verhältnis zu Mitbewohnern						schlechtes Verhältnis zu Mitbewohnern
			Gewinn			
zieht großen Gewinn						kein Gewinn

1. Profitiert der Patient von der Kunsttherapie?
2. Wenn ja, in welche Weise?
3. Worin bestehen die Ergebnisse der Kunsttherapie für diesen Patienten?
4. Welche Empfehlungen können für die Zukunft ausgesprochen werden?

Die regelmäßige Beobachtung des Verhaltens, der Aktivitäten und der Konzentration während der therapeutischen Sitzungen tragen zur Vorbereitung auf die Therapieberichte bei. Es können zum Beispiel zu folgenden Fragen Bemerkungen gemacht werden:

– läßt sich der Bewohner leicht ablenken, oder geht er in seiner Betätigung völlig auf?
– spricht er mit anderen Bewohnern oder nur mit Mitgliedern des Personals?
– wie groß ist die Reichweite der Armbewegungen bei körperlicher Behinderung?
– holt der Bewohner seine Materialien selbst zusammen oder wartet er darauf, daß das Personal ihm vieles anbietet?

Eine allgemeinverständliche Ausdrucksweise ist bei der Kommunikation mit anderen Berufsgruppen unerläßlich, und wenn Ulman zufolge »die Therapie die eigentliche Sitzung überdauern soll«, wird durch die allgemeinverständliche Ausdrucksweise mehr Wert auf die Auswirkungen der Therapie als auf die Therapie selbst gelegt (Ulman 1975:3–13).

Die kunsttherapeutischen Sitzungen

Von besonderer Bedeutung für die Anwendung der Kunsttherapie ist die Art und Weise, in der die Therapiesitzungen selbst geführt werden. Die Materialien, die Umgebung und vor allem Unterstützung muß in geeigneter Weise vom Therapeuten bereitgestellt werden.

Ein gewisses Spektrum an künstlerischen Materialien ist vonnöten, um die geistigen und körperlichen Fähigkeiten der Bewohner abdecken zu können, aber gleichzeitig auch auf ihre psychischen Bedürfnisse eingehen zu können. Die üblichen zweidimensionalen Medien haben folgende Eigenschaften:

1. ein dicker Wachsmalstift ist leicht zu halten und zu gebrauchen und er wird wahrscheinlich nicht in einer Sitzung aufgebraucht;
2. ein dicker Filzstift hat die zuvor beschriebenen Vorteile, aber er kann keinem großen Druck standhalten und man muß eine Kappe abnehmen;

3. Kreide ist normalerweise dünner, weniger leicht zu halten und bricht schnell;
4. ein Bleistift hat den Nachteil, daß er sich schnell verbraucht und folglich angespitzt oder ersetzt werden muß; außerdem kann er wie der Filzstift keinem großen Druck standhalten;
5. Fingerfarben haben den Vorteil, daß sie leicht zu verwenden sind, aber sie eignen sich nicht für das Detail und müssen häufig erneuert werden;
6. konventionelle flüssige Farben (mit dem Pinsel aufzutragen) erfordern viele Arbeitsschritte, z.B. das Aufnehmen des Pinsels; wenn nötig, muß der Pinsel mit Wasser benetzt werden; er muß in die Farbe getaucht werden; es sind Zeichen auf das Papier aufzubringen; dann muß der ganze Ablauf wiederholt werden. Über diesen Vorgang herrscht weniger Kontrolle als über das Zeichnen, und es können Zwischenfälle passieren, wobei Flüssigkeit umgestoßen wird oder unbeabsichtigte Flecken gemacht werden.

Die meisten Heimbewohner arbeiten bereitwillig mit Zeichenmaterial. Einige, normalerweise die Fähigeren von ihnen, malen ebenso gut wie sie zeichnen; sehr wenige malen ausschließlich. Für das Malen mit dem Pinsel sind mehr Fähigkeiten erforderlich. Dabei wird dem Einzelnen körperliche Gewandtheit und die geistige Fähigkeit abverlangt, eine Serie von Handlungen miteinander zu verbinden, um etwas auf das Papier zu bringen. In geringerem Ausmaß bestehen dieselben Unterschiede zwischen den leichteren Zeichenmedien, zum Beispiel der Kreide, und den schwierigeren wie etwa dem Bleistift. Ähnliches trifft auf den Vergleich zwischen zwei- und dreidimensionalen Medien (z.B. Ton) zu. Der ausschließliche Gebrauch dreidimensionaler Medien ist selten.

Zusammenfassend gesagt eignen sich bei relativ schwerer Behinderung diejenigen Medien am besten, die wie etwa die Wachsmalskreide minimale körperliche und geistige Fähigkeiten voraussetzen. Für Bewohner mit geringerer Behinderung wird der Einsatz derjenigen Medien sinnvoll, die größere Fähigkeiten erfordern, und diese bereiten dann auch größere Befriedigung. Das soll nicht ausschließen, daß sie auch die einfacheren Medien zu würdigen wissen. In jedem Fall muß das Material mit den zur entsprechenden Zeit vorherrschenden Bedürfnissen der Bewohner übereinstimmen.

Wir haben bereits angemerkt, daß die körperliche Behinderung die Auswahl der Medien einschränken kann. Diese Einschränkung kann oft durch den Einsatz von Hilfsmitteln verringert werden. Solche Hilfen reichen von der einfachen Befestigung des Papiers am Tisch über die Einrichtung winkliger oder freistehender Zeichenbretter bis zur Konstruktion spezieller Werkzeuge für bestimmte Behinderungen. Jemand, der Ton nicht direkt mit den Fingern formen kann, ist vielleicht dazu in der Lage, ein angemessenes Werkzeug zu greifen und eine bessere Kontrolle darüber auszuüben. Eine kleine Sammlung von Grundwerkzeugen zur Holzbearbeitung reicht normalerweise aus, um daraus alle Hilfsmittel herzustellen.

Die Umgebung, in der die Kunsttherapie stattfindet – das heißt, »die umgebenden Bedingungen, die die Entwicklung oder das Wachstum beeinflussen« – ist von großer Bedeutung. Sie kann zu einem Heim im Heime werden. Wenn den Bewohnern eine gewisse Freiheit zur Gestaltung ihrer Umgebung zugestanden wird, so können sie sich dann auch damit identifizieren, wenn sie eigene Impulse eingebracht haben und eine Bindung eingegangen sind. Sie können sich einen Arbeitsplatz aussuchen, der isoliert in einer Ecke oder aber an einem großen gemeinsamen Tisch integriert sein kann. Sie können ihren eigenen Bereich gestalten, indem sie ihre Arbeiten an die sie umgebenden Wände hängen. Sie können Materialien mitbringen, mit denen sie arbeiten wollen sowie eigene Gegenstände, wie etwa Radios, um sie gemeinsam zu benutzen. Sie können auch gemeinsam praktische Arbeiten verrichten wie das Auspacken von Materiallieferungen. Dieser Identifikationsprozeß kann vom Therapeuten ermutigt werden, der auch sicherstellen muß, daß die Freiheit, die einem Individuum zugestanden wird, nicht die Sicherheit und den Schonraum eines anderen bedroht.

Indem der Therapeut eine streßarme Umgebung fördert, hilft er den Bewohnern dabei, sich zu entspannen und ihre Kreativität und Selbstäußerung zu entfalten. Der Therapeut kann Ermutigung, Freundschaft und positive Verstärkung anbieten, so daß die Bewohner die Ziele der Therpaie erreichen können. Die unbewußte Art und Weise, in der die Bewohner mit ihrer eigenen Arbeit in Beziehung treten, indem sie während der Fertigstellung mit sich selbst kommunizieren, ist für ihr Verständnis einmalig und kann mit dem Therapeuten geteilt werden oder nicht. In jeder Diskussion über die fertiggestellten Arbeiten muß sich der Therapeut nicht nur der sprachlichen Einschränkungen, sondern auch der Verständnisschwierigkeiten erinnern, die die Bewohner haben können.

Wir haben mehrere praktische Aspekte der Kunsttherapie erörtert und uns dabei hauptsächlich auf unsere Erfahrungen bei der Arbeit in einer großen Einrichtung berufen. Wir hoffen, daß die angerissenen Punkte als Grundlage für die Entwicklung der in der Zukunft erforderlichen Fähigkeiten dienen können, da der Schwerpunkt in der Versorgung geistig behinderter Menschen sich weg von den Institutionen und hin zur Gemeindefürsorge verlagert.

Literatur

Department of Health and Social Security (DHSS) (1971) *Better Service for the Mentally Handicapped*. London: HMSO.
– (1980) *Mental Handicap: Progress, Problems and Priorities*. London: HMSO.
Grunwald, K. (1974) *The Mentally Retarded in Sweden*. The Swedish Institute, Stockholm.
Heaton-Ward, W. A. (1977) *Left Behind: A Study of Mental Handicap*. London: Macdonald & Evans.
Males, B. (1981) 'Public Attritudes to Mental Handicap as Reflected in the Opinions of Schoolchildren'. Unv. Ms., Keele University.
Males, J. (1979) The Mentally Handicapped Child – A Plan for Action. *Royal Society of Health Journal* **99**(2), 79–81.
Males, J. und Males, B. (1977) Unv. Gutachten. Psychology Department, St. Lawrence's Hospital, Caterham, Surrey.
Nirje, B. (1970) Symposium on Normalization: The Normalization Principle – Implications and Comments. *Journal of Mental Subnormality* **16** pt 2(31): 62–70.
Ryan, J. and Thomas, F. (1980) *The Politics of Mental Handicap*. Harmondsworth: Penguin.
Ulman, E. (1975) *The Therapy: Problem of Definition*. In Ulman, E. und Dachinger, P. (Hg.) *Art Therapy in Theory and Practice*. New York: Shocken.

9
Kunsttherapie mit älteren und schwerkranken Menschen

Bruce Miller

Das Spektrum, das die Überschrift dieses Kapitels andeutet, ist von enormen Ausmaßen und könnte niemals mit der erforderlichen Gründlichkeit in dem zur Verfügung stehenden Raum abgehandelt werden. Daher will ich den Bereich der nachfolgenden Diskussion auf eine bestimmte Gruppe innerhalb der spezifischen Klientengruppe einschränken und mich auf einen begrenzten Gegenstandsbereich im Zusammenhang mit diesen Menschen konzentrieren. Jeder, der das Pensionsalter erreicht hat, könnte als ältere Person bezeichnet werden und es gibt viele todkranke Menschen. Ich werde mich nicht den besonderen Problemen einer dieser Gruppen zuwenden, obwohl ich hoffe, daß viel von dem, was ich zu sagen habe, weitergehende Implikationen nach sich zieht. Die Klientengruppe, mit der ich die meisten Erfahrungen gemacht habe, und die im Mittelpunkt dieses Kapitels steht, umfaßt solche Menschen, die für gewöhnlich in öffentlichen Einrichtungen leben, sehr alt sind (zwischen achtzig und über neunzig Jahren), die möglicherweise unheilbar krank sind, aber nicht als senil bezeichnet werden können und sich dessen bewußt sein können, daß ihr Leben sich dem Ende nähert.

Diese Menschen leben auf den geriatrischen Stationen großer Krankenhäuser, in Altenheimen und vergleichbaren Einrichtungen. Sie können ebenso anfällig für die Skala an Neurosen und Psychosen sein, die auch die übrige Gesellschaft befällt, aber sie sind gegenüber den Ängsten, die eine große Nähe zum Tod mit sich bringen kann, verletzlicher und weniger dazu in der Lage, sich zu verteidigen. Obwohl wir hier im Westen unglaubliche Fähigkeiten an den Tag legen, wenn es darum geht, auch noch unter extremsten Bedingungen unsere

Sterblichkeit zu verleugnen, gilt dies nicht für die Menschen, denen mein Interesse in dem vorliegenden Aufsatz gilt. Diese Menschen haben möglicherweise mit angesehen, wie Freunde und andere Personen, mit denen sie eng verbunden waren, sterben mußten, wie die Person im Bett oder im Sessel neben ihnen einfach wechselte, und sie sind sich ihres körperlichen Verfalls sicherlich bewußt. Viele ihrer Mitbewohner leiden wahrscheinlich unter Altersschwachsinn oder unter der Alzheimerschen Krankheit (vorzeitiger Altersschwachsinn): auch dieser Tatbestand könnte zu ihrem Unbehagen beitragen.

Die soeben beschriebenen Bedingungen scheinen grausam zu sein, und es besteht wenig Hoffnung, daß sich die Lebensbedingungen der von mir definierten Gruppe in Zukunft maßgeblich verbessern werden. Ihre vornehmliche Sorge und ihr größtes Interesse gilt zwangsläufig dem nahenden Tod. Die zentrale These des vorliegenden Kapitels wird lauten, daß ein zwar manchmal vernachlässigtes, aber entscheidendes Arbeitsfeld, für das die Kunsttherapie in einzigartiger Weise angemessen ist, im offenen und konstruktiven Hinarbeiten auf den Tod besteht. Diese Arbeit ist als der wesentliche Abschluß des Entwicklungsprozesses anzusehen. Es scheint vielleicht, als wolle ich das Problem als unwesentlich betrachten oder gefühllos mit der Problematik umgehen, wenn ich die Notwendigkeit der Annahme des Todes in dieser Gruppe so sehr betone. Ich hoffe aufzeigen zu können, daß beides nicht zutrifft und das Verständnis des Todes ein existenzbejahender Bestandteil der Lebensfreude ist, und zwar einer Lebensfreude, deren die älteren und todkranken Menschen trotz einiger Bedingungen, die unsere Gesellschaft ihnen zu tolerieren aufzwingt, noch fähig sind. Der Tod ist eines der am schwersten zu artikulierenden Themen in unserer gegenwärtigen westlichen Gesellschaft und es gibt viele Leute, die dieses Thema nur zögernd diskutieren, wodurch der Tod gewisse Eigenschaften eines Tabus annimmt.

Die Kunsttherapie hat sich zumindest teilweise als Ergebnis des Bedürfnisses entwickelt, Alternativen für verbale Kommunikationsformen zu finden, Menschen mit Wortfindungsschwierigkeiten andere Ausdrucksmöglichkeiten zu verschaffen und das Unaussprechbare mitteilungsfähig zu machen. Daraus folgt also, daß die Kunsttherapie für alle, die mit der Pflege und Betreuung alter und todkranker Menschen befaßt sind, von großem Nutzen sein kann. Ich werde einige Formen untersuchen, in denen eine solche kunsttherapeutische Dienstleistung erbracht werden kann, aber ich will auch einige Hintergründe zu diesem Thema aufzudecken versuchen.

Die Feststellung, daß unsere Gesellschaft das Thema Tod zu umgehen sucht, ist nur zu offensichtlich. Es ist heutzutage möglich, sein Leben zu führen, ohne je einen Leichnam gesehen zu haben, ja sogar ohne sich je ernsthaft mit dem Thema Tod auseinandergesetzt zu haben, bis eine nahestehende Person stirbt;

und dann kann es schwierig sein, eine richtige Einstellung zu diesem Ereignis zu entwickeln. Diese Verleugnung des Todes erfolgt oft unter dem Deckmantel der Absicht, Menschen vor Kummer und Leid bewahren zu wollen, was auf vielerlei Weise geschehen kann. Manchmal werden Kinder von allem ausgeschlossen, was mit dem Tod zusammenhängt, sie werden vielleicht zu Freunden oder Verwandten geschickt, wenn jemand im Hause stirbt. Es existieren beschönigende Formulierungen zur Vermeidung ausdrücklicher Aussagen über den Tod im Überfluß. Redewendungen wie »dahinscheiden« und »sich zur ewigen Ruhe betten« werden noch häufig verwandt; und wie Ariès richtig sagt, finden eine Gesellschaft, in der die Tabuisierung des Todes die Reaktionen des medizinischen Personals und der betroffenen Familienangehörigen lahmlegt und hemmt (Ariès 1976). Eine solche Todestabuisierung in der Absicht, Kummer zu vermeiden, kann extreme Formen annehmen, und ich habe Patienten gesehen, denen nur noch wenige Stunden zum Leben geblieben waren, die aber davon sprachen, daß sie bald wieder »auf den Beinen sein« würden.

Es stimmt, daß der Lebenswille eine entscheidende Rolle bei der Überwindung einer schweren Krankheit spielen kann, und die Kampfbereitschaft kann eine wesentliche Waffe im Arsenal des Arztes darstellen. Es ist ebenfalls richtig, daß die Menschen Hoffnung im Leben brauchen, um weitermachen zu wollen. Der plötzliche medizinische Durchbruch, der zu einer Wunderheilung führen wird, oder die unerklärliche Rückbildung von Symptomen sind wesentliche Vorstellungen, die die Menschen brauchen. Diese Vorstellungen müssen jedoch nicht die Möglichkeit ausschließen, auf ein Verständnis und die bewußte Annahme des Todes hinzuarbeiten, und sie sollten nicht zur völligen Todesverneinung führen, wie sie in unserer Gesellschaft verbreitet zu sein scheint.

Es gibt Augenblicke, zu denen der Tod ein natürliches, sogar wunderschönes Ereignis sein kann. In dem von C. Murray Parkes verfaßten Vorwort zu dem Buch *On Death and Dying* von Elizabeth Kübler-Ross wird die folgende Aussage eines Patienten zitiert: »Ich *wünschte*, ich könnte den Leuten sagen, wie schön es sein kann, an Krebs zu sterben« (Kübler-Ross 1970: VII). Auch ich habe Menschen ähnliche, wenn auch nicht ganz so extreme Dinge sagen hören und halte es für eine in unserem Leben zu bewältigende Aufgabe, auf den Tod als auf ein annehmbares Ereignis hinzuarbeiten, ihn nicht als Verneinung, sondern vielmehr als Vollendung des Lebens zu betrachten.

Die Gründe für diese Verneinung des Todes in unserer Gesellschaft könnten ihre Grundlagen in macherlei Aspekten unseres religiösen, philosophischen und psychologischen Denkens haben, und sie scheinen von unserer Vorliebe für eines der beiden scheinbar polaren Verständnisweisen der menschlichen Psyche herzurühren. Es könnte sein, daß die Betonung, die die westliche Gesellschaft auf die Biologie und den Empirismus der Naturwissenschaften legt, den Todesbegriff bedrohlich und fremdartig erscheinen läßt. Die Antithese zu diesem empirischen Ansatz ist die gnostische, religiöse Weltsicht, die in ihrer extremen Form blinder Glaube ist, und die sogar die geistlichen Institutionen des Westens ihrer Tendenz nach zurückweisen. Diese beiden Philosophien, von denen die eine nach innen und die andere nach außen gerichtet ist, schließen einander heute aus. Jungs Weltsicht scheint damit übereinzustimmen, wenn er bemerkt: »In meinem Weltbild gibt es ein großes Außen und ein ebenso großes Innen, und zwischen diesen Polen steht mit der Mensch, bald dem einen, bald dem anderen zugewandt, um je nach Temperament und Veranlagung bald das eine, bald das andere für die absolute Wahrheit zu halten und je nachdem das eine für das andere zu leugnen oder zu opfern.« (Jung 1971:389).

Die Gesellschaft, in der wir leben, scheint eine Vorliebe für eine wissenschaftliche oder nach außen gerichtete Weltsicht zu haben und sie scheint die inneren oder mystischen Aspekte des Lebens »geopfert« zu haben. Eben diese Zurückweisung verursacht meinem Gefühl nach viele Probleme im Zusammenhang mit dem Tod, die wir an uns erfahren. Der Grund für die Entstehung dieser Verneinung des Mystizismus läßt sich vielleicht durch die Vielfältigkeit des geistigen Lebens erklären, aber auch durch die Tatsache, daß das Ego der durch den Tod am meisten beleidigte Teil der Psyche ist. Denn das Ego wird durch das Realitätsprinzip geformt und in ihm spielen sich auch die Ängste ab. Ein Verständnis des Phänomens Tod muß jedoch eine instinktive Aneignung sein, da wir keine bewußten Erkenntnisse darüber haben, wie das Sterben abläuft oder was anschließend geschieht. Die Wissenschaft, die Vernunft und das Bewußtsein sind daher nicht dazu in der Lage, viel zu einem wie auch immer gearteten Todesverständnis beizutragen. Wenn das Licht der Vernunft nicht die Fragen erhellen kann, die sich durch den Tod stellen, und wenn die Vernunft dennoch als einzige gültige Erkenntnisquelle betrachtet wird, so werden dunkle Bereiche geschaffen, denen sich die Menschen lieber nicht nähern.

Doch sind die Vernunft und das intellektuelle Denken nicht die einzigen Verständnisweisen, die uns zur Verfügung stehen. Es gibt auch eine Art, in ursprünglichen Bildern zu denken, die Jung als eine Denkungsart in Symbolen definiert, die älter als der Mensch seit frühester Zeit in ihn hineingekerbt sind (Jung 1967:468). Das Licht dieser Symbole ist meinem Gefühl nach notwendig, will man ein ewiges Thema wie den Tod betrachten und verstehen, und ich glaube, daß die Kunsttherapie für diese Symbole ein natürliches Ausdrucksmittel liefern kann. Die visuellen Künste zählen zu den besten Ausdrucksmitteln, die der Mensch zur Diskussion wiederkehrender Themen je erfunden hat, und sie bestehen seit vorgeschichtlicher Zeit. Es ist kein Zufall, daß die Künste sich oft in den Dienst einer Religion gestellt haben, oder daß der Tod schon seit jeher ein grundlegendes Thema ist, mit dem die Kunst sich beschäftigt.

Beispiele für diese besondere Beschäftigung mit dem Tod und dem Sterben in den Künsten sind nicht schwer zu finden, sondern sie sind quer über alle zeitlichen und kulturellen Grenzen hinweg zu erkennen. Die ägyptischen Pyramiden, das Tadsch Mahal und mittelalterliche Manuskripte wie das Winchester Psalmenbuch mit seinen grausigen Höllendarstellungen sind Illustrationen aus der Vergangenheit. Unserer heutigen Zeit etwas näher sind Maler wie Mark Rothko, dessen Arbeit sind besonders in seiner zweiten Lebenshälfte vornehmlich mit dem Nichts und dem Nicht-Sein beschäftigte, was zwar abstrakt war, aber dennoch eine Meditation zu demselben Thema darzustellen scheint. Fuller schreibt über Rothkos Arbeit: »Sinnliches Vergnügen ist nicht das einzige, was man mit einem Rothko verbindet. Man tritt sehr bald in jenes unterschwellige Drama ein, wo tiefschwarze Räume des lockenden Nichts den Betrachter dazu einladen, sich in ihnen selbst zu einem Nichts aufheben zu lassen« (Fuller 1980:222). Das Ergebnis dieser Meditationen führt bei Rothko 1970 zum Selbstmord, nachdem er eine Serie von Bildern in Braun-, Schwarz- und Grautönen fertiggestellt hatte, die der Inbegriff der Leere waren. Wie Kandinski zu Beginn seines *Über das Geistige in der Kunst* ausführt, ist jedes Kunstwerk »ein Kind seiner Zeit und in vielen Fällen die Mutter unserer Gefühle« (Kandinski 1973:1). Auf Rothkos Arbeit trifft all dieses zu, und als Kind seiner Zeit spiegelt sie die Schwierigkeit unserer Gesellschaft bei dem Verständnis von Tod und Todestrieb, Thanatos, wider.

Es scheint, als hätte die Existenz des Todes für Rothko das Leben schließlich überflüssig gemacht, und doch war er ein Mann, der über genügend Mut und Phantasie verfügt, um sich direkt mit diesem Problem auseinanderzusetzen. Für andere Leute, die zu verschiedenen Zeiten in unterschiedlichen Gesellschaften lebten, hatte diese Konfrontation jedoch einen völlig gegenteiligen Effekt auf ihre jeweilige Lebensweise. Die alten Ägypter widmeten beispielsweise ihre kulturellen Aktivitäten weitgehend der Frage nach dem Tod, und dennoch scheinen sie dies, anders als Rothko, als lebensbejahend empfunden zu haben. Dunne (1974) schreibt die über weitgehend zwei Jahrtausende andauernde Stabilität der ägyptischen Kultur ihrer Fähigkeit zu, dem Tod offen entgegenzusehen, ihm mit Hoffnung zu begegnen, nicht ber die Notwendigkeit zu verspüren, den Todesgedanken zu unterdrücken, um glücklich sein zu können. Die ägyptische Kultur stellte eine Denkweise in ursprünglichen Bildern dar, und sie war auch eine Funktion einer Religion, die den Tod auf positive Weise einschloß.

Die tibetanische Kultur beschäftigte sich ebenso auf diese vertrauensvolle Art und Weise mit dem Tod, und im Tibetanischen Buch der Toten werden die Wanderungen der Seele während und nach dem Tode als eine Reise durch eine Folge von Existenzebenen oder Bardos dargestellt. Die Zentralebene oder das Bardo wird als Sitz der positiven Nichtexistenz beschrieben. Dieser Platz ähnelt und ist vielleicht Vorläufer der psychoanalytischen Vorstellung einer differenzierten

Einheit im Tode – im Gegensatz zu der chaotischen, undifferenzierten Einheit des Kindes bei der Geburt. Die Tibetaner sahen diese Existenzebene als etwas an, auf das man hinarbeiten muß, nicht aber als bedrohliche Leere, die ignoriert oder abgelehnt werden mußte, koste es, was es wolle.

Daß es einigen Gesellschaften gelungen ist, den Tod in dieser unbedrohlichen Weise wahrzunehmen, und daß unsere Gesellschaft demgegenüber das Tabu geschaffen hat, von dem ich bereits sprach, könnte Teil eines allgemeineren Unterschiedes in der Art und Weise unserer Selbstsicht darstellen, die in den Analogien demonstriert wird, die wir zur Beschreibung der in uns ablaufenden körperlichen und geistigen Prozesse verwenden. Die Metaphern, die der Mensch in grauer Vorzeit dazu verwandte, um die Welt und seine Reise durch eben diese Welt zu beschreiben, leiteten sich aus seiner unmittelbaren Umgebung ab: von den Vögeln, den Bäumen, den Blumen und den am Himmel sichtbaren Himmelskörpern. Die Ägypter sagten, der Tod sei, als »durchschreite man ein Feld von Schilf«. Mit dem Beginn der Technologie fingen die Menschen damit an, über die Gegenstände zu sprechen, die sie hergestellt hatten, und von den Prozessen zu reden, die sie eingeleitet hatten, um ihre Existenz besser zu verstehen. Die Römer verglichen zum Beispiel die Herzenswallungen mit dem Feuer eines Metallschmelzofens. Sie sahen, daß in jedem Fall eine Flüssigkeit entstand, eine Veränderung durchlief und daraus heller und schöner hervorging. Das Feuer des Schmelzofens war auch ein beliebtes Symbol für Reinheit und den Reinigungsprozeß, und es wird im alten Testament im *Buch Maleachi* verwendet, um die bevorstehende Ankunft des Messias zu beschreiben: »Wer wird aber den Tag seines Kommens ertragen können, und wer wird bestehen, wenn er erscheint? Denn er ist wie das Feuer eines Schmelzers« (Maleachi 3,2).

Aus diesen einfachen Anfängen entwickelte sich unsere Selbstwahrnehmung im Sinne der Maschinen, die wir herstellen und der Prozesse, die wir auslösen. Diese symbolische Sprache gewinnt ein neues Vokabular und es werden in zunehmendem Maße mechanistische Metaphern verwandt, um das Leben menschlicher Wesen zu beschreiben. Das Gehirn wird oft mit einem Computer verglichen, das Nervensystem mit Stromkreisen und die Augen mit Fernsehkameras. Redewendungen wie »elektronisches Auge« und »künstliche Intelligenz« sind in unseren alltäglichen Sprachgebrauch eingegangen. Die Genauigkeit dieser Vergleiche ist irrelevant; wichtig ist die Tatsache, daß es sie gibt und daß sie häufig genug durchgeführt werden, um zu einem integralen Bestandteil der Art und Weise zu werden, in der wir uns selbst einschätzen. Die Bedeutung dieser Metaphorik darf nicht unterschätzt werden, denn durch derartige Symbole erfassen wir alles, was uns als höchst bedeutungsvoll erscheint. Gordon (1978) hebt die Bedeutung der äußeren Erscheinung dieser Bilder und Symbole hervor, da wir über Bilder und Symbole mit uns selbst und mit anderen zu Rate gehen.

So nützlich diese mechanistischen Symbole auch manchmal sein mögen, so können sie doch nicht immer das komplexe Spektrum an Situationen erhellen, das die menschliche Existenz begründet. Eine Maschine ist entweder an oder aus, und als Symbol kann sie daher wenig Licht auf den unterschwelligen Kreislauf von Geburt, Differenzierung und Tod werfen. Ebenso hört eine Maschine einfach auf zu funktionieren, sie stirbt nicht, und sie kann sich ihres bevorstehenden Ablebens nicht bewußt sein. Es könnte durchaus sein, daß eines der Ergebnisse oder der Funktionen unserer Selbstwahrnehmung im Zusammenhang mit Maschinen in unserer Distanzierung vom und der Verteidigung gegen den Tod besteht.

Tatsächliche mechanische Geräte können in Krankenhäusern manchmal in dieser Weise verwandt werden. In den meisten modernen Krankenhäusern befinden sich riesige Sammlungen technischer Ausrüstungsgegenstände und es mag manchmal so scheinen, als würden die Patienten über die Vermittlung dieser Maschinen behandelt. Im Falle des todkranken Patienten kann diese Situation übertrieben werden, da das Personal vielleicht das Gefühl hat, daß es auf irgendeine Weise versagt haben könnte. Es kann für das Pflegepersonal emotional angenehmer sein, wenn es seine Zeit der Infusion oder dem EKG-Gerät widmen kann (wo gefühlsmäßig zumindest eine gewisse Kontrolle ausgeübt werden kann, und selbst wenn der Patient stirbt, so funktioniert zumindest die technische Ausrüstung einwandfrei), als mit dem Patienten als einem menschlichen Wesen in Berührung zu kommen. Der sterbende Patient kann dadurch isoliert werden, man führt ihn so auf den Status einer Komponente der Apparatur zurück, die ihm eigentlich hilfreiche Dienste erweisen soll. Unter diesen Umständen ist es Leuten, die den Todkranken besuchen, möglich, ihre eigenen Ängste gegenüber dem Tod in einer Art Quarantäne zu belassen, da der Schwerpunkt auf der Heilung liegt und keine Notwendigkeit zur Konfrontation mit dem Tod besteht.

Welchen Beitrag kann also die Kunsttherapie in dieser Situation den Menschen leisten, die in besonderen Einrichtungen leben, ihrem Ende entgegensehen und dabei mit der Verleugnung des Phänomens Tod konfrontiert sind, die in unserer Gesellschaft verwurzelt zu sein scheint? Zunächst kann meinem Gefühl nach visuelle Kommunikation dieses Problem zwar nicht völlig ausschalten, aber doch umgehen, und den Menschen so die Möglichkeit verschaffen, ihren Ärger oder ihre Ängste im Zusammenhang mit dem Tod auf akzeptable Weise zum Ausdruck zu bringen. Ich kenne viele Leute, die völlig unfähig sind, über den Tod zu sprechen, die aber Bilder malen, in denen sie sich offensichtlich mit dem Tod auseinandersetzen. Es gibt viele Gründe zur Erklärung dieses Verhaltens, und einer davon beruht auf der Tatsache, daß Bilder normalerweise nicht an eine bestimmte Person gerichtet sind, wodurch eine bildlich ausgedrückte

Mitteilung mit größerer Wahrscheinlichkeit in ihrer ursprünglichen Aussage stehen gelassen wird. Eines der Ergebnisse der Verdrängung des Todesthemas besteht darin, daß die Menschen eine Barriere immunisierender Bemerkungen um dieses Thema herum errichten, wenn sie mit verbalen Äußerungen dazu konfrontiert werden. Das Beispiel, das ich zu Beginn dieses Kapitels angab, wo sterbenden Patienten gesagt wird, daß sie bald wieder gesund sein würden, ist für diese Tendenz charakteristisch. Die Tatsache, daß die meisten Leute gefühlsmäßig nicht glauben, auf solche Weise auf ein Bild reagieren zu müssen, ermutigt die sterbende Person dazu, ihre Gefühle freier zum Ausdruck zu bringen. Ein zweiter Vorteil dieser visuellen Ausdrucksform gegenüber anderen Kommunikationsformen besteht darin, daß das gemalte Bild dem Ausdruck des Unendlichen und des Verborgenen in einer Weise gewachsen ist, die die Sprache nicht erfüllen kann. Wie bereits erwähnt, besteht häufig ein grundlegendes Interesse an der Darstellung des Unendlichen durch die visuellen Künste. Zum dritten sind visuelle Bilder dazu in der Lage, auf vielen Ebenen zu wirken und scheinbar widersprüchliche Gefühle gleichzeitig zum Ausdruck zu bringen.

Diese Vorteile können für den todkranken Patienten höchst wichtig sein, da er möglicherweise ambivalente Gefühle über seine Lage hegt und das Bedürfnis verspürt, Ärger und Depression oder positive Annahme und Furcht in demselben Bild auszudrücken. Diese Dualität der Gefühle ist bei sterbenden Patienten sehr verbreitet; manchmal sprechen sie ganz offen über den Tod, als hätten sie ihn akzeptiert, dann wieder fallen im nächsten Moment Bemerkungen mit defensivem Beiklang. Ich halte es für bedeutsam, daß sie dazu fähig sind, sich auf diese Weise schwankend zu verhalten, und daß sie sich auch auf ihre eigene Art und zu ihrer Zeit mit dem Tod auseinandersetzen können. Die zahlreichen Ebenen, auf denen eine visuelle Aussage wirken kann, führt vielleicht dazu, daß diese Ambivalenz mit großer Leichtigkeit und flüssig zum Ausdruck gebracht werden kann. Ich habe gesehen, wie Menschen Bilder gemalt haben, die ihr eigenes Begräbnis zeigten, vielleicht als Möglichkeit, um sich selbst zu betrauern, wobei sie anscheinend auf eine Annahme des Todes hinarbeiteten, was sie mit Bildern ihrer Verärgerung, geballten Fäusten und weinenden Köpfen usw. kombinierten.

Die visuellen Künste sind auch dazu fähig, abstrakte Eigenschaften und Gefühle mit großer Präzision darzustellen, und eines der am weitesten verbreiteten und am schwersten zu beschreibenden Gefühle ist das des körperlichen Schmerzes. Ich erinnere mich einer Patientin, die unter rheumatoider Arthritis litt und ein Bild von einer Blume malte und dann die ganze Seite mit dünnen grünen Filzstiftstrichen im Abstand von etwa zwei Zentimetern bedeckte. Die Linien verliefen manchmal gerade, manchmal wellenförmig und waren meistens vertikal ausgerichtet. Sie sagte, daß diese Linien den unterschwelligen Schmerz darstellten, den sie immer verspürte, und daß dies die beste Erklärung sei, die sie je darüber hatte abgeben können, wie sich der Schmerz »anfühlte«. Ich sagte, daß die Wirkung sehr einem Käfig ähnele, und sie stimmte dem zu, indem sie sagte, daß man sich fast wie im Gefängnis vorkomme, wenn man unentwegt unter Schmerzen litte. Diese Patientin war offensichtlich erleichtert darüber, daß sie ihre Gefühle nach außen darstellen konnte und sie ein Äquivalent für ihre Gefühle gefunden hatte; sie zeigte das Bild den Ärzten, damit sie ihr helfen könnten, die Symptome zu erklären. Die Blume in ihrem Bild schien eine Darstellung ihrer eigenen Person zu sein, ein lebendes Wesen, im Schmerz gefangen.

Ein weiteres Merkmal der Kunsttherapie, das sich für die alten und todkranken Patienten als bedeutsam erweisen kann, besteht darin, daß Bilder eine sequentielle oder kumulative Wirkung ausüben können und sie daher fähig sind, Veränderungen über einen gewissen Zeitraum hinweg darzustellen. Kübler-Ross hat einen Ablauf definiert, den sterbende Menschen durchlaufen, sobald man ihnen mitteilt, oder sobald sie sich dessen bewußt werden, daß sie sterben. Dieser Ablauf beginnt mit Verneinung und Isolation, setzt sich mit Verärgerung, mit einem Feilschen und mit Depressionen fort und endet schließlich mit der Annahme (Kübler-Ross 1969). Ich werde diese Terminologie verwenden, da sie sich als zutreffend erwiesen hat, obwohl ich bei meinen eigenen Erfahrungen herausgefunden habe, daß die Leute oft zwischen zwei oder mehr dieser Stadien pendeln. Ein Beispiel dafür, wie eine Anzahl von Bildern illustrieren und vielleicht sogar dazu ermutigen kann, diese Stadien zu durchlaufen, liegt im Falle eines älteren Inders vor. Dieser Herr besuchte ein Tageszentrum für Körperbehinderte, an dem ich eine Kunstgruppe leitete. Er litt unter den Nachwirkungen eines sehr schweren Schlaganfalls und er war nahezu halbseitig gelähmt. Seine ersten Bilder behandelten eine Vielzahl von Themen wie Tiere, Menschen und Landschaften und er benutzte oft Photographien, nach denen er arbeitete. Dann ereilte ihn ein weiterer Herzanfall, wodurch er eine gewissen Zeit nicht mehr zum Zentrum kam, und man berichtete, daß sein Gesundheitszustand sehr schlecht sei.

Als er zum Zentrum zurückkehrte, war er offensichtlich sehr schwer krank, und seine Sprechfähigkeit war schwer geschädigt, eine Tatsache, die ihm sehr zu schaffen machte. An diesem Punkt durchlief seine Malerei eine Veränderung, und obwohl er sich weit weniger unter Kontrolle hatte, nahmen seine Bilder an Intensität zu. Er begann eine Bilderserie, die ausnahmslos Sonnenuntergänge zum Thema hatte. Die ersten hatten etwas, das man nur als »verärgerten Himmel« beschreiben kann. Sie bestanden aus hellen Blautönen, die in Purpur- und in Rottönen übergingen, wobei die Farben oft abrupt aufeinandertrafen. Im Vordergrund dieser Bilder waren oft kahle Bäume, als Silhouetten gemalt, die in den Himmel drängten, und die Gesamtwirkung dieser Bilder bestand in emotionaler Verstörung und Wut.

Allmählich veränderte sich die Bildersprache von einem Bild zum anderen, die alle Sonnenuntergänge zum Thema hatten, und die Farben begannen, in sanften Abstufungen ineinander zu verschmelzen. Die Bäume im Vordergrund verschwanden, und an ihrer Stelle malte er Grasbüschel mit wilden Blumen die durch den sanften Glanz des dahinterliegenden Himmels erhellt wurden. Es war nicht überraschend, daß diese Veränderung in seiner künstlerischen Arbeit einer Veränderung seines allgemeinen Verhaltens entsprach. Er entspannte sich zunehmend und zeigte trotz seiner Sprachschwierigkeiten immer mehr Bereitschaft zum Sprechen. Es machte den sehr deutlichen Anschein, daß er die Annahme seines Schicksals mit dieser Bilderserie malend erarbeitete, und daß er dabei eine archetypische Bildersprache verwandte. Jung benutzt die Metapher des Sonnenzyklus, um die Stadien des Lebens zu beschreiben, und er legt nahe, daß die Pflicht alternder Menschen darin besteht, ihre Energien darauf zu verwenden, sich um ihre Aufklärung zu kümmern. Er zeigt Gefahren auf, die sich ergeben, wenn ein solcher Selbstaufklärungsprozeß unterbleibt (Jung 1967:464ff.).

Mir scheint, daß der oben erwähnte Mann fähig war, seine künstlerische Arbeit als Möglichkeit des Denkens in Urbildern zu verwenden, was ihn in die Lage versetzte, sich mit seiner Situation auf eine Weise abzufinden, die durch das bewußte Denken nicht unbedingt vereinfacht worden wäre.

Eine weitere Patientin, die archetypische Bildhaftigkeit auf diese Weise verwandte war eine achtzigjährige Polin, die an der Kunstgruppe auf der Station einer geriatrischen Klinik teilnahm. Sie hatte seit zwanzig Jahren in England gelebt und fließend Englisch zu sprechen gelernt. Man hatte sie stationär aufgenommen, weil sie nicht dazu in der Lage war, die Probleme zu verkraften, die sich nach einem Schlaganfall ergaben, den sie erlitten hatte. Dieser Schlaganfall hatte sie nicht nur halbseitig gelähmt, sondern hatte auch die ungewöhnliche Auswirkung, daß sie alles vergessen hatte, was sie je von der englischen Sprache gelernt hatte. Sie konnte noch polnisch sprechen, obwohl dies auf der Station nicht von großem Nutzen war. Ihre Haltung auf der Station war oft heiter und sie freute sich immer, wenn sie Besucher sah, obwohl sie manchmal unter unkontrollierbaren Weinanfällen litt.

Sie malte mit großer Begeisterung, kam immer als erste und ging als letzte. Ihre Bilder, von denen zwei in diesem Kapitel wiedergegeben sind (vgl. Abb. 9.1 und 9.2) waren frei gemalt und entstammten immer ihrer Phantasie. Die beiden hier abgebildeten Werke wurden in derselben Sitzung gemalt und ähneln sich vom thematischen Gehalt her. Das erste (Abb. 9.1) ist in hellen Farben gemalt und stellt die Künstlerin auf einer Schaukel sitzend dar, die durch eine offene Tür hindurch sichtbar wird (die rechteckige Form in der unteren Mitte). Die Farben innerhalb und außerhalb der kreisförmigen Arena waren zunächst sehr

Abb. 9.1

schwer verständlich, bis sie das Wort »bacteriologica« erwähnte, und dann wurde klar, daß es sich dabei um verschiedene Formen von Bakterien handelte. Dieses Bild scheint also die Künstlerin umgeben von einem ganzen Schwarm bedrohlicher Kreaturen darzustellen. Sie wird durch den Türrahmen geschützt, aber die Tür ist offen und sie sieht im Vergleich zu ihrer Umgebung klein und ziemlich hilflos aus. Die Skalenumkehrung dieses Bildes, wo mikroskopisch kleine Tiere größer als die Figur selbst dargestellt werden, tragen zu dem bedrohlichen Charakter dieser Nebeneinanderstellung bei und verleihen ihr fast eine Science-Fiction-Eigenart. Dieses Bild wirkt auf vielen Ebenen, aber es ist als Bild dieser Frau auf der Station meinem Gefühl nach höchst prägnant. Sie ist darin zur gleichen Zeit sowohl isoliert als auch von Menschen umgeben, wie es auch auf der Station im Wohnraum und im Schlafbereich der Fall ist. Der kreisförmige Bereich, der sowohl das Bild der Figur als auch die meisten Bakterien umgibt, könnte eine Metapher für die Klinik sein, in der sich ihr Kummer größtenteils abspielt, aber es gibt mindestens einen wesentlichen Interessenbereich außerhalb des Klinikumfeldes für sie: sie war sehr besorgt darüber, was mit ihrer Wohnung geschehen würde, nachdem sie nun in der Klinik war.

In einer Hinsicht halte ich das Bild für eine Darstellung der Unterbringung in einer Institution und eines individuellen Interesses daran, eine gewisse Individualität beizubehalten und dabei den Kräften zu trotzen, die diese Identität zu zerstören trachten. Zugleich könnte dieses Bild einige transzendente Symbole des kollektiven Unbewußten verdeutlichen. Bakterien scheinen mir eine angemessene Möglichkeit zur Beschreibung unsichtbarer, aber doch potentiell mächtiger Entitäten zu sein, und als Lebewesen genügen sie meinem Gefühl nach der Definition des Joseph L. Henderson in dem Buch *Der Mensch und seine Symbole*, wo er sagt:»Diese Geschöpfe, die bildhaft aus den Tiefen der Mutter Erde kommen, sind symbolische Bewohner des kollektiven Unbewußten. Sie bringen eine spezielle Bedeutung in das Bewußtsein hinauf« (Jung u.a. 1968:153).

Einige der Botschaften, die in diesem Bild scheinbar dargestellt sind, beziehen sich offenbar auf die Sorge der Patientin im Hinblick auf ihren Tod. Die große, einer Zigarre ähnelnde Figur links von der Mitte hat eine phallische Form und diese Wirkung wird durch die braunen und fleischfarbenen Töne, in denen sie gemalt ist, verstärkt. Die Beziehung zwischen Phallus-Symbol und Tod ist wohlbekannt und wird in dem griechischen Gott Hermes personifiziert. Dieser Gott, der *psychopompos* (Führer der Seele in der Unterwelt) genannt wurde, war mit erigiertem Glied dargestellt und seine Aufgabe bestand darin, die Toten in die Unterwelt zu geleiten. Henderson zufolge bestand seine Rolle darin, die eines »Boten, eines Gottes des Kreuzweges und schließlich des Führers der Seelen in der Unterwelt (zu sein). Sein Phallus dringt also von der bekannten in die unbekannteWelt auf der Suche nach einer geistigen Botschaft der Befreiung und Heilung ein« (Jung u.a. 1968:154).

Die sexuelle Ausrichtung der Arbeit dieser Patientin könnte überstrapaziert erscheinen, wenn nicht das zweite hier abgebildete Gemälde existierte (Abb. 9.2). Dieses Bild, auf einem zerrissenen Papierfetzen gemalt, den sie gefunden hatte, stellt zwei Bakterien in geschlechtlicher Vereinigung dar. Es wurde unmittelbar nach dem ersten gemalt und mißt an seinen breitesten Stellen etwa 30 x 10 cm. Die männliche Bakterie ist an einem Ende offen und mit einem offenen Bereich der weiblichen (der größeren, herzförmigen Gestalt) verbunden. Dies könnte demonstrieren, daß das Leben von der einen zur anderen Gestalt hinüberfließt und sich eine bedeutsameVeränderung vollzieht. Die weibliche Bakterie ist bereits schwanger und die Künstlerin machte deutlich, daß die drei Punkte auf der rechten Seite der weiblichen Figur zu neuen Bakterien heranwachsen würden.

Es könnte möglich sein, daß diese beiden Bakterien eine Version jenes Symbols der chthonischen Transzendenz, nämlich der beiden ineinander verschlungenen Schlangen darstellen. Diese Schlangen werden im Akt der sexuellen Vereinigung dargestellt und auch im Zusammenhang mit dem Gott Hermes gefunden, ebenso in der indischen Mythologie als die Naga-Schlangen. Hermes

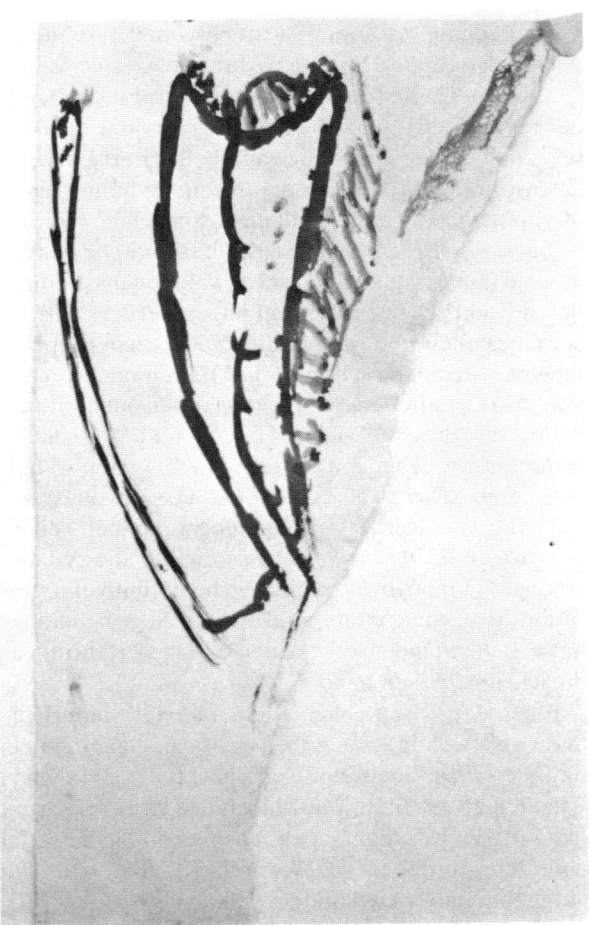

Abb. 9.2

wurde in der römischen Mythologie zum Gott Merkur, der Flügel erhielt, die
seine Funktion als Symbol der spirituellen Transzendenz verstärkten. Es scheint,
als würde in diesen miteinander in Beziehung stehenden Bildern die Idee des
physischen Todes und der geistigen Transzendenz diskutiert und als seien dazu
Urmotive benutzt worden. Meinem Gefühl nach ist hier der Versuch unternommen worden, visuelle Bilder als Möglichkeit der Vereinigung der unvereinba-
ren, aber dennoch einander ergänzenden Kräfte des Eros und des Thanatos zu
verwenden, und daß diese Einheit ein Ziel ist, auf das wir hinarbeiten sollten.

Ich kann dieses Kapitel nicht abschließen, ohne etwas über die Organisation von Kunstgruppen für alte und schwerkranke Menschen gesagt zu haben. Fragen, wie etwa die Bevorzugung der Gruppenarbeit gegenüber Einzelsitzungen oder umgekehrt, und ob ein direktiver oder nicht-direktiver Ansatz am besten sei, sind Themen, denen sich alle stellen müssen, die in diesem Bereich arbeiten. Ebenso muß der Bereich der Gruppenbildung berücksichtigt werden und darüber hinaus die Möglichkeit eines formellen oder informellen Überweisungssystems, das andere Disziplinen einbezieht. Die Antworten auf diese Fragen können nicht in einem theoretischen Vakuum existieren, sondern sie müssen die äußeren praktischen Einschränkungen berücksichtigen, die in allen Arbeitsbreichen bestehen und die bei dieser Klientengruppe besonders zahlreich zu sein scheinen. Ich habe schon oft auf Fluren oder in mit Wandschirmen abgeteilten Ecken von Stationen mit ungenügenden oder minderwertigen Materialien gearbeitet, und dies muß sich auf die Art und Weise auswirken, in der man arbeitet. Wenn die Umgebung auch armselig sein mag, so halte ich es dennoch für möglich, seine Arbeitsweise zu finden, die sinnvoll ist, und es ist überraschend, wie die Dinge sich verbessern können, wenn man »einen Fuß in der Tür« hat. Mit der großen Zahl von Variablen, die auf die Arbeit in diesem Bereich einwirken, ist es unmöglich, irgendwelche definitiven Bemerkungen über die Organisation zu machen, daher muß man im Auge behalten, daß alles, was ich zu sagen habe, sich auf meine eigene persönliche Erfahrung und die Situationen bezieht, die ich angetroffen habe.

Eines der wesentlichen Elemente stellt natürlich der Therapeut selbst dar, und es ist wichtig, eine Arbeitsweise zu planen, in der man sich entspannt fühlt und die Dinge unter Kontrolle hat. Ich persönlich ziehe es vor, mit einzelnen Klienten zu arbeiten, obwohl ich den Wert der Gruppenerfahrung schätze. Ich halte oft Einzelsitzungen ab, auch wenn die betreffenden Personen Mitglieder einer Kunstgruppe sind. Wenn die Klienten sich anfangs neu auf einer Station aufgenommen wiederfinden, so kann eine Einzelsitzung äußerst hilfreich sein, um sie kennenzulernen und die unvermeidlichen Gefühle der Unfähigkeit in bezug auf das Malen abzubauen. Diese Sitzungen eignen sich dazu, Vertrauen zu entwickeln und klarzustellen, daß die Kunst als Alternative zu verbalen Ausdrucksformen eingesetzt wird. Die Auswahl der Leute für diese Sitzungen wird sinnvollerweise auf der Basis der Beratung mit einem interdisziplinären Team durchgeführt und ein gutes Verhältnis zu einem solchen Team ist von grundlegender Bedeutung. Einzelsitzungen bieten sich ebenfalls an, wenn Menschen nicht mehr an einer Gruppe teilnehmen können, weil sie zu krank sind. Diese Personengruppe ist vielleicht die wichtigste, da Menschen in vielen Fällen der menschliche Kontakt umso mehr entzogen wird, je stärker sie ihn brauchen. Diese Sitzungen, die manchmal am Bett durchgeführt werden, können wunderbare, wenn auch traumatische Erfahrungen sein und man sollte seine eigene Einstellung gegenüber dem Tod genau einschätzen können, bevor man sich auf Sitzungen dieser Art einläßt. Die Gruppen selbst sollten meinem Gefühl nach auf Selbstentfaltung und auf Erkenntnisse durch das ausdrucksvolle Medium der visuellen Künste hinzuwirken suchen. Die Funktion der Kunsttherapie bei dieser Klientengruppe sollte darin bestehen, Menschen zu der Erkenntnis zu verhelfen, daß verschiedene Lebensabschnitte unterschiedliche Zielsetzungen erfordern, und was zu einer bestimmten Zeit richtig ist, kann in einem anderen Lebensabschnitt falsch sein. Die Rolle des Therapeuten sollte darin bestehen, zu akzeptieren, was auch immer der Patient zu sagen hat und nicht die Flucht zu ergreifen, wenn das Thema Tod auf den Plan tritt.

Literatur

Ariès, P. (1976) *Studien zur Geschichte des Todes im Abendland*. München: Hanser.
Dunne, J. (1974) *The City of the Gods*. London: Sheldon Press.
Fuller, P. (1980) *Art and Psychoanalysis*. London: Writers and Readers.
Gordon, R. (1978) *Dying and Creating*. The Library of Analytical Psychology, Vol. 4. London: SAP
Kandinsky, W. (1973) *Über das Geistige in der Kunst*. 10. Aufl. Bern: Benteli.
Kübler-Ross, E. (1969) *Interviews mit Sterbenden*. Stuttgart: Kreuz-Verlag (Zit. Vorwort nur in der engl. Ausgabe *On Death and Dying*. London 1970: Tavistock).
Jung, C. G. (1967) *Die Lebenswende* (1931) In *Gesammelte Werke*, Band 19. Olten: Walter.
– (1971) *Der Gegensatz Freud und Jung* (1929) In *Gesammelte Werke*, Band 4. Olten: Walter.
Jung, C. G./v. Franz, M.-L./Henderson. J. L./Jacobi, J./Jaffé, A. (1968) *Der Mensch und seine Symbole*. Olten: Walter.

10
Kunsttherapie im Strafvollzug

Joyce Laing

Man muß so etwas wie ein Opportunist sein, wenn man die Kunst auf therapeutischem Wege in das Gefängnis einführen will. Jedes Gefängnis ist ein nahezu undurchdringlicher Dschungel. Jeder noch so raffinierte Entwurf in der Kunsttherapie, der den Verhältnissen in einem Krankenhaus oder in einer Sonderschule in bewundernswerter Weise angepaßt sein mag, würde im Unterholz des Gefängnissystems einfach untergehen.

Die meisten Gefängnisse sind in gigantischen architektonischen Ungeheuerlichkeiten untergebracht, die in keinem Verhältnis zu unserer Vorstellung menschenwürdiger Wohnbedürfnisse stehen. Von innen betrachtet sind sie dichtbevölkerte Orte, wobei oft genug drei Menschen in einer einzigen Zelle eingesperrt sind. Die Gebäude geben unentwegt das Echo metallischer Klänge wieder, das Klappern von Schlüsseln und das wiederholte Schlagen von Metalltüren. Wenn man tiefer in das Gefängnisleben eindringt, so trifft man auf die lange Geschichte eines zufälligen Zusammentreffens mannigfaltiger Richtlinien und Bestimmungen, die der Kontrolle der Menschen dienen, die dem Strafvollzug überantwortet wurden.

Der Strafvollzug und seine Probleme

Die Geschichte des Strafrechts liest sich furchterregend. Die Inhumanität des Menschen gegenüber dem Menschen kennt allem Anschein nach keine Grenzen. Körperliche Folterung, der Pranger, die Verbannung, die Hexenverbrennung, Züchtigung und das Erhängen bilden einen gräßlichen Katalog von Bestrafungen. Über die Jahrhunderte können sich die Strafrechtsreformer ein wenig damit trösten, daß diese Strafen teilweise abgeschafft wurden, obwohl die Geschwindigkeit, mit der Verbesserungen erzielt werden konnten, schmerzlich langsam war und ist. Die Haftstrafe ist so alt wie die Menschheit. Die Mächtigen waren im Besitze der Strafgewalt. Als es noch kein Gesetzbuch gab, konnten Feinde oder unzulängliche Diener in dunkle Verliese geworfen werden. Mit dem im achtzehnten Jahrhundert zunehmenden Handelsgeist wurden Schuldner ins Gefängnis geworfen und man nahm ihre Besitztümer an sich. Das Gefängnis löst nichts, denn die Schuldner konnten kein Geld mehr verdienen, um ihre Schulden zurückzuzahlen.

Im neunzehnten Jahrhundert, bis 1877, waren die Gefängnisse in Großbritannien der Verantwortung der örtlichen Autoritäten unterstellt gewesen. Kurz zuvor unternommene Versuche, die eine Vereinheitlichung innerhalb der Gefängnisse mit sich bringen sollten, waren erfolglos geblieben. Es kostete weitere Anstrengungen, den Institutionen eine gewisse Einheitlichkeit aufzudrängen, was dazu führte, daß die Gefängnisse dem Staat unterstellt wurden. In England und Wales wurde die Verantwortung für die Gefängnisse dem Innenminister übertrage, und in Schottland wurde ein anderes, aber ähnliches Schema eingeführt. In unserem Jahrhundert sind geringe materielle Fortschritte im Sinne einer Verbesserung der Lebensbedingungen der Häftlinge erzielt worden, etwa in bezug auf die Ernährung, die Erziehung und die Freizeitgestaltung. In den schottischen Richtlinien für Gefängnisse von 1952 legt Bestimmung Nr. 5 fest: »Der Zweck der Erziehung und Behandlung für schuldig befundener Gefangener besteht darin, in ihnen den Willen zu bilden, nach ihrer Entlassung ein gutes und nützliches Leben zu führen und sie darauf vorzubereiten.«

So erhaben diese Absichten auch sein mögen, die Grundeinstellung, die in den Gefängnissen herrscht, ist bevormundend geblieben. Die Einrichtung von Erziehungsmöglichkeiten, von Büchereien, eine Arbeitsroutine und Freizeitbeschäftigungen sind gegenüber der Tendenz, die Leute in Schach zu halten und die militaristische Tradition des augenblicklichen Gehorsams gegenüber dem Gefängnisbeamten fortzuführen, höchst zweitrangig behandelt worden.

Heutzutage ist der Strafvollzug ein gefühlsbefrachtetes Thema. Warum hat sich also die Situation nach all den Jahren der Untersuchungen und der wechselnden Regierungen so wenig verändert? Es vergeht kaum ein Tag, ohne daß die Presse oder die Medien vor der potentiell explosiven und gewalttätigen Situation warnen, die in unseren überfüllten Gefängnissen jederzeit ausbrechen kann. Vielleicht hat die öffentliche Meinungspolarisierung in dieser Sackgasse geführt. Es gibt in unserer Gesellschaft sicherlich ebenso viele Befürworter der Todesstrafe wie Strafrechtsreformwillige.

Irgendwo zwischen dieser Debatte stehen die Menschen, die die Gefängnisse leiten und jene, die in enger Verbindung zu den Gefangenen stehen. Da sind die Politiker, die für die Versorgung der Gefängnisse verantwortlich sind. Dann gibt es weiterhin die zivilen Beamten der ministeriellen Gefängnisverwaltung, die den Politikern gegenüber verantwortlich sind. Darüber hinaus sind die Gefängnisdirektoren zu berücksichtigen, die den Beamten in der Verwaltung gegenüber verantwortlich sind, und da ist das Personal in den Gefängnissen, das – im Einklang mit der Hierarchie – dem Direktor gegenüber verantwortlich ist, ganz zu schweigen von der Justizgewalt, den Richtern, den Verbrechensopfern und den Familien der Gefangenen, von denen ein jeder auf seine Weise nach einer angemessenen Behandlung des Straftäters ruft, die im Einzelfall durchaus widersprüchlich sein kann. Es ist zu einer Sache geworden, bei der jeder meint, mitreden zu können.

Im Zusammenhang mit dieser historischen Tradition der Inhaftierung kann es kaum überraschen, daß Konflikte über den Sinn und Zweck von Gefängnissen entstehen. Die Ziele eines jeden Gefängnisses werden in einer streng hierarchischen Verwaltungsstruktur definiert. Das strikte Beharren auf den Richtlinien füllt den Raum aus, über den keine interne Diskussion oder Debatte zugelassen ist. Die Gefangenen werden nicht einmal bei geringfügigen internen Entscheidungen befragt. Die tägliche Routine des Essenausteilens, der Bewegung, der Arbeit (sofern verfügbar), der Erholung und des Einschließens ändert sich nie. Da so viele Strafanstalten überfüllt sind, nimmt es fast die gesamte Zeit des Gefängnispersonals in Anspruch, allein die Ver- und Entriegelungsroutine durchzuführen. Beim Gefangenen siedet und brodelt die Sinnlosigkeit des Gefängnisdaseins unaufhörlich im Kopf. Die in vielen Institutionen direkt verantwortlichen Direktoren verbringen gegenwärtig viel Zeit damit, einfach nur den Deckel auf dem wallenden Kessel zu halten.

Zu den Schwierigkeiten und Konflikten hinsichtlich der Zielsetzung kommt die Unzweckmäßigkeit der Gefängnisgebäude. Viele Gefängnisgebäude wurden im neunzehnten Jahrhundert erbaut, als die Begriffe des Wahnsinnigen und des Bösen einander überlagerten. Zu jener Zeit brachte man Geisteskranke und Kriminelle außerhalb der Stadtgrenzen unter, wo sie dem öffentlichen Blick entzogen waren. Die Irrenanstalten waren von wuchernden Waldlandschaften umgeben, was der Absicht, die Patienten vom öffentlichen Bewußtsein abzuschirmen, förderlich war; und es bestand auch die schwache Hoffnung, »daß die Schönheit der Natur den Wahnsinn lindern möge«. Die Gefängnisbauten sind von beträchtlicher Häßlichkeit und zumeist nach vergleichbaren Entwürfen eines inneren, in Reihen angeordneten Systems angeordnet, wobei die Zellen über Metalltreppen und über Galerien zugänglich gemacht werden, die über Laufstege miteinander verbunden werden.

Die Gefängnisse jener Zeit dienten der Bestrafung; im Vergleich zu den heutigen Verhältnissen war aber nur ein Bruchteil von Strafgefangenen darin untergebracht. Die unzureichenden sanitären Verhältnisse sind in vielen Fällen trotz der Zunahme der Anzahl an Inhaftierten nicht verbessert worden. Dadurch bestehen nicht nur für die Häftlinge, sondern auch für das Gefängnispersonal unzumutbare hygienische Verhältnisse, die sie Tag für Tag ertragen müssen.

Im gegenwärtigen System gibt es verschiedene Gefängniskategorien: örtliche Anstalten, Gefängnisse, die die Ausbildung fördern, Langzeitunterbringung, offener Strafvollzug und so weiter, damit die bei Gericht gefällten Urteile ihrer Intention nach vollstreckt werden können.

Die Inhaftierung bestimmter Straftäter stellt eine offensichtliche Notwendigkeit zur Sicherheit und zum Schutze der Öffentlichkeit dar. Zwar kann die Inhaftierung als Bestrafung für jene angesehen werden, die einer Straftat überführt werden konnten; es gibt jedoch keinerlei Hinweise darauf, daß sie der Abschreckung dienen könnte. Obwohl der Strafgefangene also im Gefängnis Erfahrungen macht, die seine bisher vorherrschenden Verhaltensmuster gegenüber der Gesellschaft verändern, wobei solche Erfahrungen in der Regel dazu führen, daß der Betreffende seinen Standpunkt als Mitglied einer sozialen Gruppe überprüft, kann die Inhaftierung dennoch nur als eine vergebliche Übung und als konstante Belastung des Steuerzahlers angesehen werden.

Kunsttherapie im Gefängnis

Was kann die Kunsttherapie in dieser merkwürdigen, kräftezehrenden und unwirklichen Umgebung bieten? Eine Therapie bildet gewöhnlich den integralen Bestandteil eines Behandlungsplans, bei dem die Beziehungen des Patienten zur Familie und gegenüber Freunden gestützt und gestärkt werden sollen. Im Gefängnis soll sie dagegen unter der Voraussetzung stattfinden, daß Familienbesuche, zumindest in den entscheidenden Anfangsphasen einer Gefängnisstrafe, auf wenige Stunden im Jahr eingeschränkt werden. Wie kann der Kunsttherapeut seinen Beruf dennoch ausüben? Bei der Kunsttherapie geht es um die Gedanken, die Gefühle und die Psyche des Individuums; daher müssen wir in erster Linie den Empfänger (hier also den Strafgefangenen) betrachten.

Mit welcher Bezeichnung sollen wir den Rezipienten ausstatten? Ob Patient, Klient, Schüler oder Gefangener – ist das wirklich von Bedeutung? In der Tat sind Etikettierungen von Belang; sie sind nicht nur praktische Anhänger für Verwaltungszwecke, sondern sie wirken auch auf die Art und Weise ein, in der die Person wahrgenommen wird. Und natürlich haben sie auch Auswirkungen auf die Selbsteinschätzung der betreffenden Person.

Der Therapeut ist kein Moralist, und obwohl es nicht gerade hiflreich wäre, Wissen über die Vergangenheit des Häftlings zu ignorieren, so ist die Person, die sich einer Therapie unterzieht, in erster Linie ein Mitmensch, welche weitere Bezeichnung ihm auch immer zukommen mag. Und der Gefangene, der in eine Therapiesituation gelangt, ist auf bestimmte Weise auf der Suche nach Veränderung. Unabhängig von der Richtung, in die seine Suche nach Veränderung zielt, kann sie nicht erzwungen werden; daher besteht die Aufgabe des Therapeuten im Gefängnis darin, eine Umgebung zu schaffen, in der der therapeutische Aspekt der Kunsttherapie mehr oder weniger unsichtbar wird. Glücklicherweise stellen die Künste ein willkommenes Schaufenster in den Strafanstalten dar, und es liegt in der Hand des erfahrenen Therapeuten, die Verwendung der Kunst zum therapeutischen Nutzen eines jeden Individuums zu formen, dem er oder sie zu helfen bemüht ist.

Mit Ausnahme einiger schwer geisteskranker Menschen besteht im Patienten der alles überragende Wille, sein Wohlbefinden wiederherzustellen oder zu verbessern. Der Klient befindet sich in einer sozialen Problemlage und sucht nach einer Veränderung der Umgebung oder der Übergangsbedingungen, die sich als Belastung für ihn und für seine Familie erweisen. In solchen Fällen ist es für den Therapeuten leicht, auf einfühlsame Weise Anteil zu nehmen und zu einem partnerschaftlichen Verhältnis zu kommen, das eine Aufdeckung der Ursprünge des Problems gestattet und heilende Energien freisetzt. Es ist weitaus schwieriger, sich mit demjenigen Gefangenen zu identifizieren, der ein schwerwiegendes Verbrechen begangen hat; und dennoch ist es das Verbrechen, das schlimm ist. Der Häftling ist ein Mitmensch.

Ist der Kriminelle einmal in der Strafanstalt, so sind seine Aussichten trübe. Zunächst wird er den instinktiven Fluchttrieb an sich erfahren, indem er versucht, dem Gefangensein zu entkommen. Wie alle Lebewesen haben auch die Menschen ein grundlegendes Bedürfnis nach Freiheit. Die erzwungene Gefangenschaft berührt die tiefsten psychologischen Kräfte der Seele, obwohl es unwahrscheinlich ist, daß der Gefangene darüber in diesem Sinne nachdenkt. Es besteht eine größere Wahrscheinlichkeit, daß er rationale Überlegungen über seine Situation anstellt, indem er etwa den Richter, die Zeugen, seine Mitangeklagten und vielleicht Freunde und Familienmitglieder beschuldigt. Der Freiheitsverlust als solcher kann die Strafe für das Verbrechen darstellen, aber leider führt er nur selten zur Reue. Wenn man die Anzahl der Rückfalltäter in den Gefängnissen betrachtet, so scheint dieser Umstand auch nicht in besonderem Maße abschreckend zu wirken.

In der unwirklichen Umgebung der Strafanstalt darf der Kunsttherapeut seine eigentlichen Ziele nicht aus dem Auge verlieren. Er muß sich irgendwie zur Seele des Häftlings durcharbeiten, die immer unabhängig bleiben kann. Die

Kunsttherapie soll im Gefangenen die Fähigkeit freisetzen, gewaltsam zurück-gehaltene Gefühle und die tieferliegenden Bilder des Unbewußten auf Papier oder auf der Leinwand ausfließen zu lassen. Der Therapeut muß zu dem Gefangenen eine Beziehung aufbauen, in der sie gemeinsam die zugrunde liegenden Motive oder Einstellungen erforschen können, die seine abweichende Handlungen verursachen. Überraschenderweise ist der Künstler von allen Berufsgruppen – den Ärzten, den Sozialarbeitern, den Psychologen oder den Pädagogen –, die in unterstützender Funktion mit dem Gefangenen arbeiten, derjenige, dessen Persönlichkeitsmerkmale diesem vielleicht am ähnlichsten sind. Denn es scheinen latente Verbindungen zwischen Motiven gewisser Straftäter und des kreativen Künstlers zu bestehen.

Obwohl sie als Menschen mit abweichenden Verhaltensweisen bezeichnet werden, sind viele Straftäter erfinderisch, geradezu genial, schlagfertig und verfügen über große Vitalität. Es ist möglich, daß die kreativen Aspekte des Kriminellen aufgrund bestimmter Erfahrungen in der Vergangenheit oder wegen seiner psychologischen Disposition in eine destruktive Richtung fehlgeleitet wurden. Wenn der Kunsttherapeut diese Talente in eine positive, kreative Richtung umlenken kann, so wird der Straftäter sich selbst und seine Stellung in der Gesellschaft auf neuartige Weise wahrnehmen. In den Wochen, während das Kunstwerk entsteht, erfolgt Schritt für Schritt eine Veränderung in seinem vorhandenen Denkschema. Je mehr er durch die Kunst in Anspruch genommen wird, desto weniger wird er sich damit zufriedengeben, sich selbst einfach nur als Kriminellen zu sehen, der seine eigenen potentiellen Aussichten und das Leben seiner Familienmitglieder zerstört und darüber hinaus eine Bedrohung für alle anderen Menschen darzustellen. So öffnet die Kunst viele Türen im Leben. Wenn man die Geschichte der schönen Künste studiert, die ein soziales Dokument über die Geschichte der Menschheit darstellt, so weitet der Inhaftierte sein Verständnis hinsichtlich seines eigenen persönlichen Hintergrundes, aber auch in bezug auf andere aus; auf diese Weise wird ihm Hilfestellung zuteil, damit er sich selbst objektiver einschätzen kann. Die Wahrscheinlichkeit, daß der Strafgefangene in seiner Kindheit oder Jugend eine formale Erziehung abgelehnt hat, ist sehr groß. Oder man könnte es auch so sehen, daß das Erziehungssystem darin versagt hat, seinen Bedürfnissen zu entsprechen. Ganz offensichtlich besteht bei so vielen jungen erwachsenen Häftlingen ein geradezu gieriger Wissensdurst. Die Kunsttherapie muß daher eine erzieherische Schwelle darstellen können, die den Gefangenen wirklich neugierig und lernwillig macht.

Jedes Kunstwerk, das mit einem beliebigen Medium erzeugt wird, ist mehr als nur eine Aussage; es ist auch ein Spiegelbild dessen, was die betreffende Person zu diesem bestimmten Zeitpunkt denkt. Jede Woche führt zu weitergehenden Nachforschungen über die Art und Weise, in der Künstler und Dichter in der

Vergangenheit das Thema dargestellt haben und wie der Häftling in der Folge die Erstellung von Kunstwerken in Angriff nehmen könnte. In der Sonderabteilung des Barlinnie-Gefängnisses (Carrell und Laing 1982), wo viele Kunstwerke geschaffen wurden, kann man sehen, wie die Gefangenen, die viele Arbeiten hergestellt haben, dazu übergegangen sind, verwandte Themen auf höherer Ebene zu studieren. Es war ihr eigenes kreatives Engagement, das sie auf Entdeckungsreise führte.

Kunsttherapie und Kunsterziehung

Im Gefängnisdienst besteht ein Netz von Erziehungsabteilungen. Es ist den Häftlingen normalerweise gestattet – natürlich in Abhängigkeit von zahlreichen Bedingungen – einige Studen pro Woche an bestimmten tagsüber durchgeführten Kursen teilzunehmen. Die Gefangenen sind in der Mehrzahl dazu berechtigt, sich für ein oder zwei Abendkurse zur wöchentlichen Teilnahme einzuschreiben. Die angebotenen Themen und Kurse sind sehr unterschiedlich, sie reichen von der Gesundheitserziehung bis zum *Open-University*-Studium. Ausbildungsmaßnahmen werden von der Gefängnisverwaltung als Privileg, nicht aber als Recht der Häftlinge definiert; folglich kann die Teilnahme an einem Studienlehrgang nach Gutdünken der Leitung unterbrochen werden.

Die Künste werden hier als jede beliebige originäre kreative Arbeit definiert, so wenig Erfahrung in den Medien der Malerei, der Bildhauerei, der Musik, des kreativen Schreibens, der Dichtung, des Filmemachens, des Stückeschreibens, des Theaters und jeder Form des Kunsthandwerks auch vorliegen mag, vorausgesetzt, daß jedes dieser Werke als spontanes Wagnis des Erzeugenden angesehen werden kann. Handwerkliches Arbeiten wie das Teppichknüpfen, das Weben oder das Malen nach vorgegebenem Schema, die Anfertigung von Kopien usw. werden nicht als künstlerische Formen angesehen.

Die Künste können daher jedes kreative Medium umfassen, immer unter der Voraussetzung, daß die Arbeiten die Gedanken, Gefühle oder Vorstellungen des Strafgefangenen auf eine für ihn spezifische Weise zum Ausdruck bringen. Die erzieherischen und therapeutischen Aspekte der Künste sind keine voneinander getrennten Einheiten, sondern vielmehr Punkte in einem Kontinuum, die einander ergänzen. Vom erzieherischen einen Ende der Skala zum therapeutischen anderen Ende enthalten die Künste technische Fertigkeiten, handwerkliches Können, spontane bildliche Darstellung, psychotherapeutische Kunst. Obwohl diese Definition in der Theorie klar sein mag, ist sie in der Praxis verwischt worden, da nur zu oft im Namen der Kunst die Betonung auf glänzende Nachahmungserzeugnisse gelegt wurde, zu denen man besonders ermutigte.

Eine der ersten Erfahrungen, die der soeben neu an der Strafanstalt angestellte Kunsttherapeut wahrscheinlich macht, besteht darin, daß man ihm die vielen Bilder und Zeichnungen zeigt, die die Insassen bereits produziert haben; und davon gibt es häufig eine große Anzahl. Die kommerzialisierte Kunst ist eine der fortlaufenden Geschäfte in den Gefängnissen. Es gibt zahlreiche Beispiele für »Constables« und für »van Goghs«, ganz zu schweigen von dem Übermaß an Akten, an Pudeln und weinenden kleinen Mädchen. Einige sind mit bemerkenswertem Geschick gemacht, wobei der Erzeuger viele Stunden für das Detail und die Lebensechtheit seiner Bilder verbracht hat. Dafür scheint immer ein Markt zu bestehen – Besucher, Zellengenossen und das Personal sind ausnahmslos gute Kunden für diese oberflächliche, »bestsellerhafte« Bildform. Der Kunsttherapeut oder der Kunsterzieher wird dieser Anti-Kunstbewegung auf eigene Weise begegnen müssen. Ist Kunst von authentischem und genuinem Wert einmal etabliert, so scheint die Arbeit des Kopisten zu verblassen.

Gruppentherapie oder Individualtherapie?

Die Gefängnisleitung erwartet mit großer Wahrscheinlichkeit vom Kunsttherapeuten, daß er Gruppen von Gefangenen betreut; und wenn der Therapeut keinen guten Grund vorbringt, warum er mit Einzelpersonen arbeiten will, so werden Gruppenprogramme für ca. ein- oder zweistündige Stitzungen eingerichtet. Mit noch größerer Wahrscheinlichkeit wird das Gefängnispersonal diese Gruppen als »Klassen« bezeichnen, wodurch nahegelegt wird, daß diese als Lehrveranstaltungen im schulischen Sinne angesehen werden. Der Therapeut muß die Art und Weise seines Vorgehens sehr sorgfältig ausarbeiten, bevor er sich vorgefaßte Vorstellungen unterschieben läßt. Es sind auch die Erwartungen des Häftlings zu berücksichtigen. Viele, die ganz begeistert darüber wären, an Kunstkursen teilzunehmen, halten sich mit ihrer Beteiligung an einer Kunstgruppe vielleicht zurück, da sie möglicherweise einen Beigeschmack einer »Psycho«-Gruppensitzung haben könnte. Die anfängliche Arbeit des Therapeuten besteht weitgehend in der Überwindung dieser falschen Vorstellung; dies ist keine einfache Aufgabe, da er wahrscheinlich der einzige Künstler ist und seine Vorstellungen im Wettstreit oder im Konflikt mit der traditionellen Einstellung ganzer Hundertschaften von Gefängnisbeamten stehen. Ebenso wie das Konzept einer Kunstgruppe, die in einer solchen Institution eingerichtet wird, ist es auch wichtig, die Auswahl der Häftlinge, die den Gruppen zugewiesen werden sollen, zu diskutieren. Das ganze Projekt wird vielleicht in den Augen der Insassen als »weibische« Option oder als Gruppe für die »Verrückten« angesehen. Wenn man dies überwinden will, so spricht vieles dafür, ein oder zwei »harte« Männer in die Gruppe einzubeziehen. Es ist deutlich, daß der Kunsttherapeut anfänglich bei der Auswahl geeigneter Gruppen des Beistandes durch ranghöheres Personal bedarf. Darüber hinaus ist der psychisch gestörte Insasse zu berücksichtigen, aber auch die Frage, in welchem Umfeld er am besten unterstützt werden kann.

In vielen Strafanstalten wird ein Zeitraum zur Beurteilung neu aufgenommener junger Häftlinge festgelegt. Möglicherweise ergibt sich daraus für den Kunsttherapeuten die Gelegenheit, alle Insassen kennenzulernen. Danach ist der Therapeut in der Lage, sich an der Diskussion des Personals über die Auswahl der Teilnehmer zu beteiligen und die individuellen Bedürfnisse eines jeden Sträflings zu erkennen.

Mit großer Sicherheit haben nur wenige Strafanstalten schon vorher einen Kunsttherapeuten beschäftigt; daher stellt die Anfangsphase auch ein kritisches Stadium dar. Schon in den ersten Wochen der Einführung der Kunsttherapie bildet sich ihre Reputation heraus. Das Image der Kunst ist wichtiger als praktische Themen wie gutes Licht und fließendes Wasser, und es wäre wirklich ein Glücksfall, wenn der ausgewählte Raum diese Vorteile böte. Das Image bestimmt sich jedoch in gewisser Hinsicht durch den Bereich im Gefängnis, in dem die Kunsttherapie eingerichtet wird. Wenn der Raum beispielsweise in der Nähe der Kapelle ist, wird sie eine Atmosphäre des Religiösen, des Vergeistigten, des Ernsten ausstrahlen. Wenn es sich um einen der Erziehung und Fortbildung gewidmeten Platz handelt, so wird sie als zusätzlicher theoretischer Kurs angesehen. Befindet er sich in der Krankenabteilung, so wird die Kunsttherapie das »Psycho«-, aber vielleicht auch ein Heilungsetikett erhalten. Mit großer Sicherheit verfügen traditionelle Gefängnisse nicht über einen bewußt für Kunsttherapie vorgesehenen Raum; daher muß der Kunsttherapeut einen solchen mit großer Sorgfalt unter Berücksichtigung aller Vorzüge und Nachteile auswählen. Es ist auf jeden Fall der Mühe wert, wenn sich der Kunsttherapeut die Zeit nimmt, die gesamte Einrichtung zu durchstreifen, und wenn irgendein Bereich angemessen erscheint, sollte er eine entsprechende Bitte vorbringen. Therapeutisch orientierte Kunst wird für die meisten Gefängnisdirektoren ein neues Wagnis darstellen, und daher ist es durchaus möglich, daß das Ende eines Korridors, das mit Feuertüren abgeriegelt ist, ein gutes kunsttherapeutisches Atelier ausmachen würde, wobei weder die Leitung noch das Personal je auf die Idee gekommen wären, daß ein solcher Platz geeignet sein könnte oder überhaupt im Bereich des Möglichen läge. Sobald über die Räumlichkeiten Einigung erzielt werden konnte, beginnt für den Kunsttherapeuten das Stadium der Beziehungsaufnahme, in dem die Kunst den Häftlingen attraktiv gemacht werden soll. Wenn der Raum farbenfreudig, lebhaft und einladend gestaltet werden kann, so wird man viele Barrieren und Vorbehalte abbauen können.

Sobald die Idee eines tagsüber geöffneten Kunstateliers verbreitet ist, werden die Häftlinge neugierig werden. Nur wenige Strafgefangene sind psychisch krank und sie werden verständlicherweise die Vorstellung übelnehmen, daß sie der Therapie bedürfen. Sobald der Gedanke der künstlerischen Betätiging von den Insassen anscheinend bereitwillig angenommen wird, kann es sich als nützlich erweisen, einfach nur als Künstler, der das Gefängnis besucht, angesehen zu werden. Solange keine explizite Betonung auf den Begriff »Therapie« gelegt wird, werden die eigentlichen künstlerischen Aktivitäten, die nach psychotherapeutischen Grundsätzen durchgeführt werden, durchaus mit Zustimmung aufgenommen.

Wenn ein Häftling von einem Psychiater oder seitens der Leitung einer Individualtherapie zugewiesen wird, so muß der Therapeut für alle Beteiligten klarstellen, daß es in der Entscheidung des Häftlings liegt, ob er Einzelsitzungen zustimmt oder sie ablehnen will. Normalerweise haben sich solche Häftlinge seit geraumer Zeit, aus welchem Grunde auch immer, in einer schwierigen seelischen Verfassung befunden und sie werden im allgemeinen die Gelegenheit begrüßen, regelmäßige Besuche empfangen zu dürfen.

Der Strafgefangene ist dem Streß der Gefängnisatmosphäre vierundzwanzig Stunden am Tag ausgesetzt; man erwiese ihm keinen Gefallen, wenn man sich zu schnell oder zu tiefgehend in psychologische Probleme einarbeitete und es ihm selbst überließe, Erinnerungen oder Schuldgefühle bis zur nächsten Sitzung mit sich herumzutragen. Darüber hinaus müssen die Mitgefangenen bedacht werden, die vielleicht viele Stunden am Tag eine Zelle miteinander teilen müssen und genug eigene Probleme haben.

Einige Häftlinge, denen aus Sicherheitsgründen höchstens zeitweise freier Umgang mit den anderen gestattet ist, müssen eventuell in einer Sonderzelle besucht werden. In diesen Fällen ist es wichtig, das Gefängnispersonal über den genauen Charakter der Kunstmaterialien zu informieren, die in die Zelle mitgenommen werden sollen. Es werden allein die Grundmaterialien benötigt – Papier, Bleistift, ungiftige Kreide. Farben oder andere Materialien werden wahrscheinlich nicht zugelassen; und wenn dies für den künstlerisch unerfahrenen Insassen auch frustrierend erscheinen mag, sollte seine Selbstentfaltung dadurch nicht beeinträchtigt werden.

Da dem Strafgefangenen nur wenige Vorrichtungen zur Verfügung stehen, um seine Kunstobjekte abzulegen oder auszustellen, muß eventuell der Kunsttherapeut die Verantwortung dafür übernehmen, sich um die Arbeiten zu kümmern. Viele Therapeuten ziehen es vor, das Kunstwerk datiert und dokumentiert für eigene Zwecke zu behalten. Die Aufbewahrung von Gedichten und Geschriebenem, ebenso wie von Gemälden und handwerklichen Dingen wird normalerweise zwischen Therapeut und Häftling zur Diskussion gestellt.

Frauen im Gefängnis

Die herrschende Praxis für inhaftierte Frauen ist in unseren heutigen Tagen fragwürdig geworden. Kaum ein weiblicher Straftäter bildet eine öffentliche Gefahr, und mit der Mehrzahl könnte so verfahren werden, daß man sie, wenn nötig, außerhalb in Wohngemeinschaften unterbrächte, oder daß man Urteile ohne Haftstrafe verhängte. Mehr und mehr wird durch Psychologen und Kriminologen deutlich gemacht, daß das gegenwärtige System der Inhaftierung von Frauen, die Probleme im Zusammenhang mit Alkohol haben, die heimatlos oder psychologisch instabil sind, ihre Lage eher verschlimmert. Da sie von ihren Kindern und von ihrem Zuhause getrennt werden, fügt die Inhaftierung von Frauen den jeweiligen Familien zusätzlich große Not zu und kann Ehen gefärden.

Die Kriminologin Pat Carlen argumentiert, daß die Inhaftierung von Frauen »traditionell durch ihre Unsichtbarkeit, ihre Domestizierung und ihre Verkindlichung gekennzeichnet ist« (Carlen 1983:18). Allerdings nehmen Richter und Sachverständige oft Bezug auf Frauengefängnisse, als seien sie Stätten der häuslichen Erziehung. Daher werden die weiblichen Häftlinge eher als unzulänglich angesehen, weniger aber als Menschen, die der Inhaftierung bedürfen. Das Gefängnispersonal unterstellt, es habe für verstörte Frauen zu sorgen, wobei wiederum nahegelegt wird, sie als instabil oder krank anzusehen, weniger aber einfach als kriminell. Trotz dieser Erkenntnisse werden die Frauengefängnisse nach rigiden Gefängnisverordnungen geleitet, und die Gefangenen werden nicht nur als zweitrangig behandelt, sondern man geht mit ihnen oft genug wie mit Kindern um. In dieser Situation der Widersprüchlichkeit, der Infantilisierung, der Belohnungen für angepaßtes Verhalten und der Bestrafung von Individualität sieht sich der Kunsttherapeut einer schwierigen Rolle hinsichtlich seiner Identität gegenüber. Die Therapie muß eher unterstützen denn analysieren. Sie soll der inneren Stärkung dienen und kann wenig bewirken, wenn sie frühere Wunden öffnet. Die widersprüchliche Welt der Strafanstalt, die jedem heimischen Lebensstil spottet, läßt für die Frauen nur ganz entfernt Erinnerungen an ihre Probleme »draußen« zu. Meistens sind sich die Frauen nur zu bewußt, daß sie ihre Kinder und andere Familienangehörige draußen zurückgelassen haben, und sie lernen, so still und hoffentlich so schnell wie möglich durch die Zeit ihrer Verurteilung hindurchzugleiten.

Die Teilnahme an den Künsten und am Kunsthandwerk kann für viele Frauen Aufmunterung und Trost bedeuten. Abgesehen von den wirklich Kunstbegeisterten ziehen es einige Frauen vor, sich in ihre Zellen zurückzuziehen und sich in eine kunsthandwerkliche Arbeit zu vertiefen. Sie ziehen diese Art der Betätigung der ständigen Überwachung durch das Personal und dem Druck, der in einem Gemeinschaftsraum von Mitinsassinnen ausgeübt wird, vor. Wenn eine Inhaftierte sich in ihrer Reaktion auf eine Situation oder als Ergebnis einer zugrunde liegenden psychologischen Verfassung gestört verhält, so werden die Kunstmaterialien durch die Anstaltsleitung häufig entzogen. Kunst wird wiederum als Privileg angesehen und es gibt Hinweise darauf, daß eine Therapie, unabhängig davon, von welcher Fachrichtung sie durchgeführt wird, auch als Luxus angesehen wird und als etwas, das als Belohnung für gutes Verhalten gewährt wird. Der Therapeut muß seine Energien wiederum auf die Kommunikation mit dem Personal richten und er muß ihm dabei behilflich sein, einzusehen, daß die Nutzbarmachung von Kunst Spannungen eher lösen denn verschlimmern kann.

Weibliche Häftlinge scheinen sich weit weniger von dem »Psycho«-Etikett kunsttherapeutischer Sitzungen beeindrucken zu lassen als die männlichen Gefangenen und sie bitten oft um Besuche als eine Form der Behandlung. Eine gute therapeutische Beziehung kann sich auch daraus ergeben, daß der/die Kunsttherapeut/in die Einsitzende einmal wöchentlich mit ihren Bildern oder ihrer Textilarbeit sieht. Dies führt für die Gefangenen zu einer entspannten Atmosphäre, und nach und nach werden sich emotionale Schwierigkeiten zeigen, die dann ohne Anspannung diskutiert werden können. Die Kunstsitzungen werden vom Gefängnispersonal als weniger bedrohlich im Vergleich zu Therapiesitzungen angesehen. Die Handarbeit hat noch immer etwas von einer gesellschaftlichen akzeptablen, gediegenen Tätigkeit beibehalten, und der weibliche Häftling erfaßt oft schnell, wie aus dieser annehmbaren Verkleidung Nutzen gezogen werden kann.

Der Inhalt der künstlerischen Produkte ähnelt seiner Art nach den in beliebig anderer Umgebung geschaffenen Erzeugnissen. Die Betonung scheint auf Szenen mit Landhäusern, Tieren, Kindern und Pflanzen zu liegen. Die Bilder sind oft Darstellungen des Idyllischen, des Friedlichen. Gelegentlich erscheinen turbulente, heftige und aggressive Bilder, die auf den latenten Streß der Inhaftierten verweisen. Gedichte sind von sehr persönlicher Bedeutung und die Frauen sind verständlicherweise darum bemüht, diese vertraulich zu halten. Es ist wichtig, dieses Bedürfnis nach Eigenleben zu schützen. Ein falsches Wort oder eine falsche Kritik von Mitgefangenen oder Gefängnisbeamten kann das Ende der Verwendung dieses Ausdrucksmittels bei einer Frau bedeuten.

Wenn ein Gefängnisbeamter angewiesen ist, an therapeutischen Sitzungen teilzunehmen, sei es in einem Männer- oder einem Frauengefängnis, so ergibt sich daraus eine Vielzahl von Risiken für den Kunsttherapeuten. Therapeutische Einzelsitzungen werden dadurch unmittelbar unwirksam gemacht; es besteht jedoch eventuell die Möglichkeit, ein Trainingsprogramm für das Personal auszuarbeiten, wobei ein ausgewähltes Mitglied des Personals regelmäßig an

Gruppensitzungen teilnehmen kann. Der Kunsttherapeut wird in dieser Situation auch den Gefängnisbeamten in gruppentherapeutischen Techniken ausbilden. Wird dem Personal der Zugang zu sämtlichen kunsttherapeutischen Sitzungen verwehrt, so wird es natürlich den Aktivitäten des Therapeuten gegenüber mißtrauisch werden. Wo das Personal andererseits an kunsttherapeutischen Sitzungen als Fortbildungsmaßnahme für die Betreuung von Insassen teilnimmt, können sich die Beziehungen zwischen allen Beteiligten grundlegend verbessern. Dies ist ein Bereich, der ernsthafte Überlegungen und detaillierte Diskussionen mit dem ranghöheren Personal erforderlich macht.

Ein Beispiel:
Die Sonderabteilung am Barlinnie-Gefängnis in Glasgow

Nach der im Jahr 1965 erfolgten Abschaffung der Todesstrafe begann im Gefängnissystem Großbritanniens das Interesse an den zu lebenslänglicher Haft verurteilten Gefangenen zu wachsen. Man befürchtete, daß bei sehr langen Haftstrafen und der Einstellung, daß man nichts zu verlieren habe, einige Inhaftierte ein unzähmbar explosives Verhalten an den Tag legen könnten. In den späten sechziger Jahren bestanden in zunehmendem Maße Hinweise auf Gewalttätigkeiten einiger Häftlinge gegenüber dem Gefängnispersonal, obwohl die Inhaftierten sich bereits in strengster Sicherheitsverwahrung, in Einzelhaft und abgesondert von den übrigen Insassen befanden.

1970 wurde von der schottischen Gefängnisverwaltung eine Arbeitsgruppe eingerichtet, die »das Verhalten gewisser männlicher Langzeitgefangenen und potentiell gewalttätiger Häftlinge« untersuchen sollte. Diese Arbeitsgruppe empfahl die Einrichtung einer Sonderabteilung, die vom eigentlichen Gefängnisgebäude abgesondert war, sich aber innerhalb des Bereiches des Gefängnisses in Barlinnie, Glasgow, befindet. Auf der Grundlage der Idee der therapeutischen Gemeinschaft arbeitet die Sonderabteilung im gegenseitigen Vertrauensverhältnis zwischen Häftling und Vollzugsbeamten. Jeder Häftling muß sich nicht nur einen eigenen Lebensstil innerhalb der Abteilung erarbeiten, sondern er ist auch für Hilfestellungen gegenüber Mitgefangenen verantwortlich. Häftlinge und Vollzugsbeamte haben ein gleichberechtigtes Mitspracherecht bei der alltäglichen Leitung der Abteilung und bei jeder internen Entscheidungsfindung. Da es nicht möglich war, einen Arbeitsplan für die Insassen zu erstellen, muß jeder hinsichtlich seiner Arbeitseinteilung eigene Entscheidungen treffen. Sie tragen ihre eigenen Kleidungsstücke, sie dekorieren ihre Zellen, bereiten ihr Essen selbst zu und erarbeiten gemeinsam ihren Tagesablauf. Jedes Mitglied der Gemeinschaft ist für ein wöchentliches gemeinsames Treffen verantwortlich.

Kurz nach der Eröffnung der Sonderabteilung wurde ich von dem Direktor gefragt, ob ich versuchsweise bereit sei, bei den Inhaftierten ein Interesse an Kunst zu wecken. Es gab zu dieser Zeit fünf Insassen, die alle kurz zuvor aus der Einzelhaft aus anderen Gefängnissen hierher verlegt worden waren, wohin man sie wegen wiederholten gewalttätigen und explosiven Verhaltens gebracht hatte. In den ersten Wochen war es mir nicht einmal möglich, die Strafgefangenen dazu zu bringen, die Kunstmaterialien auch nur zu berühren. Sie waren alle in einem Schockzustand durch ihre Verlegung. Sie saßen mißtrauisch da und beobachteten mich, während ich zwanglos über Kunst plauderte und vergeblich versuchte, sie zur Beteiligung zu ermutigen. Endlich beschloß ich, einfach an einem eigenen Kunstwerk zu arbeiten, und am gleichen Tag fragte einer der Häftlinge, ob ich ihm etwas Ton überlassen könnte. Bei meinem nächsten Besuch hatte er einige kleine Arbeiten fertiggestellt. Eins trug den Titel »Allein« und war ein erstaunliches Stück, das die ganze Verzweiflung und die Isolation der Einzelhaft wachrief. Derselbe Häftling, Jimmy Boyle, schrieb später *A Sense of Freedom*, worin er seine ersten Erfahrungen mit Kunstmaterialien beschrieb:

> »Ich ließ all meine Energien in dieses neue Ausdrucksmittel einfließen und war ganz von der Intensität der Gefühle mitgenommen, als ich eine Skulptur fertiggestellt hatte. . . . Ich arbeitete äußerst produktiv, wobei die Arbeit größtenteils auf Versuchen von Ausdrucksmitteln für mein Inneres beruhte, wobei Schmerz/Ärger/Haß/Liebe/Verzweiflung und Ängste darin verkörpert waren. Dies war für mich als Person von großer Bedeutung, weil es mir ermöglichte, all diese sehr tiefgehenden emotionalen Gefühle weiterhin zu empfinden, aber sie auf andere Weise zu kanalisieren – als Skulptur.« (Boyle 1977:251)

Ausgehend von diesen ersten zaghaften bildhauerischen Versuchen nahm die Kunst in der Abteilung ihren Fortgang. Nun, nach zehn Jahren, beschäftigen sich die meisten Insassen, die in der Abteilung sind, in irgendeiner Form mit Kunst oder Kunsthandwerk. Darüber hinaus durchdringt die Idee der Kreativität inzwischen das alltägliche Leben. Der Betoninnenhof ist in einen Garten verwandelt worden. Die Wände hängen voller Bilder, es sind entlang der Haupteingangshalle Skulpturen ausgestellt, Keramikarbeiten und Kunsthandwerk füllen jedes Regal. Jeder Insasse muß seinen eigenen Raum finden, in dem er arbeitet. Sie haben jederzeit Zugang zu jeder Art von Werkzeug, die sie für ihre Kunst oder ihre handwerkliche Arbeit benötigen. Diese Werkzeuge sind zu keiner Zeit mißbraucht worden. Diese Männer mit sehr schwerwiegenden Gewaltregistern in früheren Gefängnissen verbringen ihre Zeit nunmehr friedlich mit kreativer Betätigung.

Bei diesem weltweit vielleicht einzigartigen Experiment im Strafvollzug hat die Welt an Reife gewonnen. Bei der Sonderabteilung geht es um kreatives und positives Miteinander zum gegenseitigen Nutzen eines jeden Beteiligten. Nach zehn Jahren kann sie nicht mehr einfach als Experiment angesehen werden. Ihr Erfolg wirft sehr konkrete Fragen für das Gefängnissystem auf. Es enthüllt weiterhin, wie die Kunst als integraler Bestandteil eines Rehabilitationsansatzes eingesetzt werden kann.

Die Kunst ist kein Privileg oder Luxus, sie ist ein grundlegender Bestandteil des Lebens. Die Kunst setzt in den Gefängnissen Spannungen, Aggressionen, Haß und Gewalt in eine sinnvolle Ausdrucksform um, die eine Grundlage für den Aufbau von Beziehungen bildet. Der Kunsttherapeut, der in Gefängnissen arbeitet, muß jede Gelegenheit nutzen, um die Kreativität zu entfachen, die in den Strafgefangenen schlummert. Gerade durch ihre eigene Entdeckungsreise in die Welt der Kunst werden die Häftlinge dazu in die Lage versetzt, ihr Leben auf intelligente Weise neu zu gestalten, und zwar in einer Weise, die von der Gesellschaft akzeptiert werden kann.

Abbildung 10.1 »Christus« (Zeichnung mit Tusche und Feder; das Papier ist an der linken oberen Ecke aufgeschlitzt)

Eine der ersten Zeichnungen eines jungen Mannes, der wegen gewalttätigen Verhaltens in einem anderen Gefängnis in die Sonderabteilung von Barlinnie verlegt worden war.

Anfänglich war er noch ärgerlich und mißtrauisch, aber auch über die plötzliche Veränderung seiner neuen Umgebung verwirrt. Es fiel ihm schwer, die Entspannung von ständiger Überwachung, die Freundlichkeit des Personals und den freien Zugang zu Werkzeugen und Kunstmaterialie zu akzeptieren.

Als er die Christusfigur gezeichnet hatte, schlitzte er das Papier mit einem Messer auf und warf die Zeichnung zu Boden. Er verbringt seine Zeit noch immer weitgehend mit Malerei, Bildhauerei und mit Studien.

Abbildung 10.2   »Einzelhaft« (Gouache)

Die Verzweiflung, die Qual und die große Einsamkeit der Einzelhaft werden in diesem Bild eines Jugendlichen über eine Besserungsanstalt für jugendliche Verbrecher dargestellt. Trotz seiner künstlerischen Unerfahrenheit hat er seinen Gefühlszustand sehr lebhaft und ohne nachträgliche Verherrlichung der Erfahrungen vermittelt.

Abbildung 10.3 Pierrot (Stoffreste und Stickerei)

Eine siebzehnjährige Insassin eines Frauengefängnisses entwarf diesen Pierrot. Die Puppe wurde aus Pfeifenreinigern und Stoffresten hergestellt und dann mit Stickereien versehen. Die Insassin ließ sich von diesem Motiv völlig in Anspruch nehmen: sie fertigte zunächst zahlreiche Bilder darüber an, sie sammelte Pierrotphotos aus Illustrierten; dann machte sie diese Puppe. Anfangs stellten diese Bilder eine sehr tränenreiche Figur dar, die tapfer versuchte, sich durch das Unglück hindurchzulächeln. Als ihr Entlassungstermin näherrückte, begann sie »künstlerischen« Rat einzuholen, um den Figuren eher den Anschein eines Lächelns verleihen zu können. Die ursprüngliche Träne blieb aber weiterhin auffällig.

Abbildung 10.4 Bildhauerei in der Sonderabteilung des Barlinnie-Gefängnisses in Glasgow

In den Anfängen der Sonderabteilung stellten die Insassen Sandsteinblöcke von alten Gebäuden in einem Kreis auf. In der Mitte des Kreises, wie ein Stonehenge *en miniature*, wurde der zu bearbeitende Stein auf eine alte Kabeltrommel gestellt. In diesem Stadium wußten die Insassen wahrscheinlich nichts über die Steinkreise aus dem Altertum. Für sie repräsentierten sie die Gruppe.

Literatur

Babington, A. (1968) *The Power to Silence: A History of Punishment in Britain*. London: Robert Maxwell.

Boyle, J. (1977) *A Sense of Freedom*. Edinburgh: Canongate.

Carlen, P. (1983) *Women's Imprisonment: A Study in Social Control*. London: Routledge & Kegan Paul.

Carrell, C. und Laing, J. (1982) *The Special Unit, Barlinnie Prison: Its Evolution through its Art*. Glasgow: Third Eye Centre.

Fitzgerald, M. und Sim, J. (1979) *British Prisons*. Oxford: Basil Blackwell.

Laing, J. (1975) Recurring Fantasies in the Paintings and Writings by Sadomasochists. In I. Jakab und S. Karger (Hg.) *Transcultural Aspects of Psychiatric Art*. Basel: S. Karger.

11
Spiele mit Kunst und Gruppenstrukturen

Marian Liebman

Einführung

Die Kunsttherapie begann damit, daß in der allgemeinen Praxis ein Kunstthera-peut mit einer Anzahl von Klienten arbeitete. Die Interaktion des Therapeuten mit jedem von ihnen erfolgte jedoch auf der Grundlage einer Zweierbeziehung. In neuerer Zeit hat sich die Verwendung der strukturierten Gruppeninteraktion in der Kunsttherapie verbreitet. Die meisten kunsttherapeutischen Gruppen ge-hen von einem Thema, einem Spiel oder einem Gefüge zur Stimulierung des Ler-nens und der Diskussion in der Gruppe aus. Bisher ist sehr wenig darüber ge-schrieben worden, wie die besondere Auswahl der jeweiligen Aktivität sich auf die Erfahrung der Gruppe und der einzelnen Mitglieder auswirkt (Denny 1975:132).

In diesem Kapitel werde ich die Verwendung von Spielen oder strukturierten Aktivitäten in einigen Kunsttherapiegruppen betrachten. Dieses Material be-ruht zum Teil auf einem Gutachten von vierzig Kunsttherapeuten, (die alle mit Gruppen arbeiten), die ich im Rahmen meiner Arbeit am Polytechnikum Bir-mingham interviewte; weiteres Material stammt aus einem anschließend von mir veröffentlichten Handbuch zum Thema (Liebman 1982). Schließlich werde ich einige detaillierte Beispiele für Kunsttherapie in verschiedenen Gruppen-konstellationen geben, um die Vielfalt der möglichen Erfahrungen aufzuzeigen.

Gruppenarbeit und Kunsttherapie

In Übereinstimmung mit vielen anderen Disziplinen hat sich die Kunsttherapie von der Methode her dahingehend weiterentwickelt, daß auch Gruppenarbeit eingesetzt wird, wo immer sie sich eignet. Es scheint lohnenswert zu sein, eher die allgemeinen Gründe für die Verwendung der Gruppenarbeit zu untersuchen, als die Individualtherapie näher zu betrachten (Brown 1979). Die Gründe, die für die Gruppenarbeit sprechen, lassen sich wie folgt zusammmenfassen:

1. Soziales Lernen erfolgt weitgehend in Gruppen; daher bietet die Gruppenarbeit einen entsprechenden Zusammenhang, in dem soziales Verhalten eingeübt werden kann.
2. Menschen mit ähnlichen Bedürfnissen können sich gegenseitig Unterstützung leisten und einander bei Problemlösungen helfen.
3. Gruppenmitglieder können aus der Rückkopplung durch andere Mitglieder lernen. »Man braucht zwei Menschen, um einen erkennen zu können« (Culbert 1967).
4. Gruppenmitglieder können dadurch neue Rollen austesten, indem sie die Reaktionsweisen anderer Menschen sehen (Modellbildung beim Rollenverhalten) und sie können dabei unterstützt und verstärkt werden.
5. Gruppen können Katalysatoren für die Entwicklung verborgener Begabungen und Fähigkeiten sein.
6. Gruppen eignen sich für bestimmte Individuen besser, z.B. für diejenigen, die die Intimität der Individualarbeit zu intensiv empfinden.
7. Gruppen können demokratischer sein, indem sie Macht und Verantwortung aufteilen.
8. Einige Therapeuten/Betreuer halten die Gruppenarbeit für befriedigender als die Einzelarbeit.
9. Gruppen können auf ökonomische Weise Sachkenntnisse ausnutzen, um mehreren Menschen zur gleichen Zeit zu helfen.

Es gibt jedoch auch einige Nachteile:

1. Vertraulichkeit ist schwerer zu erreichen, da mehr Menschen betroffen sind.
2. Gruppen erfordern mehr Wendigkeit und sind eventuell schwer organisierbar.
3. Den einzelnen Gruppenmitgliedern kann weniger Aufmerksamkeit entgegengebracht werden.
4. Eine Gruppe kann ein Etikett oder Stigma erhalten. (Brown 1979:11f.)

Viele dieser Punkte sind relevant für Gruppen, die mit Kunst arbeiten, und es gibt einige weitere Aspekte, die insbesondere in engem Zusammenhang mit kunsttherapeutischen Gruppen stehen. In meiner Übersicht interviewte ich Kunsttherapeuten, die in sehr unterschiedlichen Therapie- und Behandlungszusammenhängen arbeiteten: in allgemeinen psychiatrischen und Tageskliniken, in Tagesstätten zur Bewährung und Sozialberatung, an Schulen, Colleges für Kunsttherapie, an Instituten für Erwachsenenbildung. Sie arbeiteten mit Langzeit- und mit geriatrischen Patienten, mit psychiatrischen Patienten, mit geistig Behinderten, ehemaligen Straftätern, Klienten aus dem Bereich der Sozialarbeit, mit Alkoholikern, Familien, Kindern, Kunsttherapeuten und Sozialarbeitern in der Ausbildung.

Ich fragte alle Therapeuten, welche Ziele ihre Gruppen verfolgten; die Antworten lassen sich in zwei Gruppen aufteilen, und zwar in eine persönliche und eine soziale. Die dabei erwähnten Ziele sind in *Tabelle 11.1* und *11.2* zusammengefaßt.

Tabelle 11.1	*Tabelle 11.2*
Allgemeine persönliche Ziele (keine Rangfolge)	*Allgemeine soziale Ziele (keine Rangfolge)*
– Kreativität und Spontaneität. – Vertrauensbildung, Selbstaufwertung, Erkennen eigener Fähigkeiten. – Zunahme der persönlichen Freiheit und Motivation, Entwicklung als Individuum. – Freiheit zur Entscheidungsfindung, zum Experimentieren, zum Austesten von Ideen. – Ausdruck von Gefühlen, Emotionen, Konflikten. – Freies und phantasievolles Arbeiten. – Einsicht, Selbstbewußtsein, Reflexion. – Visuelles und verbales Ordnen von Erfahrungen. – Entspannung.	– Wahrnehmung, Anerkennung und Wertschätzung anderer. – Kooperation, Engagement in der Gruppe. – Kommunikation. – Gemeinsame Problemlösungen, Erfahrungen und Einsichten. – Entdeckung der Allgemeingültigkeit von Erfahrung / der Einzigartigkeit des Individuellen. – Kontaktaufnahme zu anderen in einer Gruppe; Verständnis des Wirkens der eigenen Person auf andere; Beziehungen. – Soziale Unterstützung und Vertrauen. – Gruppenzusammenhalt. – Untersuchung von Gruppenproblemen.

Quelle: Liebmann (1981:27)

Wie die Tabellen zeigen, sahen die Therapeuten die Ziele der Gruppe eher in einer Verbesserung und teilweisen Veränderung der persönlichen und sozialen Verhaltens der Gruppenmitglieder und weniger in spezifischen Behandlung bestimmter Leiden.

Es lohnt sich, die Aspekte der Gruppenarbeit, die bei der Verwendung von Kunst als Gruppenaktivität gefördert werden, weiter auszuführen:

- Jeder kann sich zur gleichen Zeit seinem eigenen Niveau entsprechend beteiligen. Der Prozeßcharakter der Aktivität ist von Bedeutung, und eine Kritzelei kann einen ebenso nützlichen Beitrag leisten wie ein fertiges Bild.
- Die Kunst kann einen zusätzlichen Kommunikations- und Ausdruckszugang liefern, insbesondere, wenn es an Worten mangelt.
- Kunst fördert Kreativität.
- Kunst ist bei der Arbeit mit der Phantasie und dem Unbewußten von Nutzen.
- Kunstprodukte sind faßbar, und sie können zu einem späteren Zeitpunkt Gesprächsgegenstand werden.

Zusammenfassend kann gesagt werden, daß Kunstprodukte eine Kombination von Einzel- und Gruppenerfahrungen liefern, die sich sowohl auf die Tradition der Gruppenarbeit als auch auf die Kunsttherapie berufen.

Strukturierte kunsttherapeutische Gruppen

Die meisten der kunsttherapeutischen Gruppen haben mit anderen »Kleingruppen« die Eigenschaft gemeinsam, Mitglieder in der Größenordnung zwischen sechs und zwölf Personen zu haben, obwohl auch größere Gruppen manchmal noch zu verantworten sind. Die Gruppengröße ist zur Sicherstellung der folgenden Faktoren von Bedeutung:

- Die Mitglieder können visuellen und verbalen Kontakt zu allen anderen Mitgliedern unterhalten.
- Es kann ein Gefühl der Gruppenzusammengehörigkeit erreicht werden.
- Es besteht für jede Person die Gelegenheit zu einem angemessenen zeitlichen Anteil an der Diskussion.
- Es gibt genug Leute, die zur Interaktion und zur Förderung eines freien Ideenflusses, aber auch zur Durchführung von Gruppenprojekten ermutigen.

Einige Kunsttherapeuten arbeiten nicht-direktiv, indem sie einen nicht-themenzentrierten Ansatz wählen, der McNeilly (1984) zufolge auf »gruppenanalytische Kunsttherapie« hinausläuft. Mein Interesse gilt jedoch hier direktiven

Techniken mit solchen Gruppen, die eine bestimmte Aufgabe gemeinsam zu lösen versuchen. Das »strukturierte« Arbeiten kann sich darauf beschränken, daß nur eine einfache Begrenzungsregel verwandt wird (etwa: male frei nach eigenem Belieben, aber benutze nur drei Farben); oder weitergehend vorgeschriebene Aktivitäten (etwa: wähle eine Wachsmalkreide und führe eine nichtverbale Unterhaltung mit einer anderen Person auf demselben Blatt Papier). Welche Formen auch immer gewählt werden, sie können meist auf vielen Ebenen interpretiert werden, und sie können stimulierend auf die Kreativität oder auf die Erkundung bestimmter Bereiche des menschlichen Verhaltens einwirken.

Die meisten kunsttherapeutischen Gruppen haben ein ähnliches Schema: (1) Einführung, (2) Durchführung und (3) Diskussion (Liebmann 1979:51-6). Es erscheint mir nützlich zu sein, jede dieser Phasen näher zu betrachten.

(1) *Einführung* Die Einführung kann die Begrüßung der Gruppe einschließen, wenn es sich um eine neue Aktivität handelt; sie kann einführende Bemerkungen enthalten, wenn neue Mitglieder hinzugekommen sind, und Erklärungen über die Zielsetzung der Gruppe, bestimmte Begrenzungsregeln (z.B. Rauchverbot, Teilnahme frei nach Belieben usw.), eine Rekapitulation früherer Sitzungen, wenn sie Teil einer Serie sind. Einige Therapeuten verbinden mit dieser Einführungsphase körperliche Bewegung oder eine Phase des »Warmwerdens«, die der Entspannung dient; oder sie versuchen, herauszufinden, wie sich die Teilnehmer fühlen (verbal oder unter Zuhilfenahme von Farben).

Anschließend wird das Kernthema der Sitzung vorgestellt. Normalerweise wählt der Therapeut dies aus, und zwar unter Berücksichtigung von Dingen, die in früheren Sitzungen relevant waren, oder von Themen, die gerade aktuell erscheinen. Die Gruppen, die eine gewisse Zeit zusammen gearbeitet haben, spielen bei der Auswahl der Themen für eine bestimmte Sitzung oft eine wichtige Rolle; sie übernehmen auch in anderer Hinsicht mehr Verantwortung, indem einzelne zum Beispiel neuen Mitgliedern helfen.

(2) *Durchführung* Diese Phase nimmt normalerweise etwa die Hälfte der zur Verfügung stehenden Zeit in Anspruch. Meist erstreckt sich dieser Zeitraum auf 30–45 Minuten, da der Zeitplan gewöhnlich eineinhalb bis zwei Stunden für die ganze Sitzung vorsieht. Bei Gruppen in therapeutischen Gemeinschaften und Studenten der Kunsttherapie können die Sitzungen länger dauern.

Die Kunsttherapeuten müssen jeweils entscheiden, inwieweit sie sich in diesem Stadium an der Durchführung beteiligen wollen. Diese Entscheidung hängt von mehreren Faktoren ab, darunter von der persönlichen Einstellung und Orientierung des Therapeuten, von der Art der Gruppe und von der Form des kreativen Prozesses. Einige Therapeuten beteiligen sich bewußt, da ihre Aktivität zu einem Abbau von Hemmschwellen beiträgt – wenn sie Gruppenmitglieder bitten, ihr Seelenleben offenzulegen, so erleichtert die Teilnahme des Therapeuten diesen Prozeß innerhalb der Gruppe.

(3) *Diskussion*   Dieser Abschnitt nimmt im allgemeinen die zweite Hälfte der Sitzung ein und er kann viele Formen annehmen. Manchmal erhält jeder Teilnehmer einen Anteil an der verfügbaren Zeit; manchmal trägt ein jeder zur Diskussion einer oder zweier Objekte bei; dann wiederum berichtet jeder, wie er sich während des Malens in der Gruppe fühlte; manchmal übernimmt der Therapeut die Diskussionsleitung. Es gibt viele Möglichkeiten, die künstlerischen Produkte zu diskutieren, und zwar jeweils in Abhängigkeit von der Philosophie und der theoretischen Orientierung des Therapeuten, von den äußeren Bedingungen und den Besonderheiten der Gruppe.

Es gibt natürlich auch andere Formen für strukturierte Kunsttherapiegruppen, zum Beispiel Malaktivitäten im Anschluß an eine Diskussion (wenn etwa eine geriatrische Gruppe Zeit braucht, um sich an zurückliegende Ereignisse zu erinnern) oder die Einbeziehung einer geselligen Phase (etwa bei einer Gruppe für geistig Behinderte, die in einer Wohngemeinschaft leben).

Viele Sitzungen sind Teil eines größeren Projektes. (z.B. einer therapeutischen Wohngemeinschaft, einer Tagesklinik für Alkoholiker), wobei dieses Projekt die jeweiligen Abläufe beeinflußt. Bei einigen von ihnen handelt es sich um geschlossene Gruppen mit einer Dauer von etwa sechs Sitzungen; andere umfassen offene Gruppen mit einer ständig wechselnden Anzahl von Mitgliedern; und zwischen diesen Extremen existieren Gruppen mit einer gewissen Kontinuität, wobei neue Mitglieder jederzeit aufgenommen werden, wenn sie dies wünschen (dies gilt für viele Tagesstätten zur Bewährung und Sozialberatung).

Im weiteren Umfeld einer Gemeinde können sich viele Leute auf der Basis einer gelegentlichen Teilnahme an solchen Gruppen beteiligen, zum Beispiel an einer Konferenz über kreative Therapien oder an kirchlich organisierten Treffen, aber es muß betont werden, daß die Teilnehmer solcher Veranstaltungen aus anderen Gründen kommen, etwa um neue Techniken zu lernen, oder um persönliche Erfahrungen über die Auswirkungen solcher Techniken innerhalb einer Gruppe zu sammeln.

Ich habe einige der üblichen Formen für strukturierte kunsttherapeutische Gruppen beschrieben, aber was sich tatsächlich in der Gruppe ereignet, wird von vielen weiteren Faktoren beeinflußt. Die Zusammensetzung der Gruppenmitglieder, verschiedene Leiter und die äußeren Bedingungen üben einen starken Einfluß aus; die Unterstützung durch andere Kollegen in einer Einrichtung kann von entscheidender Bedeutung sein. Die Art und Weise, in der die Kunstgruppe einen Gegensatz zu dem übrigen Programm bildet oder dieses ergänzt, spielt eine gewisse Rolle. Die verschiedenen Therapeuten haben jeweils ihren eigenen Stil, wobei sie unterschiedliche Schwerpunkte setzen. Auch die Räumlichkeiten und die Qualität der zur Verfügung stehenden Materialien üben einen gewissen Einfluß aus.

Ein praktisches Beispiel soll einige der unterschiedlichen Ergebnisse einer bestimmten Übung aufzeigen. Der folgende Auszug gibt die Kommentare dreier Kunsttherapeuten wieder, die alle dieselbe folgende Übung mit Gruppen durchgeführt haben: »Male ein Werbebild von dir selbst«. (Die ersten beiden Therapeuten arbeiten mit stationären Psychiatriepatienten bzw. ambulant betreuten Patienten an einer Klinik, der dritte arbeitet an einer Tagesstätte zur Sozialberatung früherer psychiatrischer Patienten.)

Therapeut I: »Der Zweck dieser Übung liegt in einer positiven Selbsteinschätzung. Es ist bei einer Gruppe besonders Depressiver von Nutzen – es ergibt sich daraus sehr viel positive Rückkopplung von Gruppenmitgliedern zu anderen Individuen.«
Therapeut II: »Ein schwieriges Thema, das der sorgfältigen Einführung bedarf; es kann sich sehr negativ auswirken, wie ich herausgefunden habe.«
Therapeut III: »Ich schlage normalerweise vor, daß die Leute nicht nur die Aspekte über sich selbst in Betracht ziehen, die lohnenswert erscheinen, sondern auch bedenken, auf welche Zielgruppe sie anziehend wirken wollen. Es ist ein schwieriges Unterfangen, sich klarzumachen, wie man sich nach außen hin selbst darstellt; oft stellen die Leute eher ihre Unfähigkeit und Unsicherheit dar als ihre Fähigkeiten und guten Eigenschaften.« (Liebmann 1979:127-28)

In der Therapie stellen sich vielerlei Schwierigkeiten, aber es ist wichtig, den Streßpegel in den Gruppen innerhalb der Grenzen zu halten, der von den Einzelnen verkraftet werden kann. Einige Kunsttherapeuten finden an dieser Stelle das Konzept des Spielens hilfreich; ich werde dies im nächsten Abschnitt untersuchen.

Regelgebundenes und freies Spiel

Für einige Therapeuten sind die Begriffe „Spiel nach Regeln" und „freies Spiel" unangemessen, da sie eine wertlose Betätigung oder eine unterhaltsame Aktivität nahelegten, wohingegen die Therapie doch eine ernsthafte Angelegenheit sei. In manchen Kliniken haben die Kunsttherapeuten das Gefühl, daß das freie oder regelgebundene Spiel den Wert ihrer Arbeit in den Augen des übrigen Personals herabmindern würde.

Es gibt jedoch in zunehmendem Maße Literatur über Spiele aller Art, hauptsächlich für Gruppen, deren Hauptinteresse in der Erweiterung der Selbsterfahrung und der Wahrnehmung des anderen besteht. Es gibt Handbücher über »Wachstumsspiele«, »Bewegungsspiele«, »Dramenspiele«, »neue Spiele«, um nur einige zu nennen (Brandes und Phillips 1979; Lewis und Streitfeld 1970; Orlick 1982). Viele Kunsttherapeuten benutzen sie parallel zu künstlerischen Aktivitäten. – In welchem Sinne wird das Wort »Spiele« benutzt?

Im Bereich des »persönlichen Wachstums« ist ein Spiel jede beliebige Aktivität, die auf Regeln beruht, die den Rahmen der Aktivität festlegen und zum Spielen benutzt werden können. In einem brauchbaren Spiel sind diese Regeln flexibel genug, um auf verschiedene Weise interpretierbar zu sein und viele Reaktionsebenen zuzulassen; die Regeln können auch durch gemeinsamen Beschluß der Mitspieler abgeändert werden. Eine Definition des Spiels, die viele der in Handbüchern vorgenommenen Bestimmungen unterstreicht, wird von Huizinga gegeben: »Ein Spiel ist eine Handlung, die innerhalb gewisser zeitlicher und räumlicher Grenzen in einer sichtbaren Ordnung, entsprechend freiwillig akzeptierter Regeln und außerhalb der Sphäre der Notwendigkeit und des materiellen Nutzens abläuft« (Huizinga 1956:34).

Jedes Spiel bildet eine Situation aus dem »wirklichen Leben« in einem Mikrokosmos nach. Diese Tatsache stellt eine der wichtigsten Eigenschaften der Therapie dar, daß nämlich ein paralleler Bezugsrahmen besteht, der in Entsprechung zum »wirklichen Leben« existiert, aber nicht mit ihm verwechselt wird. Spiele können auch indirekte Ansätze für bedeutsame Angelegenheiten liefern, mit denen die direkte Konfrontation schwerfällt. Auf diese Weise können sie als experimentelle Lernprozesse benutzt werden. Da ein Spiel keine Folgen für das »wirkliche Leben« hat oder haben sollte, kann es möglich sein, neue Aspekte über sich selbst ohne übermäßiges Risiko auszutesten.

Das Gegenteil des freien Spiels ist nicht der Ernst, sondern das »Nicht-Spielen«. Manchmal kann der größte Genuß nur durch ernsthaftes Spielen erreicht werden.

In meiner Übersicht bezeichneten etwa zwei Drittel der von mir interviewten Kunsttherapeuten zumindest einen Teil ihrer strukturierten Aktivitäten mit Gruppen als »Spiele«. Ich würde gern drei der Kommentare dieser Therapeuten hier wiedergeben:

Therapeut A: »Ein Spiel ist eine Sammlung von leichten Herzens locker festgesetzten Regeln, das unbewußt in relevante Bereiche führen kann – obwohl dies nicht notwendigerweise der Fall ist.«

Therapeut B: »Wie das freie Spiel gibt das regelgebundene Spiel die individuelle innere Erfahrung und dazu die Interaktion der Gruppe im Rahmen des Spiels wieder.«

Therapeut C: »Spiele tragen zur Entspannung der Teilnehmer bei, sie geben ihnen Vertrauen und können darüber hinaus aufschlußreich sein.« (Liebmann 1979:70)

Diese Kommentare zeigen einen anderen wichtigen Aspekt des Spielens auf, nämlich die Fähigkeit des Spiels, auf vielen verschiedenen Ebenen aufgenommen zu werden, je nach individuellen Bedürfnissen oder Wünschen. Da die Kunst diese Fähigkeit teilt, sollte man meinen, daß »Kunstspiele« sehr flexible Werkzeuge darstellten.

Die meisten Spiele erfordern mindestens zwei Mitspieler, einige setzen eine Gruppe voraus, um wirklich unterhaltsam zu sein. Daher sind die Gruppenaktivitäten, die den »Kunstspielen« am nächsten kommen, diejenigen, die nicht nur mit der oben dargelegten Haltung gespielt werden, sondern auch eine Gruppe als integralen Bestandteil des Spiels, aber auch als Grundlage der Diskussion erfordern (vgl. auch Liebmann 1982: 43-53).

Inwieweit hilft uns eine spielerische Haltung bei den Problemen, die bei der Übung »Male ein Werbebild von dir selbst« entstehen? Wenn wir diese Übung als ein Spiel betrachten, dessen Ausgang uns nicht völlig zufriedenstellt, so steht es uns frei, die Regeln zu ändern oder zu ergänzen. Nachfolgend sind drei Modifikationen beschrieben, die von drei verschiedenen Kunsttherapeuten vorgeschlagen wurden:

1 Nachdem jeder Teilnehmer ein Bild zur Eigenwerbung gezeichnet hat, fügen andere in der Gruppe Eigenschaften hinzu, die ihrer Meinung nach vergessen wurden.

2 Stell dir vor, du seist Besitzer eines Ladens und müßtest persönliche Dinge zur Schau stellen. Andere in der Gruppe können dann aus den ausgestellten Waren diejenigen auswählen, die sie besonders attraktiv finden.

3 Male ein Abzeichen, das für dich werben soll, und wenn es fertig ist, trage es. Dann malt jeder Teilnehmer der Gruppe Abzeichen für jedes andere Mitglied, damit du vergleichen kannst, wie du dich selbst siehst und wie andere dich sehen. (Liebmann 1979:128)

Dieser Abschnitt kann nicht mehr leisten, als den Weg zu einem Konzept für Kunstspiele zu weisen, der sich auf die Traditionen der individuellen Kunsttherapie, der Gruppenarbeit und der neueren Entwicklungen im Bereich der Gruppenspiele beruft. Der übrige Teil des Kapitels wird Berichten über verschiedene kunsttherapeutische Gruppen gewidmet sein, die aus Interviews mit den Kunsttherapeuten zusammengestellt wurden, die sie durchführten. Alle Gruppen unterscheiden sich voneinander, und ich stelle nicht den Anspruch, daß die nachfolgende Auswahl als typisch oder umfassend angesehen werden könnte; vielmehr soll sie das weite Spektrum an Möglichkeiten darstellen.

Beispiele für kunsttherapeutische Gruppen

Drei Gruppen werden detailliert beschrieben, anschließend folgt eine kurze Zusammenfassung der Aktivitäten weiterer Gruppen. Das erste Beispiel handelt von einer Gemeinschaft, die ein Thema behandelt, das sich mit für die Gruppe relevanten Problemen auseinandersetzt.

Eine Gruppe in einer Abteilung für Alkoholkranke

Die Abteilung für Alkoholkranke ist eine Tagesklinik, die in einem renovierten Altbau untergebracht ist. Rekonvaleszierende Alkoholiker nehmen in einem Zeitraum von durchschnittlich sechs Wochen an einem gruppentherapeutischen Intensivprogramm und an Sitzungen, die der Bildung dienen, teil. Sie werden dazu ermutigt, ihre Gefühle auszudrücken und sie auf vielerlei Weise darzustellen; dazu zählen u.a. Gruppen zur verbalen Diskussion und Rollenspiele, die ungemein direkt und konfliktgeladen sein können.

Die meisten kunsttherapeutischen Sitzungen stellen einen bewußten Kontrast zum übrigen Programm dar, wobei die Klienten ihren eigenen Arbeiten unter der Anleitung der Kunsttherapeuten der Abteilung nachgehen (obwohl sie sich als Gruppe treffen). Dann aber lud der Kunsttherapeut einmal einen Kollegen aus einer benachbarten Klinik ein, die Abteilung zu besuchen und eine strukturierte kunsttherapeutische Gruppe an der Abteilung zu leiten, um festzustellen, ob dies für die Klienten von Nutzen sein könnte.

An der ersten dieser im vierzehntägigen Rhythmus stattfindenden Gruppen beteiligten sich zwölf Personen: drei Angestellte (zwei Kunsttherapeuten, ein Pfleger) und neun Patienten (fünf Männer und vier Frauen jeden Alters). Nach einer kurzen Einführung wurde die von der Gruppe zu lösende Aufgabe vorgestellt.

»Aufwärmphase«:	(1) Male dich selbst als Tier.
	(2) Male dich selbst als ein Transportmittel.
Hauptthema:	(3) Du selbst − körperlich und geistig und spirituell.

Die beiden Kunsttherapeuten hatten dieses Thema gewählt, um den Klienten bei der Erkundung der »spirituellen« Dimension ihres Lebens zu helfen, und sich mit der Rolle, die dieser Bereich für ihre Genesung vom Alkoholismus spielte, auseinanderzusetzen. Das Thema stimmte darüber hinaus mit den Grundsätzen der Anonymen Alkoholiker überein, denen zufolge die Betroffenen dazu ermutigt werden, ihre Machtlosigkeit im Angesicht des Alkohols, indem sie ihr Geschick einer »höheren Macht« überlassen, zu überwinden.

Die daran anschließende Dreiviertelstunde wurde mit dem Malen verbracht. Alle anwesenden Angestellten beteiligten sich und versuchten, sich bei ihrer Arbeit so offen zu verhalten, wie sie es von ihren Klienten erwarteteten. Fast allen gelang es, die drei Teilaufgaben abschließend zu bearbeiten, und es blieb eine weitere Dreiviertelstunde für die Diskussion, die direkt im Anschluß an jede Übung geführt wurde.

Bei der ersten Übung malten die Teilnehmer eine Vielzahl von Tieren: eine Maus, ein Kaninchen, ein Pferd, einen Hirsch, einen Fuchs sowie Katzen und Hunde. Diese Bilder lösten eine interessante Diskussion darüber aus, wie verschiedene Tiere von der Gruppe beurteilt wurden. Katzen wurden beispielsweise so eingeschätzt, daß sie in der besten aller möglichen Welten lebten, da sie gefüttert würden, aber trotzdem ihre Unabhängigkeit aufrechthielten und ein Eigenleben führen könnten. Kaninchen wurde als weich, schmiegsam, aggressionslos und möglicherweise als Träger sexueller Konotationen (»sich wie die Kaninchen vermehren«) gesehen. Die meisten Haustiere wurden so beurteilt, daß sie ihren Besitzern unkritische Zuneigung entgegenbrächten, und die Gruppenmitglieder bestätigten, daß dies ein allgemeines, von ihnen selbst empfundenes Bedürfnis sei.

Die größte (und am besten ausgeführte) Zeichnung stellte einen Fuchs dar, dem man die Attribute schlau, listig, räuberisch und mißtrauisch beilegte. Der Künstler gab bereitwillig zu, daß er diese Eigenschaften auf seine eigene Person anwenden würde; er behauptete, daß sie für ihn zum Überleben unerläßlich seien. Der Kunsttherapeut bemerkte, daß der Fuchs sich selbst über die Schulter zu blicken schien, und er fragte den Maler des Bildes, ob er sein Leben mit diesen Charakterzügen fortsetzen wolle. Er verneinte dies; und als man ihn bat, ein anderes Tier für sich zu wählen, antwortete er, daß er gern ein Pferd wäre, was eine erhebliche Richtungsänderung nahelegt.

Wegen der Kürze der Zeit ging die Gruppe zu der zweiten Aufgabe über, bei der eine Selbstdarstellung in Form eines Transportmittels gewählt werden sollte, wobei Flugzeuge, Autos und mehrere Segelschiffe gemalt wurden; von diesen waren viele recht groß und prächtig aufgetakelt. Das führte zu einer allgemeinen Diskussion über Freiheit, Unabhängigkeit und Macht. Es gab auch einige individuelle Assoziationen mit bestimmten Erinnerungen, die sie weiterentwickelten. Eine Frau hatte einen Jaguar E in einem deprimierenden Grau gemalt. Sie war Prostituierte gewesen und das starke Auto schien sie an gute alte Zeiten zu erinnern, im Gegensatz zu ihrer gegenwärtigen Situation, in der sie darum kämpfte, sich ohne Alkohol und Drogen dem Leben zu stellen.

Als die Diskussion sich dem Hauptthema zuwandte, wurde der »physische« Aspekt von Bildern aus dem Sport, aus dem Bereich des Wanderns, des Segelns usw. dargestellt. Der spirituelle Aspekt erschien hauptsächlich in Bildern verschiedener Arten von Kirchen und jeder hatte seinem Bild in irgendeiner Hinsicht einen religiösen Anstrich gegeben.

Die Art und Weise, in der die Teilnehmer die verschiedenen Aspekte in ihren Bildern miteinander gekoppelt hatten, war höchst interessant. Die frühere Prostituierte hatte den religiösen Aspekt in ihrem Bild zentral angeordnet, als etwas, an das sie sich hielt. Einer der Angestellten malte ein kompliziertes Bild, das die Bedeutung der Religion für ihn darstellte und er hatte das Gefühl, daß das Malen dazu beigetragen hatte, diesen Sachverhalt für ihn selbst abzuklären.

Die Bilder einiger Klienten schienen mit ihrem allgemeinen Fortschritt in der Behandlung zusammenzuhängen. Ein männlicher Teilnehmer deckte sein Blatt Papier mit den Farben rot und gelb ab; dann umgab er es mit einem formlosen blauen Bereich, den er später als sein Gehirn beschrieb. Er brachte dies mit der Tatsache in Verbindung, daß er begann, seinem Intellekt zu mißtrauen. Der Therapeut interpretierte dies (im Zusammenhang mit anderen Mitarbeitern) als seine zuvor geheimen Wünsche, die eine Störung seines inneren Gleichgewichtes ausgelöst hatten, und er wertete dieses Bild als hoffnungsvolles Zeichen dafür, daß allmählich eine Änderung seiner Einstellung einsetzte.

Die übergreifende Wirkung auf die Gruppe hatte darin bestanden, daß man auf indirekte Weise über persönliche Angelegenheiten gesprochen hatte, und daß zu religiösen Themen inspiriert worden war, die sonst selten in Institutionen diskutiert werden. Die Mitarbeiter der Abteilung zeigten sich über das Spektrum und die Tiefgründigkeit der Gruppe beeindruckt; die Klienten hatten positiv eingeschätzt, daß sie ihre Erfahrungen miteinander teilen konnten, und sie zeigten großes Interesse an thematisch strukturierten Sitzungen in der Kunsttherapie.

In der soeben beschriebenen Gruppe sind sämtliche Bilder persönlicher Natur: sie führen zu Möglichkeiten des selbsterfahrenden Lernens. Gemeinsam durchlebte Erfahrungen erleichtern diesen Vorgang, und der Therapeut spielt eine führende Rolle bei der Diskussionsleitung, da es sich um eine neu konstituierte Gruppe handelt. Der nun folgende Bericht betrifft eine bereits etablierte Gruppe, die schon einen Modus der Zusammenarbeit gefunden hat.

Eine fest etablierte Frauengruppe in einer Tagesklinik

Diese Sitzung bildete den Bestandteil einer Serie von acht geschlossener Sitzungen, nach der sich die Gruppe für die folgende Serie neu formieren sollte. Mitglieder waren sechs Frauen und zwei Therapeuten, darunter auch die Kunsttherapeutin Karen. Die Frauen wurden von einer ambulanten Klinik überwiesen, da eine gewisse Wahrscheinlichkeit dafür bestand, daß sie von der Gruppe profitieren würden. Diese Frauen hatten Probleme mit Depressionen, mit einer geringen Selbsteinschätzung, mit einer bevorstehenden Scheidung, einem gewalttätigen Ehemann usw. Es wurde von verschiedenen Techniken Gebrauch gemacht, u.a. vom Psychodrama, dem Rollenspiel und der Gestalttherapie in Verbindung mit Kunsttherapie, was etwa jede dritte Sitzung einnahm. Das Körperzeichen, Kindheitserinnerungen und Listen von »männlichen« und »weiblichen« Eigenschaften waren Bestandteil der vorangegangenen Sitzungen dieser Gruppe gewesen. Die nachfolgend beschriebene Sitzung war die vorletzte aus der Serie, und mehrere Frauen, die seit etwa sieben Monaten teilgenommen hatten, waren im Begriff, die Gruppe zu verlassen. In dieser Kerngruppe hatte sich ein sehr enges Verhältnis der Mitglieder untereinander entwickelt.

Vor der Sitzung hatte Karen Farben ausgegeben und ein riesiges Stück Papier ausgebreitet, das den Boden des großen Raumes bedeckte. Sie führte ein Thema ein, indem sie die Gruppe bat, sich vorzustellen, daß sie ein Raumschiff beträte, das auf einem weit entfernten Planeten landete und so der Gruppe die Möglichkeit böte, einen neuen Anfang zu machen und sich von Grund auf eine neue Umgebung selbst zu gestalten (eine offensichtliche Parallele zum Ende der Gruppe und zu dem Neubeginn, den all ihre Mitglieder machen müßten).

Karen fragte, ob die Gruppe das gemeinsame Projekt planen wolle, aber sie erhielt keine Antwort, da scheinbar niemand wußte, wie er anfangen sollte. Dann schlug sie vor, daß jeder zunächst an seine Grundbedürfnisse denken solle. Dieser Hinweis löste sofort Ideen aus und alle Frauen malten einzelne Häuser als Ausgangspunkt für alle weiteren Aktivitäten. Für die meisten von ihnen stellte das Haus ihr Leben außerhalb der Klinik dar. Die Häuser, die sie zeichneten, zeigten in mancherlei Hinsicht die Fortschritte, die sie in der Gruppe während der vergangenen Monate gemacht hatten.

Eine Frau, die einen gewalttätigen Ehemann hatte, saß anfangs nur weinend in der Gruppe. Sie malte ihr Haus mit Obst und Gemüse und einem Fahrrad vor der Tür, Dinge, von denen sie glaubte, daß die Menschen sie benötigen würden, und das Haus wirkte einladend und freundlich. Sie hatte im Verlauf der Gruppenarbeit festgestellt, daß sie eine sehr vorsorgende Person war, und sie stand im Begriff, in eine eigene Wohnung zu ziehen, um sich so besser entfalten zu können.

Eine andere Teilnehmerin zeichnete ein Baumhaus, das auf den Wunsch nach Unabhängigkeit und Abgeschiedenheit ohne Forderung an die Umwelt hindeutete. Die Gruppe zeigte sich ein wenig besorgt, daß es nicht einmal eine Leiter oder ein Seil gab, so daß man sie hätte besuchen können, aber sie blieb unerbittlich bei ihrer Darstellung, daß sie das Haus so und nicht anders wünschte.

Die über das Ende der Gruppe am meisten betroffene Teilnehmerin plazierte sich selbst in einer Ecke und sie stellte die Verbindung zur Außenwelt mit Hilfe eines Telefons her. Sie brachte schließlich auch ihre ganze Familie mit, während die meisten anderen Frauen nur ihre Kinder, nicht aber ihre Ehemänner mitgebracht hatten.

Andere zeichneten sehr konventionelle Häuser, aber alle brachten ihr Interesse an der Zeichnung eines Zigeunerwohnwagens mit zum Verkauf ausliegenden Waren zum Ausdruck, das eine Schwester gemalt hatte. Sie hatten sich eine solche nomadenhafte Existenz als mögliche Lebensform für sich selbst nicht einmal vorstellen können und bewunderten ihren Mut.

Als die einzelnen Häuser fertiggestellt waren, schufen die Frauen Wege von einem Haus zum anderen, um die Kommunikation zu eröffnen; sie malten auch einen Gemeinschaftsspielplatz (für ihre Kinder, nicht für sich selbst). In der Zwischenzeit zeichnete Karen ein Kommunikationszentrum, in dem alle sich treffen konnten, wobei sie sich als Organisatorin verstand, die die Menschen zusammenführte, während sie weiter an ihren Problemen teilhatte.

Es war eine sehr angenehme Gruppe, bei der die Frauen ohne Schwierigkeiten zusammenarbeiteten und den zur Verfügung stehenden Raum unter sich aufteilten. Die Hauptthemen, die sich ergaben, waren die Beendigung der Gruppe und die Unabhängigkeit, die mehrere Frauen verspürten, als sie sich auf die Wiederaufnahme einer normalen Lebensführung vorbereiteten.

Die beiden vorangegangenen Beschreibungen betreffen Klientengruppen mit klar definierten Problemen, die sich in einem Zentrum einfinden, um an regelmäßigen therapeutischen Sitzungen teilzunehmen. Es gibt jedoch zahlreiche Menschen, die einfach an neuen Lernerfahrungen hinsichtlich ihrer eigenen Person und mit anderen Menschen interessiert sind. Der nun folgende Bericht handelt von einem eintägigen Workshop für eine Gruppe von Studenten und Familien ohne vorherige Erfahrung mit Kunsttherapie (im übrigen würden sie wahrscheinlich nicht einmal das Wort »Therapie« dafür benutzen).

Eintägiger Workshop mit einer Gemeindegruppe

Es handelte sich um einen Workshop, den ich auf Bitten einer Kollegin leitete und der sich hauptsächlich für Studenten kurz nach ihrem Abschlußexamen und für Familien mit deren Kindern, die zur Kirchengemeinde gehörten, eignen sollte. Es gab einige Leute, die den ganzen Tag über bleiben würden; andere konnten nur am Vor- oder Nachmittag teilnehmen.

Anfangs waren zehn Personen zugegen, achtzehn gegen Mittag, darunter drei Kinder. Viele verließen den Workshop um die Mittagszeit, und eine Familie mit sehr kleinen Kindern ersetzte eine andere Familie. Einige waren einander nicht unbekannt, was der Gruppe ein gewisses Grundvertrauen verlieh.

Mancher Therapeut hätte sich über die Unbeständigkeit und die Heterogenität der Gruppe entsetzt gezeigt, aber die Arbeit im weiteren Bereich der Gemeinde ist zwangsläufig recht schwer vorstrukturierbar, wenn all jene teilnehmen sollen, die gern kommen möchten. Es ist wichtig, bei einer eintägigen Veranstaltung ohne Fortsetzung die Anforderungen relativ niedrig zu halten und sich klarzumachen, daß die meisten Leute weniger deshalb kommen, weil sie sich in ernsthafter persönlicher Therapie engagieren wollen, sondern vielmehr, weil sie für eine Sache interessiert und stimuliert werden möchten. Es ist gut, wenn die Teilnehmer einige anregende Denkanstöße mit nach Hause nehmen; weniger gut ist es dagegen, wenn die Teilnehmer nach einer solchen Sitzung festgestellt haben, daß sie ein großes Problem haben, aber keine Unterstützung erwarten können, um es zu lösen.

Daher erklärte ich bei meinen einführenden Bemerkungen, daß der Workshop Gelegenheit bieten sollte, Kunst als Mittel zur Kommunikation, zur Kreativität und zur Unterhaltung einzusetzen, wobei keinerlei vorherige Erfahrung vonnöten sei. Jeder Teilnehmer sollte nach eigenem Gutdünken an jedem beliebigen Punkt entscheiden, ob er sich beteiligen wolle oder nicht, und ein jeder konnte selbst den Umfang seines Engagements festlegen. Die Gruppe traf sich in einem großen, mit Teppichen belegten Raum, auf dem meine Kollegin Zeitungen ausgebreitet hatte. Sie hatte aus Gründen der Zeitersparnis vorher Farbpuder gemischt und wir führten die meisten Übungen mit diesen Farben durch. Eine Zusammenfassung des eintägigen Programms läßt sich wie folgt darstellen:

(1) Einführungsphase. Name und Darstellung eines persönliches Interessengebietes außerhalb der hauptberuflichen Betätigung, sowie Erwartungen im Zusammenhang mit dem Workshop.

(2) Bilder herumreichen. Jeder versah sein Blatt Papier mit einer Nummer, und fing mit seinem eigenen Blatt an. Jeweils nach einer Minute wurde das Blatt weitergereicht und man wirkte am nächsten Blatt mit, bis jeder sein eigenes wiederhatte. Den Teilnehmern gefiel diese Übung, da sie sehr zum Abbau von Hemmschwellen beitrug.

(3) Gespräch in Farben mit einem Partner. Alle fanden dies sehr interessant und unterhaltsam. Während des Mittagessens kam man gesprächsweise

immer wieder darauf zurück, daß diese Phase sehr wirkungsvoll gewesen sei.

(4) Male dich selbst als eine Art Lebensmittel, dann geselle dich zu einem anderen Lebensmittel, das gut dazu paßt; unterhalte dich, als seist du dieses Lebensmittel. – Die vorherige Übung war den Teilnehmern noch gegenwärtig, denn sie vermuteten, daß jede Art der Unterhaltung von nun an ausschließlich mit Farbe geführt werden sollte. Es schien eine gute Überleitung zum Mittagessen darzustellen.

(5) Gemeinsames Mittagessen, eine Etage höher in einem anderen Raum.

(6) Gruppengeschichte. Auf einem langen Blatt Papier gestaltete die Gruppe gemeinsam schweigend eine Geschichte. Wir hatten uns zuvor hinsichtlich des Anfangspunktes auf dem Papier und der Oberkante geeinigt. Einige Teilnehmer arbeiteten an ein und derselben Stelle auf dem Papier, einige wechselten den Platz; sie hatten dabei natürlich all die Aspekte der Beiträge anderer Teilnehmer in dem Maße zu berücksichtigen, indem das Werk Form annahm. Als es fertig war, bat ich die Teilnehmer, eine Geschichte über den Inhalt des Bildes zu schreiben, danach lasen wir diese Geschichte vor. Es ergaben sich aus dieser Aktivität einige erstaunliche Geschichten und die gemeinsame Erfahrung war durchaus tiefgreifend. (Es besteht die Möglichkeit zu einer endlosen Erforschung dieser Geschichten, aber in einer Gruppe dieser Art schien es mir das beste zu sein, daß jeder einfach den Geschichten der anderen lauschte und sie wie vorgetragen annahm.)

(7) Gruppencollage. Dies war von der Konzeption her eine abrundende Erfahrung zur Ergebnissicherung des Tages. Einige Teilnehmer mußten früher gehen und ließen die verbleibenden mit einem übergroßen, vorbereiteten Bogen Papier und mit zu wenig Energie, nach der letzten Übung noch viel Produktives zu leisten, zurück.

Diejenigen, die den ganzen Tag dabeigeblieben waren, hatten gemeinsame Erfahrungen gemacht und den Workshop als interessant und unterhaltsam empfunden. Sie waren jedoch überrascht, nach einem scheinbar entspannenden Tag so erschöpft zu sein. Ich legte nahe, daß sie vielleicht von einigen Bestandteilen ihres Ich Gebrauch gemacht hatten, die sie normalerweise nicht aktivierten.

Ich möchte meinen Beitrag mit kurzen Berichten darüber abschließen, wie künstlerische Techniken in drei verschiedenen Gruppen zu Erfahrungen führten, die wertvolle Einsichten in die Interaktion dieser Gruppen boten.

Malen in einer Gruppe in einem Tageszentrum für frühere Straftäter

Es handelte sich um eine Gruppe, bestehend aus vier jungen Männern. Ich bat sie, mit einer Kritzelei in einem jeweils eigenen Bereich auf einem großen Blatt

Papier zu beginnen und dann diese Bereiche mit einer begrenzten Auswahl an Ölpastellfarben auszufüllen.

Alles ging gut, bis ein Teilnehmer damit begann, schnell und unbeholfen in die Bereiche der anderen zu dringen. Nun spitzte sich die Zerstörung bis zu dem Punkt zu, in dem sie durch eine pilzförmige Wolke symbolisiert wurde. Sie hatten deutlich die Erfahrung einer Gelegenheit zur legitimen Destruktion gemacht und trugen das Bild in den Gesellschaftsraum, um es dort für alle sichtbar an die Wand zu hängen; es blieb Gesprächsthema für den verbleibenden Rest des Tages.

Malen in einer Gruppe während einer Friedenskonferenz

Das Thema dieser halbtägigen Veranstaltung lautete »Konflikt und Konfliktlösung«; die Malgruppe hatte 12 Mitglieder, hauptsächlich junge Erwachsene und Erwachsene mittleren Alters. Ich bat sie, unter Verwendung von Puderfarben etwas zu malen, das sie selbst in einem eigenen Bereich rund um den Rand eines großen Bogens Papier darstellte, sich sodann in Richtung auf ihre Nachbarn und die Mitte zu bewegen, wobei sie möglicherweise entstehende Konflikte eher mit Farbe denn mit Worten lösen sollten.

Kaum hatte ich die Einführung beendet, da stürzte sich schon ein Mann in die Arbeit am Bild, indem er einen dicken schwarzen Strich zog, um »seinen« Bereich abzustecken. Dieses Verhalten provozierte Feindseligkeit auf Seiten anderer Teilnehmer, die gegen diese Barrieren Einwände erhoben, was zu einem örtlich ausgetragenen »Guerillakrieg« in einer Ecke führte.

Für eine Gruppe, die sich pazifistischen Lösungen von Weltproblemen verpflichtet hatte, stellte das Durcheinander, das sie erzeugt hatte, einen enormen Schock dar. Es führte jedoch zu einer fruchtbaren Diskussion über den Charakter von Grenzen und über die Frage, ob solche Grenzen klar und fest umrissen oder offen und überwindbar sein sollten. Man betrachtete das Bild in seiner Gesamtheit und erkannte, wie jeweils die Botschaften der anderen mißverstanden worden waren.

Eine verbale, paarweise erfolgende Unterhaltung während eines kunsttherapeutischen Lehrgangs

Diese Sitzung war Bestandteil einer wöchentlich durchgeführten Workshopserie für Studenten der Kunsttherapie, von denen man erwartete, daß sie viele der Techniken, die sie später selbst anwenden würden, zunächst am eigenen Leibe

Abbildung 11.1 Das Photo zeigt die allgemeine Arbeitsatmosphäre in einer Gruppe. Es wurde von Maurice Benington aufgenommen, der an dem Gruppenmalen während der Friedenskonferenz teilnahm.

erfahren sollten. An der Gruppe nahmen zwölf fertig ausgebildete Studenten teil.

Nach einer Aufwärmphase bat der Therapeut jedes Gruppenmitglied, eine Farbe (Öl- bzw. Pastellfarbe oder Kreide) zu wählen, die sich von derjenigen unterschied, die jeweils der Partner benutzte. Jedes Paar sollte einen nonverbalen Dialog auf dem gemeinsamen Papier führen, wobei jeder seine eigene Linie dort weiterverfolgen sollte, wo er aufgehört hatte, und zwar im deutlichen Bewußtsein von Gefühlen, die sich in der Reaktion auf das, was vor sich ging, ergaben. Wie bei einer normalen Unterhaltung sollte auch diese ein natürliches Ende finden. Diese »Unterhaltungen« dauerten nur etwa zehn Minuten, dann diskutierte jedes Paar darüber, was geschehen war, und spürte dem Ablauf der Interaktion nach. Einige Paare hatten einander korrekt interpretiert, andere hatten »freundlich« gemeinte Gesten als zudringlich empfunden und dann in unangemessener Weise reagiert.

Abschließend wurden die Ergebnisse in der großen Gruppe gemeinsam gewürdigt und die verschiedenen Kommunikationsmuster notiert. Einige Gespräche waren ereignislos geblieben, einige waren zu ärgerlichen Konfrontationen ausgeartet, andere hatten rituellen Tänzen geglichen oder waren nach dem Muster »folge dem Führer« abgelaufen. Die Studenten stellten hinsichtlich ihrer persönlichen Verhaltensmuster Überlegungen an und befanden sich noch einige Tage später in einem Denkprozeß über die Implikationen ihrer neuen Erfahrungen.

In der großen Kraft dieser interaktiven Bilder liegt ihr Potential für die Widerspiegelung der Gruppe auf so fühlbare Weise, daß sie nach dem Ereignis genauer untersucht und diskutiert werden und daher für Einsichten und Lernprozesse verwandt werden können. Diese können leicht »aus der Hand gleiten«, wenn interpersonelle Probleme innerhalb der Gruppe erkundet werden; aber es ist wichtig, daß aus der Erfahrung gewisse Lernergebnisse bei den einzelnen Teilnehmern, aber auch bei der Gruppe als Ganzes erreicht werden.

Schlußbemerkung

Ich hoffe, daß diese Berichte über bestimmte kunsttherapeutische Gruppen Hinweise auf die Vielfalt von Erfahrungen zulassen, die in solchen Gruppen möglich sind, obwohl allgemein anerkannt ist, daß es keinen Ersatz für die tatsächliche Erfahrung von Gruppeninteraktion gibt.

Die Verwendung von kunsttherapeutischen Spielen und strukturierten Aktivitäten setzt Sachkenntnis im Bereich der Kunsttherapie, in der Gruppenarbeit und bei Spielen voraus und es bleibt der Verantwortung des Therapeuten überlassen, jeweils die richtige Auswahl für die besondere Gruppe und den besonderen Kontext zu treffen und mit der Gruppe zu lernen.

Es ist noch viel Forschungsarbeit im Hinblick auf kunsttherapeutische Gruppen verschiedener Art und ihre Effektivität in therapeutischem Sinne zu leisten. Trotzdem hoffe ich aufgezeigt zu haben, daß sie einen Zusammenhang liefern können, in dem Aspekte sozialen und persönlichen Verhaltens untersucht werden können, die für jedermann von Interesse sind, sowohl in therapeutischen Einrichtungen als auch im weiter abgesteckten Bezugsrahmen der Gemeindearbeit und der therapeutischen Wohngemeinschaften.

Literatur

Brandes, D. und Phillips, H. (1979) *Gamesters Handbook.* London: Hutchinson.

Brown, A. (1979) *Groupwork.* London: Heinemann.

Butler, L. and Allison, L. (1978) *Games, Games.* London: Playspace.

Culbert, S. A. (1967) *The Interpersonal Process of Self-Disclosure: It Takes Two to See One.* Explorations in Applied Behavioral Science no. 3. New York: Renaissance Editions.

Denny, J. (1975) Techniques for Individual and Group Art Therapy. In E. Ulman und P. Dachinger (Hg.) *Art Therapy in Theory and Practice.* New York: Schocken.

Douglas, T. (1981) *Wie man mit Gruppen arbeitet. Eine Einführung.* 2. Aufl. Freiburg: Lambertus.

Flügelmann, A. (1985) *Die neuen Spiele 2.* 5. Aufl. Pittenhart: Ahorn.

Höper, C./Kutzleb, U./Stobbe, A./Weber, B. (1984) *Die spielende Gruppe.* 10. Aufl. Wuppertal/München: Jugenddienst/J. Pfeiffer.

Huizinga, J. (1956) *Homo Ludens. Vom Ursprung der Kultur im Spiel.* Reinbek: Rowohlt.

Lewis, H. und Streitfeld, H. (1970) *Growth Games.* London: Souvenir Press.

Liebmann, M. (1979) »A Study of Structured Art Therapy Groups«. Birmingham Polytechnic.

– (1981) The Many Purposes of Art Therapy. *Inscape* 5(1): 26–8.

– (1982) *Art Games and Structures for Groups.* Bristol: Bristol Art Therapy Group.

McNeilly, G. (1984) Directive and Non-Directive Approaches in Art Therapy. *Journal of Group Analysis.*

Orlick, T. (1982) *The Co-operative Sports and Games Book.* London: Writers and Readers Publishing Co-operative.

12

Kunsttherapie mit Langzeitinsassen von psychiatrischen Kliniken

Suzanne Charlton

Langzeitinsassen

Eine Abteilung für Kunsttherapie kann für die Verbesserung der Lebensqualität von Menschen, die in großen psychiatrischen Kliniken leben, eine einmalige Rolle spielen. Dieses Kapitel hofft, relevante Aspekte für die Arbeit mit Langzeitinsassen vermitteln zu können; es leitet sich aus der Praxis am Glenside Hospital in Bristol und aus der Kenntnis etablierter Abteilungen im Südwesten Englands her. Vor der Diskussion des besonderen Beitrags der Kunsttherapie ist es notwendig, den Hintergrund und das alltägliche Leben dieser Menschen zumindest ansatzweise zu verstehen.

Die Klienten haben in der Mehrzahl ihr Leben weitgehend auf überfüllten Stationen verbracht, wo die Grundbedürfnisse nach Nahrung, Kleidung und Schutz erfüllt worden sind, wo sie ein außergewöhnliches Spektrum an »Behandlungen« erfahren haben, aber das Leben in kultureller Hinsicht verarmt ist. Gegenwärtige Trends in der therapeutischen Praxis zielen darauf ab, Änderungen dieser beklagenswerten Situation herbeizuführen, indem sie eine Vielzahl von Aktivitäten anbieten und einen weniger eingeschränkten Lebenswandel in der Klinik entwickeln. Die meisten der länger verweilenden Bewohner haben jedoch jahrelange Erfahrungen mit institutioneller Fürsorge, sie sind von der Kultur der Außenwelt isoliert worden und sie wissen nicht, wie sie mit den Formen des kulturellen Austausches umgehen sollen, die mit dem täglichen Leben einhergehen. Sie verbringen ihre Zeit nach wie vor damit, die Korridore der hinteren Stationen auf- und abzuschreiten, und wenn sie das Krankenhaus verlassen, um auf öffentliche Straßen und in Einkaufszentren vorzustoßen, so werden sie durch ihr merkwürdiges Verhalten, durch ihre schlechtsitzende Kleidung, durch ihr Gemurmel und ihre Aura von Isolation sogleich stigmatisiert. Ist es überraschend, daß sich unter diesen Bedingungen viele ein reiches Innenleben bewahrt haben, eine persönliche Kultur, durch die sie eine Wirklichkeit neu strukturiert haben, die ihnen selbst einen bedeutsamen Platz zuweist?

Es gibt über 70.000 Langzeitinsassen von psychiatrischen Kliniken allein in England (DHSS 1978). Die meisten wurden wegen psychotischer Störungen aufgenommen, andere aus Gründen, die rückblickend als soziale Dissidenz beschrieben worden sind. Die Mehrzahl dieser Menschen gehören der Arbeiterklasse an, und es sind mehr Frauen als Männer betroffen. Die Symptome zeigen sich in weitgehend voneinander verschiedenen Kombinationen und mit unterschiedlicher Intensität; dazu zählen tiefgehende Störungen oder Verzerrungen des Fühlens, des Denkens, der Wahrnehmung und des Verhaltens, die zu einer Art Rückzug von der Außenwelt führen. Etwa zwei Drittel dieser Menschen wird gegenwärtig als chronisch schizonphren diagnostiziert, aber die Mehrzahl dieser Leute hat zusätzlich Probleme, die aus ausgedehnten Aufenthalten in Kliniken erwachsen sind. Diese Probleme können sich auf die Gesamtkonstitution ebenso schwächend auswirken wie die Störungen, die ursprünglich zur Einweisung geführt haben. Die Hospitalisierung zeigt sich auf vielerlei Weise: durch ein geringes Selbstwertgefühl, Angst vor Versagen, zwanghaft wiederholtes und offensichtlich sinnloses Verhalten, große Unsicherheit sowie durch Kommunikationsschwierigkeiten. Diese Merkmale, die traditionell als Symptome der Geistesgestörtheit angesehen worden sind, können auch als Anpassungsmechanismen verstanden werden, die das Überleben in einem autoritären System sichern. Goodwin stellt fest:

»Nachdem die Patienten ein halbes Leben lang als ebenso krank wie hilflos behandelt worden sind und man ihnen ihre Unfähigkeit, sich auf gesellschaftlich akzeptable Weise zu verhalten, bescheinigt hat, können sie zu dem Schluß gelangen, daß sie in der Tat hilflos sind und keinerlei Verantwortung für ihre Taten tragen, daß sie nicht zur Veränderung irgendwelcher Zu- oder Mißstände taugen und als Versager in allem, was sie tun, zu gelten haben.« (Goodwin 1978:3-9)

Jeder therapeutische Ansatz muß die Rechte der Bewohner und die besonderen Bedürfnisse eines jeden Individuums berücksichtigen. Viele Anstalten untergliedern die Langzeitinsassen in drei Gruppen, und jede dieser Gruppen hat ihre eigenen Bedürfnisse. Die drei Gruppen werden als »Rehabilitationsgruppe«, als chronische oder stationäre Gruppe und als »psycho-geriatrische« Gruppe bzw. als Gruppe für ältere Menschen beschrieben. Die Rehabilitationsgruppe setzt sich aus Patienten mit verkürzter Verweildauer zusammen, bei denen die Hoffnung besteht, daß schließlich doch eine Reintegration in das öffentliche Leben erfolgen kann. Die Bedürfnisse dieser Gruppe bestehen in der Rückgewinnung eines realistischen Selbstbildes und in der Erlangung sozialer Fähigkeiten. Für die stationäre Gruppe besteht wenig Hoffnung auf eine Rückkehr in eine Gesellschaft, in der viele vor der Einweisung nur eine sehr schwache Position eingenommen hatten. Ihre Bedürfnisse umfassen die persönliche Aufwertung sowie eine Verbesserung ihrer Stellung in der Anstaltsgemeinschaft, die zu ihrem »Zuhause« geworden ist. Bei der Gruppe der älteren Menschen stellen sich zusätzlich Probleme des altersbedingten Schwachsinns, physischer Leiden und der Immobilität ein. Die Hauptziele der Therapie bestehen darin, der rapiden Verschlechterung Einhalt zu gebieten und eine bessere Lebensqualität auf den Stationen zu entwickeln. Es gibt bei vielen dieser Menschen Rehabilitationsversuche, aber das Fehlen angemessener Unterbringungsmöglichkeiten und Unterstützungsleistungen außerhalb der Klinik führt zu einer Beschränkung der Anzahl von Patienten, die entlassen werden könnten. Unglücklicherweise ist es realistisch zu erwarten, daß die Mehrzahl der Bewohner ihr weiteres Leben in der Fürsorge einer solchen Einrichtung verbringen wird.

Fügt sich der Bewohner unter diesen Umständen resignierend in die »Patientenrolle«, so kann ein Teufelskreis der Abhängigkeit entstehen: je mehr er als unfähig behandelt wird, um so passiver wird er. Der Kunsttherapeut zielt darauf ab, dieses Schema zu durchbrechen, indem er dem Bewohner hilft, Mittel zur Selbstdarstellung zu entwickeln und eine gewisse Unabhängigkeit im Rahmen der im Krankenhaus vorgefundenen Bedingungen zu pflegen. Die Kunsttherapie will eine Veränderung derjenigen Umstände bewirken, die zu einer so großen Abhängigkeit der Bewohner führen, indem sie neue Handlungsspielräume eröffnet. Sie kann dazu beitragen, daß sich die Bewohner auf ihre positiven Fähigkeiten und ihre Möglichkeiten, Verantwortung für ihr eigenes Leben zu tragen, konzentrieren. Der Kunstraum bietet eine Umgebung, in der die Bewohner Vertrauen erfahren können, in der sie mit verschiedenen Verhaltensformen experimentieren können, in der sie üben können, zwischen verschiedenen Dingen zu wählen, und in der sie ein Gefühl von Kompetenz empfinden können. Bei der Arbeit mit dieser Gruppe von Bewohnern haben künstlerische Aktivitäten einige Vorteile gegenüber anderen Methoden, und zwar insofern, als die kreative Betätigung sich aus dem Erfindungsgeist des Bewohners selbst und dem Niveau seiner Fähigkeiten herleitet. Donnelly bemerkt dazu:

»Es bestehen klar definierte Grenzen für erfolgreiches oder erfolgloses Verhalten bei vielen anderen Aktivitäten, an denen der Patient teilnimmt. Bei der Herstellung von Bildern kann der Klient oft auf seinem eigenen Niveau beginnen, wobei ihm nur sehr wenige Beschränkungen oder Direktiven hinsichtlich des Gegenstands seiner Arbeit oder der Art und Weise der Durchführung auferlegt werden. Ich sehe in der Tatsache, daß wir nicht dazu in der Lage sind, unsere Werte oder Verhaltensnormen auf den Klienten zu übertragen, um anschließend zur Hilfeleistung fähig zu sein, den entscheidenden Vorteil des Bildermalens. Vielmehr ermöglicht uns diese Tätigkeit, daß wir uns mit dem Klienten dort zusammenfinden, wo er gerade ist, nicht aber da, wo wir ihn gern hätten!« (Donnelly 1983)

Die Kunsttherapie unterscheidet sich von vielen anderen Aktivitäten insofern, als sie nicht »produktorientiert« ist; das heißt, daß nicht in erster Linie Interesse an technischen Fertigkeiten, sondern an Wahrnehmungsweisen, an Formen der Zusammenarbeit, an verschiedenen Interpretationen und den damit verbundenen Konstruktionsmustern besteht — das »Endprodukt« ist für die Reflexion oder Beleuchtung dieser Aspekte von Nutzen. Grundlegend für die meisten Therapien sind die Prinzipien eines besseren Verständnisses der eigenen Person sowie der persönlichen Situation. Da diese Gruppe im allgemeinen der Sprache nur unzureichend oder auf unkonventionelle Weise mächtig ist, und da sie ihr Wissen im allgemeinen nicht auf intellektuelle Rationalisierungen gründet, kann das Malen ein höchst angemessenes Medium darstellen, da es ein präverbales Kommunikationssystem und als solches grundlegender und direkter ist. Dem Kunsttherapeuten liegt daran, auf dieser Ebene Kontakte zu knüpfen. Man hat herausgefunden, daß obskure, verbal vermittelte Therapien die Bewohner einschüchtern und verwirren können, so daß sie im allgemeinen die Teilnahme verweigern.

Viele Insassen haben die Verbindung zu ihrer Gefühlswelt verloren; ihre Erfahrungen haben bewirkt, daß sie sich selbst auf eine stilisierte und oft mehrdeutige Weise projizieren, die für sie eigentümlich ist. Das Malen und Zeichnen, die Verwendung von Formen, Farben und Symbolen können mächtige Kommunikationsträger sein, und sie können eine direktere Verbindung mit dem Zustand des Einzelnen herstellen.

Therapeutische Ziele

Ermutigung zu einem positiven Selbstbild

Wenn die »Krankheit« oder der Hospitalisierungsprozeß dazu geführt haben, daß die Bewohner ihre Einstellung der eigenen Person gegenüber veränderten, so besteht eines der Ziele der Kunsttherapie in der Herausforderung dieser negativen Selbstbilder, indem hervorgehoben wird, daß der Patient über gewisse Fähigkeiten verfügt. Ein Bild ist eine greifbare Leistung und es tritt den Beweis für organisatorische Fähigkeiten, für manuelle Fertigkeiten, Phantasie und Motivation an – also für jene Eigenschaften, die zu seiner Schaffung erforderlich sind. Bilder geben Aspekte der Persönlichkeit des Malenden wieder und eine Serie von Bildern kann eine visuelle Aufzeichnung der Veränderung darstellen. Die Patienten können ein Gefühl der persönlichen Aufwertung empfinden, wenn ihre Arbeit mit ernsthaftem Interesse und Verständnis aufgenommen wird.

Zwischen Vertrauen und Fähigkeit besteht eine enge Verbindung dergestalt, daß die Entwicklung der einen Komponente die Ausbildung der anderen fördern kann. Vertrauen kann sich aus der Anerkennung von Fähigkeiten ableiten, während die Kompetenz des Bewohners in einem engeren Zusammenhang mit seiner Vertrautheit im Umgang mit den Kunstmaterialien steht. Obwohl der »spontane kreative Ausdruck« im allgemeinen hoch im Kurs steht, wird ein geringes Vertrauensniveau die Spontaneität beeinträchtigen. Viele Mitglieder dieser Klientengruppe tendieren dazu, mit Gleichgültigkeit, Unterwürfigkeit oder Vorsicht zu reagieren; daher ist die Beziehung zwischen Bewohner und Therapeut wichtig, damit Unterstützung und Ermutigung vermittelt werden, die erforderlich sind, wenn die ersten Schritte in Richtung auf das Bildermalen gewagt werden sollen. Bewohner, die sagen: »Ich kann das nicht« sind vielleicht auf der Suche nach Bestätigung, während andere möglicherweise wochenlang warten, bevor sie einen Versuch zur aktiven Teilnahme unternehmen. Nach solch anfänglichem Widerstand finden viele beträchtlichen Lohn in künstlerischen Aktivitäten, die dazu führen, daß sie immer wieder kommen.

Diese Tatsache läßt sich am Beispiel von Joan zeigen, einer Endsechzigerin, die als Mittzwanzigerin in einer Klinik untergebracht worden war, seitdem dort lebte und die Abteilung für Kunsttherapie seit mehreren Monaten täglich aufsuchte. Sie saß immer am selben Platz und arbeitete grundsätzlich an ihrer Strickerei, ruhig und auf zurückhaltende Weise, wobei sie zu den anderen Bewohnern nie Kontakt aufnahm. Sie reagierte mit steifer Höflichkeit auf freundliche Vorschläge, aber sie gestattete mir, daß ich mich für etwa zehn Minuten täglich zu ihr setzte, um mit ihr zu plaudern. Sie pflegte mir über   ihre Strickarbeit zu berichten – sie strickte immer an einem Schal – und sie sprach davon, weil ihre Arbeit jeden Tag von den Angestellten aufgetrennt wurde, da sie nie gut genug war. Wenn ich auch nur das Wort »Zeichnen« erwähnte, pflegte sie bestürzt aufzublicken; sie sagte dann: »Oh, nein, ich kann das nicht, meine Liebe«, packte ihr Strickzeug zusammen und ging. Ich fing an, ein kleines Sortiment von Bildern und Schablonen auf ihrem Tisch zu arrangieren, in der Hoffnung, daß sie sich eines Tages von einem dieser Gegenstände angezogen fühlen möge. Dies setzte ich einige Wochen lang fort, bis der Morgen kam, an dem Joan eine kleine Blumenschablone nahm. Als ich erklärte, daß sie den Umriß der Blume mit Hilfe der Schablone zeichnen könne, antwortete sie diesmal mit »Ja, in Ordnung, meine Liebe!« Sie nahm einen Bleistift und ein Lineal und konstruierte einen Blumensaum um den Rand des Papiers herum.

Joan wurde für dieses Bild sehr gelobt und im Verlaufe der folgenden Woche stellte sie viele Bilder her. Sie waren alle gleich. Ausgangs- und Endpunkt sämtlicher Bilder waren miteinander auf dem Papier identisch, und sie waren alle mit Bleistift abgetönt. Es war klar, daß Joan jenes erste Bild, das ich gelobt hatte, methodisch reproduzierte. Da sie nun glücklich zu sein schien, wenn ich mich längere Zeit mit ihr beschäftigte, machte ich ihr weitere Medien zugänglich, also etwa bunte Kreide und Farben, die sie ausprobieren konnte, wenn sie wollte. Als sie Wachsmalkreide wählte, wurden die Blumen auf dem Papier größer und aus freier Hand gezeichnet. Sie sagte mir, daß sie Blumen liebe, und daß sie sie in ihrem Beruf als Putzmacherin vor ihrer Ehe zum Schmuck von Hüten verwendet habe. Sie begann, mir sehr viel über ihr Leben zu erzählen. Joan fand die Schablone eines Pferdes und malte zwei Pferde, ein braunes und ein schwarzweißes. Dann malte sie Felder, Blumen, Bäume und einen Himmel hinein. Ihre Bilder bedeckten nun die ganze Seite, die Bildersprache war gegenständlich und gehaltvoll. Sie sprach über ihre Kindheit, über sich und ihre Schwester bei einem Besuch ihrer Tante auf dem Bauernhof. Joan trat als Person in Erscheinung. Es entwickelten sich Kontakte zu anderen im Kunstraum, wenn auch auf unverbindlich-höflichem Nievau, und sie stand noch immer unvermittelt auf und ging, wenn sie das Gefühl hatte, daß es ihr reiche.

Nach diesem Zeitraum der Rückerinnerung und der Rückforderung ihrer Identität, wie sie sich vor ihrer Einweisung darstellte, entwickelte sich Joan so, daß sie eine aktive Rolle im Kunstraum übernahm. Sie bat darum, den anderen Bewohnern Tee bringen und die Pflanzen begießen zu dürfen; ihre Malerei entwickelte sich dabei weiterhin positiv. Sie begann, Gegenstände im Raum zu zeichnen, die sie plastisch darstellte. Von ihrer anfänglichen, etwas faden Arbeitsweise nach Vorlagen hatte sie sich zu kühner und ausdrucksstarker Bildhaftigkeit weiterentwickelt. Für uns im Kunstraum war die Veränderung damit zusammengefallen, daß Joan als vollständige Persönlichkeit zutage trat und die alltäglichen Erfahrungen mit uns teilte.

Der Entwurf des Selbstbildes hängt von den Reaktionen und Meinungen anderer ebenso ab wie vom eigenen Urteil des betreffenden Individuums. Ausstellungen von Bildern auf den Stationen können dazu beitragen, daß die Angestellten in Verbindung mit den Bewohnern bleiben, sie können die Fähigkeiten der Bewohner neu bestätigen und ihren Status aufwerten.

Die Förderung der sozialen Interaktion

Obwohl Langzeitinsassen in Gemeinschaft leben — insofern, als sie ihre Zeit weitgehend damit verbringen, daß sie sich in Tagesräumen mit zehn oder zwanzig anderen Mitbewohnern aufhalten —, so findet doch nur selten offenkundige Interaktion zwischen ihnen statt. Wo sie dennoch Kontakte untereinander oder zu den Angestellten herstellen, kann der soziale Austausch unangemessen, überzogen oder manchmal bedrohlich sein — meist besteht diese Gefahr, wenn das Personal »überarbeitet« ist und die Bewohner mehr mit ihren eigenen Vorlieben als mit der Aufarbeitung gemeinsamer Erfahrungen beschäftigt sind. Um entfremdeten Verhaltensweisen entgegenzuwirken, bietet der Kunstraum eine Umgebung, in der man den Produkten ihres Erfindungsgeistes ungeteilte Aufmerksamkeit widmet, und wo ihnen deutlich vor Augen geführt wird, daß sie keinerlei »Wahnsinnstaten« aushecken müssen, um Aufmerksamkeit zu erwecken.

Anfänglich entscheiden sich viele zur Teilnahme an den im Kunstraum angebotenen Aktivitäten aus Gründen, die mit dem Malen und Zeichnen nichts zu tun haben; sie wollen von der Station wegkommen, sie haben vielleicht keine Wahlmöglichkeiten hinsichtlich anderer Aktivitäten, vielleicht um eine Tasse Tee zu ergattern oder weil man nett zu ihnen ist. Neulinge im Kunstraum haben oft gegenüber dem Zusammensein mit anderen eine ambivalente Haltung; sie sind verständlicherweise nervös, wenn sie sich an strukturierter Gruppenarbeit beteiligen sollen und sind glücklicher, wenn sie allein zeichnen können. Soziale Interaktion kann seitens des Therapeuten gefördert werden, indem er neuen Bewohnern Gelegenheit bietet, sich an Aufgaben wie dem Austeilen von Kunstmaterialien, dem Teekochen oder der Bearbeitung von Ton zu beteiligen.

Das Malen in Gruppen bietet einen strukturierteren Schauplatz für die Entwicklung kommunikativer Fähigkeiten sowie für die Einführung von Methoden kooperativen Arbeitens. Kreative Aufgaben für Gruppen gewähren ein abgesichertes Umfeld für das Experiment mit Interaktionsformen, die unter normalen Umständen zu gewagt wären. Wo zum Beispiel sechs Personen mit der gemeinsamen Herstellung einer Collage beschäftigt sind, müssen zahlreiche Verhandlungen darüber geführt werden, wer was zu tun hat. Dies kann eine wertvolle Situation zur Wiedererlernung einer Vielzahl sozialer Fähigkeiten sein.

Entwicklung von Konzentration und Geschicklichkeit

Viele Bewohner können sich nur über eine sehr kurze Zeitspanne hinweg konzentrieren, manchmal nur einige Minuten ohne Unterbrechung. Der Konzentrationsmangel steht in Verbindung mit einem Mangel an Zielstrebigkeit, an Interesse und an Sicherheit, und jedes Programm, das zu einer Ausweitung dieses Zeitraumes konzipiert ist, muß all diese Komponenten berücksichtigen. Menschen mit Konzentrationsschwierigkeiten sind oft erregt und fürchten, bei Aufgaben zu versagen, die über ihre Fähigkeiten hinausgehen. Aus diesem Grunde sollten die Aktivitäten in gegenseitigem Einvernehmen zwischen Bewohner und Therapeut aufgebaut werden; die Sitzungen sollten kurz gehalten werden oder häufige Pausen enthalten. Die erfolgreiche Fertigstellung einer einfachen Übung zu Beginn der Therapie kann den Patienten mit dem nötigen Vertrauen für den späteren Umgang mit schwierigeren Dingen ausstatten.

Unter den älteren Bewohnern finden sich auch solche, deren manuelle Geschicklichkeit eng begrenzt ist. Sie können große Schwierigkeiten bei der Handhabung von Kunstmaterialien haben, insbesondere bei flüssigen Medien wie Farben und Tinte. Wenn man geeignete Techniken wählt, so können diese Menschen trotz ihrer Behinderungen das Gefühl entwickeln, etwas geleistet zu haben. Es kann sich sogar die Notwendigkeit ergeben, daß der Therapeut die zeichnende Hand eines motorisch behinderten Teilnehmers führt.

Techniken zur Verwendung in Gruppen

Die strukturierte künstlerische Arbeit wird vornehmlich in Gruppen durchgeführt, um das Erlebnis gemeinsamer Erfahrungen zu fördern. In jeder der drei angesprochenen Gruppen von Langzeitinsassen sind eigene, angemessene Methoden erforderlich, um den jeweiligen besonderen Bedürfnissen zu entsprechen. Nur wenige dieser Bewohner malen spontan, noch reagieren sie bereitwillig auf Einsichten oder auf analytische Therapie. Aus diesem Grund kann sich ein eher direktiv ausgerichteter Ansatz zur Gruppenarbeit als angemessen erweisen, bei dem die Themen und Strukturen so gewählt sind, daß sie sich für eine spezielle Gruppe eignen. Das Thema kann sich auf Gruppenbelange beziehen, und die Strukturen sollten so demokratisch wie möglich sein – immer in Übereinstimmung mit den Fähigkeiten der Bewohner. Es ist wichtig, ein kooperatives Übereinkommen hinsichtlich grundlegender Regelungen in der Gruppe festzulegen, indem man sich die Zeit nimmt, sie gleich von Anfang an zu diskutieren. Der Beitrag eines jeden Mitgliedes ist bedeutsam, aber dem Therapeuten obliegt im allgemeinen die Verantwortung für die Ermutigung zur Beteiligung, für die Erleichterung der Interaktion, für einen »Neuentwurf« (sofern erforderlich) für den Schutz der Schwächeren, aber auch für die Unterstützung beim Umgang mit dominierenden Gruppenmitgliedern.

Eine Kunstgruppe kann bei ihrer Arbeit zwischen mehreren Formen wählen. Zum Beispiel beteiligt sich entweder jedes Mitglied an einem großen Bild, oder die Mitglieder arbeiten an individuellen Bildern in einer Gruppenkonstellation, oder aber die Teilnehmer bilden Paare wie beim Körperzeichnen. Die Wirkung dieser Gruppentechniken muß bedacht und angemessen angewandt werden, um den Bedürfnissen einer besonderen Gruppe gerecht zu werden. Die Abläufe, die innerhalb der Gruppe wirksam werden, sollten am Ende einer jeden Sitzung reflektiert werden.

Die Rehabilitationsgruppe

Die meisten psychiatrischen Kliniken haben spezielle »Rehabilitationsstationen«, die mit jüngeren Patienten belegt sind, von denen viele unter wiederkehrenden psychotischen Störungen leiden oder anderweitige übergreifende »Persönlichkeitsstörungen« haben. Sie haben im allgemeinen weniger Zeit im Krankenhaus verbracht als die anderen beiden bereits erwähnten Gruppen und sie sind daher Techniken gewachsen, die in jeder Hinsicht anspruchsvoller sind.

Die Herstellung von Wandbildern kann eine effektive Möglichkeit der Zusammenarbeit darstellen. Die Hauptvorteile großer Bilder, die gemeinsam geschaffen werden, bestehen in der Förderung von Interaktion, Verhandlungs- und Verantwortungsbereitschaft. Es gibt verschiedene Möglichkeiten der Gruppenorganisation für die Arbeit an Wandbildern, aber bei diesen Teilnehmern sind die direkteren Methoden am besten geeignet. Ich habe für meine Zwecke ein kooperatives Mannschaftsspiel aus Paveys *Art-Based Games* ausgewählt, das aber in seiner ursprünglichen Version mit seinen zahlreichen Anweisungen für diese Klientengruppe zu verwirrend wäre.

Grundsätzlich ist die Schaffung eines Wandbildes Gegenstand des Spiels, und zwar durch den Beitrag zweier Gruppen mit zwei oder vier Mitgliedern. Es wird ein Thema für das Wandbild gewählt – ein einfaches Beispiel dafür wäre »ein Muster«. Beide Gruppen wählen, welche Farben und Formen sie darstellen wollen und gehen so vor, daß sie zunächst ihre Bilder auf einzelne Blätter Papier zeichnen und malen. Die Bilder werden ausgeschnitten und beide Gruppen, die an getrennten Tischen arbeiten, arrangieren jeweils ein Layout für ihren Entwurf. Das Wandbild soll eine Kombination dieser beiden Entwürfe sein. Der nächste Schritt besteht in der Übertragung beider Entwürfe auf das Wandbild. Zwei Teilnehmer, einer aus jeder Gruppe, übertragen eine ausgeschnittene Form auf das Wandbild usw., bis dieses fertig ist. In diesem Stadium kann es Überschneidungen von Formen und Veränderungen in der Komposition geben. Die Gruppen werden dazu ermutigt, miteinander auszuhandeln, wie die Entwürfe am besten ineinander aufgehen könnten.

Wenn das Wandbild fertig ist, steht ein gewisser Zeitraum zur Betrachtung des Bildes und zur Diskussion der Sitzung insgesamt zur Verfügung. Idealerweise wird das Bild als Wiedergabe der Interaktion innerhalb der Gruppe gesehen und als Verständnishilfe benutzt, um zu erkennen, wo Probleme bestehen. Diskussionswürdige Aspekte sind: die Gesamtwirkung der fertigen Arbeit; ist sie ausgewogen oder unharmonisch? War das Spiel insgesamt unterhaltsam oder streßgeladen — wenn ja, warum? Wie gut kamen die Leute miteinander zurecht — hatten dabei Probleme bestanden?

Die Führung eines Kommentarbuches kann Ideen und Einstellungen offenlegen, auf die einige Mitglieder entweder nicht vorbereitet sind, oder die sie innerhalb der Gruppe nicht zur Sprache bringen können. Dieses Buch kann in das »Spiel« integriert werden, und die Kommentare sollten in diesem Falle jeweils zu Beginn der folgenden Sitzung besprochen werden.

Die Struktur der Gruppe umfaßt die Selbsteinschätzung der Mitglieder. Sie werden dazu ermutigt, ihre eigenen Schwierigkeitsbereiche zu identifizieren und im Zusammenhang mit anderen zu sehen. Eine individuelle Veränderung erfordert, daß alle anderen in dieser Situation ebenfalls eine gewisse Veränderung mittragen. Wenn zum Beispiel im Wandbild die überlappenden Randbereiche als »Bill zugehörig« identifiziert werden und die kühnen Formen in der Mitte »Muriel« zugeschrieben, so muß »Muriel« weniger Verantwortung übernehmen, um »Bill« die Übernahme einer aktiveren Rolle zuzugestehen.

Eine andere Art der Gruppenarbeit besteht wiederum darin, ein großes Blatt Papier unter den Teilnehmern aufzuteilen. Man wählt ein Thema, z.B. »Der Südpazifik«. Jeder Teilnehmer wird gebeten, sich vorzustellen, daß das Papier der Ozean sei, auf dem er eine Insel malen kann, die vollständig mit Einzelheiten wie Vegetation, tierischem Leben, Hütten usw. ausgestattet ist. Wenn diese Aufgabe gelöst ist, wählen die Mitglieder eine Insel aus und zeichnen ein Transportmittel, mit dessen Hilfe sie auf die Insel gelangen können.

Die Mitglieder werden dazu ermutigt, der Gruppe mitzuteilen, welche Insel sie für ihren Besuch ausgewählt haben und aus welchem Grunde sie ihre Entscheidung trafen. Da man immer wieder beobachten kann, daß die Menschen Merkmale ihrer eigenen Person in ihren Zeichnungen wiedergeben, kann das Bild einer Insel Analogien mit persönlichen Eigenschaften aufweisen. Die Bewohner stellen häufig fest, daß sie in dieser Situation Komplimente und Kritik entgegenzunehmen vermögen, die zu bedrohlich wären, wenn sie direkt erfolgten.

Eine ähnliche Projektionsmethode kann bei Portraits eingesetzt werden. Man bittet die Gruppenmitglieder, sich ein Mitglied als Tier, als Gebäude, als

Lebensmittel etc. vorzustellen, und es als solches zu malen. Jedes Portrait wird hinsichtlich seiner Eigenschaften betrachtet und versucht, die so dargestellte Person zu identifizieren.

Da diese Bewohner oft eine sehr schwache Vorstellung über sich selbst haben, können Selbstportraits diese Gefühle explizit zum Ausdruck bringen, und die Diskussion kann ein Forum darstellen, um sie auszutesten. Portraits können die gegenseitige Anerkennung fördern. Das »Körperzeichnen« bringt die Teilnehmer in physischen Kontakt miteinander, was weitgehend einer »Vertrauensübung« ähnelt, die sich als besonders wertvoll für diejenigen erweist, die unter schwerwiegenden Störungen ihres Körperbildes leiden. Dazu werden große Blätter Papier an der Wand befestigt und die Teilnehmer zeichnen jeweils paarweise gegenseitig ihre Körperumrisse nach. Die Figur wird dann entsprechend den Wünschen des Abgebildeten fertiggestellt.

Die Gruppenmitglieder können ebenso in einer Gruppenkonstellation an einzelnen Bildern malen. Phantasiethemen werden dabei im allgemeinen positiv aufgenommen, da sie aus der Welt der Vorstellung schöpfen und phantastische Ideen legitimieren können. Sie können ansonsten nur privat betriebene Beschäftigungen und Vorlieben kanalisieren und metaphorisch für Gefühle und Bestrebungen stehen. Die Themen sind unerschöpflich, aber sie können etwa folgendes Spektrum umfassen: drei Wünsche, einen Zaubergarten, das Leben auf einem anderen Planeten, ein Versteck.

Im Gegensatz dazu können Themen, die im Zusammenhang mit dem »alltäglichen Leben« stehen, wertvolles Material für ein besseres Verständnis der Art und Weise liefern, in der der Patient seine Stellung im Krankenhaus einschätzt und die verschiedenen Problembereiche exemplarisch verdeutlichen. Die Themen können u.a. das Leben auf der Station, das Wochenende, einen Einkaufsbummel oder einen typischen Tagesablauf umfassen.

Die stationäre Gruppe

In dieser Gruppe findet sich die Mehrzahl der Langzeitinsassen. Da sie schon so lange im Krankenhaus leben, leiden sie oft in starkem Ausmaß unter Hospitalismus, aber tendenziell wissen sie dennoch die Gelegenheit zur Teilnahme an der Kunsttherapie zu schätzen, solange sie ihre Arbeit relativ frei nach eigenem Wunsch gestalten können. Sie stellen manchmal eine stilisierte oder stereotype Bildersprache mit deutlicher Tendenz zur Wiederholung und Verschönerung von Formgebungen dar. Es fällt ihnen meist schwer, gefühlsmäßig über ihre Arbeit zu sprechen, obwohl momentane Stimmungen oft in den von ihnen hergestellten Arbeiten wiedergegeben sind.

Diejenigen Teilnehmer, die mit dem Bildermachen auf fast rituelle Weise umgehen, indem sie immer dieselben Materialien wählen, methodisch dieselbe Bildersprache immer wieder auf Papier umsetzen und grundsätzlich dieselben Farben verwenden, scheinen darum bemüht zu sein, für sich selbst etwas aufzubauen, was ihnen sicher, bekannt und kontrollierbar erscheint. Es bedarf seitens des Therapeuten einiger Intuition, den richtigen Zeitpunkt für einen Versuch zur Durchbrechung dieses Schemas zu erkennen — oder aber weiterhin in diesem Punkte Nachsicht zu üben.

James, ein stationärer Patient, kam regelmäßig zum Kunstraum; er malte im allgemeinen leuchtende Bilder von Menschen und Orten. James war gegen psychotrope Präparate allergisch, daher durchlebte er seine Zeiträume geistiger Umnachtung ohne Medikamente. Während dieser Phasen behielt er seine tägliche Routine, den Kunstraum aufzusuchen, mit besonderem Eifer bei. Wenn er so in Not war, daß man es für das beste hielt, wenn er die Station nicht verließe, pflegte ich ihm seine Kunstsachen zu bringen. Seine Zeichnungen fielen während solcher Phasen in die Erstellung rigider geometrischer Muster zurück, wobei er das Papier mit Hilfe eines Lineals systematisch mit Linien versah. Diesen Stil des Zeichnens pflegte er bis zum Ende einer solchen Phase beizubehalten. James war in dieser Zeit für keinerlei Dialoge über seine Arbeit oder über andere Dinge zugänglich, aber er grunzte gelegentlich oder rief etwas Unzusammenhängendes. Seine Zeichnungen schienen seine Methode zur Kontrolle des inneren Chaos zu sein, das er in sich verspürte.

Zu anderen Zeiten kann diese sich immer wiederholende Form des Bildermachens eine Leere wiedergeben — die fehlende Abwechslung im Krankenhausleben bietet wenig Inspiration für neues Material. Dieser Sachverhalt hat viele kunsttherapeutische Abteilungen dazu veranlaßt, Exkursionen und Tagesausflüge als Teil ihres therapeutischen Programms einzuführen. Die morgendlichen Sitzungen sind normalerweise lebhafter und produktiver als die Nachmittage, an denen die Bewohner oft aufgrund ihrer Mittagsmedizin schläfrig sind. Viele Tranquilizer, die bei psychotischen Symptomen eingesetzt werden, können bei den Insassen eine verminderte Sehfähigkeit sowie Zuckungen hervorrufen und den Verlust der manuellen Feinkontrolle bewirken.

Da viele Menschen aus Langzeitstationen versteift und langsam sind, haben sich einige strukturierte Arbeitsweisen bewährt. So ist zum Beispiel die Herstellung der Kopie eines Bildes eine Betätigung, die bei der Förderung gehemmter Menschen hilfreich sein kann. Die Bilder werden oft auf sehr individuelle und originelle Weise kopiert, wodurch Raum zur Selbstdarstellung und zur persönlichen Interpretation geschaffen wird. In ähnlicher Weise lassen sich Schablonen gewinnbringend einsetzen, wenn jemand über eine schwach ausgeprägte manuelle Geschicklichkeit verfügt. Die Erstellung von Wandgemälden kann in hohem Maße strukturiert werden, indem man Entwürfe vorzeichnet, die dann ausgeführt werden, oder indem gemeinsam vereinbarte Themen über Tiere, Pflanzen, Haushaltsgegenstände verwandt werden, zu denen jede Person mit ihrem eigenen Entwurf Beiträge leisten kann.

Die Collage stellt ein interessantes Mittel zur Integration unterschiedlicher Fähigkeiten dar. Verschiedene Aufgaben können ausgehandelt und innerhalb der Gruppe aufgeteilt werden. Dadurch bietet sich die Möglichkeit zur Verwendung zahlreicher Medien: Stoffreste, kleine Gegenstände und Bilder können miteinander zu einer wirksamen Collage beitragen. Bittet man um die Integration aufgefundener Gegenstände, so ergibt sich zugleich die Möglichkeit zum Umherwandern im Raum, das die Langzeitbewohner so sehr lieben.

Für Gruppen mit größerem Zusammenhalt gibt es »Bewußtseinsübungen«. Dabei handelt es sich um Übungen, die auf eine Verbesserung der Wahrnehmung der Umgebung abzielen und die Aufmerksamkeit auf die sinnliche Erfahrung lenken. Dies ist die »Denner-Technik« (Denner 1967), die auf der Theorie beruht, daß emotionale Spannungen die Wahrnehmung blockieren. Es werden Gegenstände bereitgestellt, die angesehen werden können, die man riechen, hören und berühren kann; dann werden die Rhythmen von Rundungen und andere Eindrücke auf das Papier übertragen, um zu einer Zeichnung zu werden. Diese Bilder können auf großen Blättern Papier angefertigt werden, die an der Wand oder auf dem Boden befestigt sind, wobei der große Raum freier fließende Ausdrucksmöglichkeiten zuläßt.

Die älteren Menschen

Bei älteren Menschen entwickeln sich oft feste Denkprozesse, die mit einer Verschlechterung ihrer Abstraktions- und Ausdrucksfähigkeit einhergehen. Es besteht innerhalb dieser Gruppe ein gewisses Spektrum an Fähigkeiten, aber einige haben vielleicht wenig Kontrolle über die Materialien und ihre Bilder können lediglich die Form von Kritzeleien und Markierungen annehmen. Wenn sie versuchen, Farben zu verwenden, so könnten sie sich darüber unzufrieden fühlen, daß sie ein Durcheinander angerichtet haben. In dieser Situation wäre die Verwendung von Farben unangebracht, und farbiges Papier, in Formen gerissen und auf eine Karte geklebt, kann eine erfolgreichere Art der Bildkonstruktion darstellen.

Der Therapeut muß den älteren Menschen, die in einer anderen Generation aufgewachsen sind, die eine ihnen eigentümliche Vergangenheit und ganz andere Wertvorstellungen haben mögen, mit viel Einfühlungsvermögen begegnen. Diese Menschen werden vielleicht von dem Empfinden geplagt, daß ihr Leben nunmehr überflüssig geworden sei und sie eine Belastung darstellten. Ein grundlegendes Ziel der Therapie besteht in der Förderung eines positiven Selbstwertgefühls. Die Kunsttherapie kann sich auf vergangene Ereignisse, auf altersspezifische Probleme oder auf den Umgang mit Verlusten konzentrieren. Die älteren Menschen sind oft aufgrund ihres Bewußtseins, daß sie nicht länger in der Lage sind, so aktiv und effektiv wie zu früheren Zeiten zu leben, enttäuscht. Die kreative Therapie hofft, diesen Menschen aufzeigen zu können, was sie ungeachtet ihrer Behinderung noch zu leisten vermögen, wobei gut geplante Sitzungen eine Gewißheit für den Erfolg bieten.

Die Sitzungen können mit einer Einführung beginnen, um jeden Teilnehmer an die Namen der übrigen Mitglieder zu erinnern. Baut man zu viele Kunstmaterialien auf, so kann dies zur Verwirrung beitragen; es erweist sich als vorteilhaft, wenn man die Medien auf leicht zu handhabende Materialien begrenzt, also etwa auf Ölpastellfarben oder Filzstifte. Viele der älteren Menschen haben Schwierigkeiten mit ihrem Kurzzeitgedächtnis. Dadurch ergibt sich für den Therapeuten die Notwendigkeit, alles deutlich zu erklären, gründlich zu wiederholen und die Dauer der Sitzung kurz zu halten.

Die Kunsttherapie für ältere Menschen zielt also darauf ab, den Gruppenmitgliedern eine Betätigung anzubieten, die es ihnen ermöglicht, ihre Gefühle darzustellen. Darüber hinaus soll diese Aktivität mit ihren Fähigkeiten im Einklang stehen, aber nicht so einfach sein, daß sie sich demoralisierend auswirkt: Die älteren Menschen spüren genau, wenn die Betätigungen kindlich sind und der Therapeut sie mit Herablassung behandelt. Strukturen und Themen müssen diese drei Aspekte abdecken, und ein Thema, das sich meiner Erfahrung nach als sehr geeignet für erste Sitzungen erwiesen hat, ist das Thema »Nationalfahnen«. Fahnen sind flache, geometrische Entwürfe mit charakteristischen Farben und Emblemen. Diese Entwürfe können in groben Umrissen auf einzelne Blätter Papier aufgebracht werden, die die Gruppenmitglieder dann farblich gestalten sollen. Die Aufgabe, eine Flagge auszuwählen und große Bereich einzufärben, liegt normalerweise im Bereich der Fähigkeiten dieser Gruppe und das Thema kann für Erinnerungen an die Vergangenheit stimulierend wirken.

Das Langzeitgedächtnis kann überraschend klar sein, und wenn man die Erinnerung an eine gemeinsame Erfahrungen wieder aufleben läßt, kann sich die Gruppe konsolidieren. Die Teilnehmer freuen sich auf die Gruppensitzungen, wenn sie sinnvoll zu sein versprechen und Sicherheit bieten. Eine produktive Kunstsitzung kann die Grundlage für weitere Treffen bieten, wobei der Kunsttherapeut Material bereitstellt, das möglicherweise die von der Gruppe aufgeworfenen Themen ausweitet. Ältere, unter Schwachsinn leidende Bewohner haben im allgemeinen ein schlechtes Kurzzeitgedächtnis; manchmal vergessen sie, was sie in einer Gruppensitzung gerade tun. Es ist wichtig, daß der Kunsttherapeut immer zur Verfügung steht, um Hilfe zu leisten und die Mitglieder zur gegenseitigen Unterstützung zu ermutigen. Das Langzeitgedächtnis dieser Insassen ist normalerweise besser als die Erinnerung an kurze Zeit zurückliegende Ereignisse und die alten Menschen finden es unterhaltsam, Dinge zu erzählen, die vor langer Zeit geschahen. Butler (1963) interpretierte die Erinnerung als einen »Prozeß der Lebensrückschau«, der das Bedürfnis des alten Menschen widerspiegelt, all seinen früheren Erfahrungen Sinn zuzuerkennen, wenn er mit dem nahenden Tod konfrontiert ist. Trifft dies zu, so besteht die Möglichkeit, diese Menschen bei der Ausbildung einer solchen Sinngebung zu unterstützen. Es gibt mehrere Möglichkeiten, sich auf Erfahrungen aus dem frühen Erwachsenenleben zu beziehen. Zum Beispiel können Haushaltsgegenstände, Werkzeuge und verschiedene Gegenstände aus ihrer Jugendzeit zur Betrachtung, zum Berühren, zum Rundreichen, Zeichnen und Diskutieren angeboten werden. Solche Gegenstände können das Erinnerungsvermögen günstig beeinflussen und die Funktion übernehmen, die Vergangenheit mit der Gegenwart zu verbinden; es können ebenso zur Verfügung stehende Photos, ausgeschnittene Bilder und Zeichnungen aus freier Hand dazu benutzt werden, wichtige Lebenserfahrungen des Einzelnen zu repräsentieren. Die Familie, Freunde, berufliche Tätigkeiten und Orte, an denen sie gelebt haben, können insgesamt in einem Bild dargestellt werden, um eine Art Autobiographie zu bilden.

Bei einer Gruppe, in der Vertrauen und Zusammenhalt herrscht, kann man feststellen, daß relativ einfache Aufgaben zu einer sehr ernsthaften Sitzung führen können. Zum Beispiel ergab es sich, daß die Tabuthemen des Todes, des Sterbens und der Trauer in einer Sitzung aufkamen, die nach außen hin das Thema der »Bildvervollständigung« verfolgte. Unter diesem Begriff versteht man eine Umrißzeichnung etwa einer Geschäftsauslage, eines Werkzeugschrankes oder der Station, die den Bewohnern vorgegeben wird, um sie individuell zu vervollständigen. In dieser besonderen Sitzung war die Umrißzeichnung eines Hauses vorgegeben. Zunächst fügten die Teilnehmer Blumen rund um das Haus hinzu, sie setzten die Türen ein und die Farbe der Gardinen. Sodann wurden ruhig und voller Respekt menschliche Gestalten eingezeichnet. Einige wählten Bilder von Menschen, die ihren Verwandten ähnelten, andere zeichneten Figuren, die Ehemann, -frau oder Freunde darstellen sollten. Die Gruppe sprach über ein Leben mit der Krankheit, über das Leben allgemein und über den eigenen Tod. Diese Menschen haben fast alle ihre Familie und ihre Freunde verloren und sie fühlen sich entsprechend vereinsamt. Es ist lebenswichtig für sie, die Gelegenheit zu finden, über diese Erfahrungen nachzudenken, sie zu formulieren und gemeinsam mit anderen zu durchleben.

Während dieser Sitzungen beteiligt sich nicht jeder verbal, und einige Mitglieder werfen scheinbar irrelevante Kommentare ein; dennoch können die Gruppenmitglieder diesen Menschen sehr viel Fürsorge und Verständnis angedeihen lassen, und sie werden zu geschätzten und unverzichtbaren Mitgliedern der Gruppe.

Künstlerische Hilfsmittel

Wenn man ein weites Spektrum an Materialien zur Verfügung stellen kann, so erweist sich dies als sehr vorteilhaft, da die Art der Medien eine wichtige Rolle im therapeutischen Prozeß spielen kann. Farbe eignet sich eher für fließende, emotionale Ausdrucksweisen, während Markierungen mit Blei- oder Farbstiften im allgemeinen eine kontrolliertere Arbeitsweise erforderlich machen. Die Entwicklung von Ideen und Gefühlen kann sich aus der kreativen Begegnung mit den Materialien ergeben. Bei einigen Gruppen ist es wichtig, daß eine Vielzahl von Materialien leicht zugänglich ist, so daß sie ihre eigene Auswahl treffen können.

Besonders bei den älteren Menschen kann der Erfolg von der Auswahl des rechten Mediums abhängen und es ist manchmal nötig, daß der Therapeut dem Bewohner bei der Auswahl der geeigneten Materialien hilft. Filzstiftmarker z.B. sind leicht zu handhaben und erzeugen klare, leuchtende Farben, wodurch sie besonders für ältere Bewohner mit beeinträchtigtem Sehvermögen oder schlechter motorischer Kontrolle geeignet sind.

Der Kunstraum

Viele Besucher psychiatrischer Kliniken bemerken zu ihrem Eindruck des Kunsttherapieraumes, daß er ihnen als »Heim im Heim« erschiene. Dies bezieht sich meist auf den Kunstraum als Zufluchtsort, mit einer entspannten Atmosphäre, die oft nirgendwo sonst geschaffen werden kann. Obwohl viele Stationen strenge Routinen zu durchbrechen beginnen und Aktivitäten entwickeln, fehlt es den meisten an räumlichen Möglichkeiten für kreatives Arbeiten. Gewisse Einschränkungen, die für eine effizient geleitete Station erforderlich sind, brauchen im Kunstraum nicht beachtet zu werden. Die Bewohner müssen dort nicht essen, schlafen, sich waschen und ankleiden, den Arzt konsultieren oder ihre Medizin einnehmen; daher befindet sich der Kunsttherapeut in der vorteilhaften Lage, daß er sich selten mit den Bewohnern über diese Themen auseinandersetzen muß.

Im Gegensatz zur Station ist der Kunstraum ein Ort, an dem die Insassen innerhalb der Sphäre der kreativen Betätigung ihre eigene Wahl treffen können, ohne irgendwelche Folgen befürchten zu müssen. Im Prozeß der künstlerischen Gestaltung selbst steckt die Erlaubnis, ein Durcheinander stiften zu dürfen, zu experimentieren, zu grübeln oder zu erfinden. In dieser Situation wird im Bereich des kreativen Verhaltens Nachsicht geübt, was unter anderen Bedingungen als nicht akzeptabel angesehen würde. Die Zugänglichkeit von Büchern, Bildern und interessanten Gegenständen kann sich als stimulierend erweisen, und der Kunstraum kann auch zum Zufluchtsort für die *objets trouvés* der Bewohner werden, die nicht überall gern gesehen sind! Die relativ große Freiheit in Verbindung mit dem Kunstraum kann deutliche Verhaltensänderungen bewirken; es ist durchaus nicht ungewöhnlich, daß sie mit den Jahren durch die Teilnahme an der Kunsttherapie zugänglicher und kooperativer werden.

Die Organisation der Abteilung wird sowohl durch die therapeutische Orientierung des Personals als auch durch die vorgegebenen Möglichkeiten beeinflußt. Einige Anstalten stellen zu diesem Zwecke errichtete Abteilungen zur Verfügung, während bei anderen ungeeignete und beengte Verhältnisse herrschen. Die Art und Größe des zur Verfügung stehenden Raumes beeinflußt die Wirkungsweise einer Abteilung in nicht unerheblichem Maße. Ein Raum, in dem aufgrund seiner Größe Einzelarbeit und strukturierte Gruppenarbeit gleichzeitig stattfinden, wird eine weniger vertrauenswürdige Atmosphäre bieten als ein Raum, in dem nur eine dieser beiden Betätigungen stattfindet. Es ist möglich, sehr große Räume in besondere Bereiche zu untergliedern, so daß (a) mehrere Gruppen gleichzeitig arbeiten können; (b) sich die Gruppen nicht »exponiert« fühlen; (c) spezialisierte Tätigkeiten wie Töpfern, Weben und Drucken untergebracht werden können; und (d), daß sich die einzelnen Teilnehmer mit einem bestimmten Bereich identifizieren können.

Eine Abteilung für Kunsttherapie steht im allgemeinen im Dienste der gesamten Klinik; folglich stehen die Ansprüche an die verfügbaren Räumlichkeiten miteinander im Wettstreit. Dieses Problem läßt sich lösen, indem man einen geringen Anteil an den Sitzungen auf den Stationen durchführt. Diese Politik ist im Falle der stationären oder älteren Bewohner angemessen, die anderenfalls nicht teilnehmen könnten, oder wenn andere Aktivitäten im Kunstraum von der Gruppenarbeit ablenken würden und eine vertrauensvollere Atmosphäre erforderlich ist. Therapeuten, die von den verfügbaren Räumlichkeiten auf den Stationen Gebrauch machen, müssen den Umfang der zu verwendenden Techniken eingrenzen. Sie müssen eine tragbare Kunstausrüstung mit kompakten Materialien konstruieren, die nicht zu viel Durcheinander verursachen. Diese Situation bringt jedoch den deutlichen Vorteil mit sich, daß die Angestellten auf den Stationen direkt an den Kunstsitzungen beteiligt sind, was zu einer spontanen Ausstellung von Bildern auf der Station führen kann.

Die Unterstützung der Kreativität

Das Malen und Zeichnen stattet viele Menschen mit einer Alternativsprache zur Überprüfung und Neuordnung einer verwirrten Weltsicht aus. Es kann die Bedeutsamkeit ihrer gegenwärtigen Handlungen und Gefühle ins Bewußtsein heben, ohne daß dabei zu den zudringlichen Verhandlungen gegriffen werden muß, die in verbal vermittelten Therapieformen erforderlich sind. Es kann zu einem mächtigen Medium Selbstbestimmung werden. Unter den Insassen befinden sich einige Teilnehmer, die beim Bildermachen eine Läuterung zu erfahren scheinen, während eine große Anzahl anderer eine nicht weiter bestimmbare Befriedigung aus der Tatsache ziehen, daß sie im kreativen Prozeß ganz in Anspruch genommen sind.

Kreativität ist eine Erfahrung, die jedem Menschen zur Verfügung stehen könnte; aber da sie in der westlichen Gesellschaft bis heute weitgehend dem »Experten« überlassen bleibt, empfinden viele Menschen, daß sie keinen Zugang dazu hätten. Die Kunsttherapie versucht diese Barrieren abzubauen, so daß die Kunst ihre Monopolstellung aufgibt. Bilder können profunde Aussagen über ihren Schöpfer, über seine Wahrnehmungen und Erfahrungen machen; die Kunsttherapie hofft, einen Beitrag zur Eröffnung dieser kreativen Möglichkeiten zu leisten.

Individuelle Arbeit mit dem Langzeitinsassen

Es gibt viele Langzeitbewohner, die eine individuelle Beziehung mit dem Therapeuten besser zu schätzen wissen und mehr davon profitieren, als wenn sie an der strukturierten Gruppenarbeit teilnähmen. Während die Therapie bei Leuten aus den Akutstationen mehr auf Einsichten ausgerichtet ist und einige Wochen oder Monate hindurch intensiv erfolgt, ist sie bei Langzeitpatienten ein offener Prozeß, dessen Abschluß nicht vorhersehbar ist. Die therapeutischen Ziele sind zeitlich weniger festgelegt, aber sicherlich direkter mit persönlicher Erfüllung und Steigerung der individuellen Möglichkeiten innerhalb der beschränkten Möglichkeiten im Rahmen der Klinik beschäftigt.

Es gibt eine gewisse Anzahl von Bewohnern, die keine therapeutische Intervention wünschen, sondern einfach nur die notwendigen Hilfsmittel erwarten, mit deren Hilfe sie das Bildermachen bewältigen können. Wird ein nicht-direktiver Ansatz gewählt, so besteht die Rolle des Therapeuten in der Bereitstellung dieser Ressourcen, damit Kreativität gedeihen kann. Wenn man sie bei ihrer Arbeit sich selbst überläßt, können einige Bewohner die Räumlichkeiten dazu benutzen, Bilder zu schaffen, die reichhaltige und bewegte Ausdrucksformen ihrer Innenwelt darstellen. Sie scheinen nur wenige Barrieren zu haben, wenn sie sich mit dem Bildermachen beschäftigen. Sie sind oft unbeeinträchtigt von den Konventionen, die in der westlichen Welt vorherrschen, etwa von Begriffen wie Proportion und Perspektive. Da sie ohne Vorurteile sind, fallen ihre kreativen Ausdrucksformen direkt und kreativ aus. Die Bilder können insbesondere einen Reichtum an Vorstellungen und Symbolen aufzeigen; aus diesem Grunde kann man leicht der Versuchung erliegen, das Material zum Zwecke der Analyse zu mißbrauchen. Aber therapeutische Interpretationen sind weder angemessen noch nutzbringend. Die Einstellung des Therapeuten kann vielmehr wertfrei sein: er sollte Rezipient und Zuhörer sein, wo das Kunstprodukt eine vermittelnde Rolle spielt und zwischen Therapeut und Bewohner eine Brücke baut. Diese Menschen schreiten am besten in ihrem eigenen Tempo voran, wobei ihre Fertigkeiten und ihre Kreativität angemessen gewürdigt werden sollten. Dies kann für sich allein schon zur Stabilisierung oder gar zur Reintegration einer zerstückelten Persönlichkeit beitragen. Zudem können die so entstehenden Bilder anderen Menschen sicherlich ein gewisses Verständnis für ihre subjektive Welt vermitteln.

Auf dieser Grundlage entstanden Kunstsammlungen. Sowohl die Prinzhorn-Sammlung als auch Jean Dubuffets *Collection de l'Art Brut* enthalten die Arbeiten von Langzeitpatienten aus Nervenkliniken, die im wesentlichen vor dem extensiven Einsatz einer medikamentösen Therapie zusammengestellt wurden. Prinzhorn und Dubuffet hatten beide das Gefühl, daß die direkteste und originellste Kunst, die Kunst mit der größten »natürlichen Reinheit«, von Menschen geschaffen wurde, die sich außerhalb der Einflüsse der vorherrschenden Kultur befanden. Obwohl diese Bilder wegen iher »primitiven«, natürlichen Eigenschaften gewürdigt werden können, müssen sie jedoch auch als Zeugnisse der Qual und Unterdrückung angesehen werden.

Zusammenfassung

Die psychiatrischen Krankenhäuser beherbergen noch immer eine große Zahl von Menschen, die mit großer Wahrscheinlichkeit ihr ganzes Leben in einer solchen Einrichtung zu verbringen haben. Ich habe einige der theoretischen und praktischen Aspekte der Kunsttherapie unter diesen Gegebenheiten beschrieben. Das Ideal der Schaffung einer vertrauensvollen Atmosphäre, in der die Menschen nach Jahren der Zurückgezogenheit in Erscheinung treten können, muß den nur zu offensichtlichen Einschränkungen des Lebens in einer großen, hierarchisch organisierten Institution begegnen.

Im Vergleich zu anderen Klientengruppen verändern sich Langzeitinsassen langsamer und man arbeitet mit ihnen ohne Kriterien, die eine Heilung nahe-

legten, und ohne daß ein Ende in Aussicht stünde. Sie bringen eine andere Einstellung zum kunstschaffenden Prozeß mit, indem sie weniger durch den Einfluß
einer künstlerischen Tradition und der vorherschenden Kultur beeinträchtigt
sind. Wie alle anderen Menschen haben auch sie ihre alltäglichen Interessen und

Abbildungen

12.1 Bleistiftzeichnung einer Langzeitbewohnerin einer Frauenstation. Sie war zum
Thema »Das Leben auf der Station« gezeichnet worden. Obwohl sie das Bild nicht im Hinblick auf ihre Gefühle diskutierte, vermittelt das Bild eindrucksvoll die Situation einge-
sperrter Frauen.

12.2 Ein Langzeitbewohner bei seiner Arbeit an einem Gruppenportrait. Ein in Glenside durchgeführtes Projekt legte u.a. fest, daß die Bewohner ein großes Wandbild malten, das an der Außenwand des Kunsttherapiegebäudes zur Identifikation der Abteilung und zum Gruß für Besucher befestigt werden sollte. Diese gemischte Gruppe von Langzeitbewohnern malte ein lebensgroßes Gruppenportrait als »Willkommenszeichen«. Es war mit Haushaltsfarben auf Hartfaserplatte gemalt und wurde mit Hilfe einer Lackierung wetterfest gemacht.

Sorgen, aber sie teilen diese wahrscheinlich nur mit Menschen, die ihnen mit Respekt begegnen und ihre Arbeit schätzen. Der Kunstraum wird also bestenfalls zu einer »Mikrokultur«, in der jeder ernstgenommen wird und, soweit es nur möglich ist, frei von dem Stigma wird, das seinen Beitrag in der Vergangenheit systematisch abgewertet hat. Die Herausforderung besteht darin, dieses Ziel in der Praxis zu erreichen und Arbeitsweisen zu entwickeln, die die Menschen davon abhalten, in selbstzerstörerischen Schemata steckenzubleiben, sondern die verhindern, daß ihnen unnötig beschützende Strukturen auferlegt werden. Die Kunsttherapie kann zu einer neuen Art der Umgebung, die das soziale und kulturelle Leben fördert, anstatt es zu leugnen, viel beitragen.

Literatur

Butler, R. N. (1963) The Life Review: An Interpretation of Reminiscence of the Aged. *Psychiatry* **26**: 65–76.

Denner, A. (1967) *L'Expression plastique, pathologie, et rééducation des schizophrènes*. Paris: Les Editions Sociales Françaises.

DHSS (1978) *In-Patient Statistics from the Mental Health Enquiry for England*. London: HMSO.

Donnelly, M. (1983) Personal correspondence, in response to a survey carried out by S. W. Regional Group of BAAT.

Goodwin, M. (1978) Art Therapy with the Institutionalized Patient. *American Journal of Art Therapy* **18** (October): 3–9.

Pavey, D. (1979) *Art-Based Games*. London: Methuen.

DAEDALUS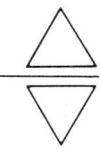

Michael Shepherd
Sherlock Holmes und der Fall Sigmund Freud
1986, 90 Seiten,
gebunden DM 16,80
ISBN 3-89126-024-5

Tessa Dalley (Hg.)
Kunst als Therapie
Eine Einführung
1986, 256 Seiten,
Abb., br. DM 38,–
ISBN 3-89126-017-2

Ien Ang
Das Gefühl Dallas
Zur Produktion des
Trivialen
1986, 180 Seiten,
br. DM 24,–
ISBN 3-89126-021-0

Mary Evans
Simone de Beauvoir
Ein feministischer
Mandarin
1986, 210 Seiten,
br. DM 26,80
ISBN 3-89126-019-9

Genevieve Lloyd
Das Patriarchat der Vernunft
»Männlich« u. »weiblich«
in der westlichen
Philosophie
1985, 176 Seiten,
br. DM 24,–
ISBN 3-89126-014-8

John. P. Dickenson u. a.
Zur Geographie der Dritten Welt
1985, 272 Seiten,
zahlr. Abb. u. Tab.,
br. DM 36,–
ISBN 3-89126-011-3

DAEDALUS VERLAG
Biberstraße 25
D-4840 RHEDA-WIEDENBRÜCK